William Lempriere, E. A. W. Zimmermann

Reise von Gibraltar über Tanger

Über Salee, Santa Cruz, nach Tarudant und von da über den Atlas nach Marokko

William Lempriere, E. A. W. Zimmermann

Reise von Gibraltar über Tanger

Über Salee, Santa Cruz, nach Tarudant und von da über den Atlas nach Marokko

ISBN/EAN: 9783743603325

Hergestellt in Europa, USA, Kanada, Australien, Japan

Cover: Foto ©Andreas Hilbeck / pixelio.de

Weitere Bücher finden Sie auf **www.hansebooks.com**

William Lempriere's,

Englischen Wundarztes,

Reise
von Gibraltar über Tanger,
Salee, Santa-Cruz, nach Tarudant,
und
von da über den Atlas
nach
Marokko.

Nebst einer umständlichen Nachricht
von dem Kaiserlichen Harem.

Aus dem Englischen.
Mit erläuternden Anmerkungen
von
E. A. W. Zimmermann.

Berlin, 1792.
In der Vossischen Buchhandlung.

II.

William Lempriere's,
Englischen Wundarztes,

Reise
von Gibraltar über Tanger,
Salee, Santa-Cruz, nach Tarudant,
und
von da über den Atlas
nach
Marokko.

Nebst einer umständlichen Nachricht
von dem Kaiserlichen Harem.

Aus dem Englischen.
Mit erläuternden Anmerkungen
von
E. A. W. Zimmermann.

Vorrede.

Wirft man einen allgemeinen Blick auf die mehr oder weniger bekannten Theile der Erdoberfläche; und nimmt man dabei zugleich Rücksicht auf ihren mindern oder größern Reichthum an Produkten: so erstaunt man doppelt, daß der reichste Welttheil uns fast noch gänzlich unbekannt ist. Afrika, dessen Daseyn schon seit Jahrtausenden bekannt war, das schon vor des Plinius Zeiten wegen seiner Merkwürdigkeiten zum Sprichworte diente *), dessen Reichthümer bereits damals die Römer auf ihren Kampfplätzen bewunderten, dessen Innerstes seit Jahrhunderten viele Millionen seiner Einwohner dem Europäer feil bot — Afrika ist bis jetzt glücklich oder unglücklich genug gewesen, den Europäern seine inneren Länder zu verbergen, und ihnen fast nur den Zutritt zu seinen Küsten zu gestatten. Von den mehr als 530,000 Quadratmeilen, welche dieser außerordentliche Welttheil enthält, kennen wir höchstens 80,000, also noch kein Fünftheil; und dieses Fünftheil hat für die Anthropologie, für die Thiergeschichte, für die Botanik sich schon

---
*) *Plin.* Hist. nat. VIII. c. 16. semper aliquid novi Africam afferre.

äußerst ergiebig bewiesen. Meine ehemaligen Untersuchungen über Afrika, denen ich binnen kurzem noch weit mehrere wichtige Thatsachen beifügen werde, zeigen, daß dort noch eine viel größere Erndte sonderbarer Phänomene zu erwarten steht *). Seit den letzten zwanzig Jahren haben unsere geographischen Kenntnisse von allen übrigen Ländern sich zum Erstaunen vergrößert. Nicht nur die innern Theile Asiens und der beiden Hälften von Amerika sind durch die Bemühungen mehrerer Naturforscher, Militair-Personen, Geistlichen und Kaufleute bekannter geworden, sondern sogar der jüngste Welttheil, Neuholland, hat schon eine Europäische Kolonie aufgenommen. Auf Afrika hingegen ist wenig oder nichts von allen diesen Anstrengungen verwendet worden. Nimmt man die auf Schrauben stehende Reise des berühmten Bruce aus, so ist von den Europäern der Kapitain Norden noch immer am weitsten in der nördlichen Hälfte vorgedrungen; und dennoch kam er noch nicht bis zum ein und zwanzigsten Grade der Breite. Das nördlichste Afrika ist indeß noch weit glücklicher gewesen, als die südlichern Theile. Alle Reisen der Guineafahrer und die Wanderungen der Europäer in das Kapland, haben immer nur die Küsten besser kennen gelehrt. Adamson, Schott, Smith, Mathews, Norris, die ungenannten Verfasser der Nachrichten über Nigritien und Bambuk; Brisson, Römer, Isert, Demanet, Proyart, la Caille, Hope, Gordon, Sparman, Thunberg, Patterson, Menzel und selbst der kühne le Vaillant durften sich nicht tief in das Innere wagen. Auch ist es vom mittelländischen Meere aus bis jetzt ebenfalls nicht gelungen,

---

*) M. s. Zimmermanns Zoolog. Geographie III. B. S. 116 u. f. über die bekannten und unbekannten Theile der Erde.

Vorrede.

einen Reisenden von Kenntnissen mit den Karavanen von Algier, Tunis, Konstantina oder Marokko nach Tombut (Tombuktu) und Kaschna eindringen zu sehen. Ledyard und Lukas haben hier eben so wohl zurück stehen müssen, wie der vortrefliche muthvolle Deutsche Edelmann, der aus wahrem Durst nach Kenntnissen zweimal sein Glück deshalb aufs Spiel setzte. Indeß hat doch die edle Gesellschaft, die sich in London zur Beförderung der Kenntnisse des innern Afrika vereinigte *), so viel bewirkt, daß wir durch Eingeborne sehr lehrreiche Nachrichten von den beiden angeführten tief liegenden Reichen der Afrikaner erhalten haben. Diese Nachrichten, nebst denen, welche Herr Beaufoy **) von Ben Ali erhielt, scheinen völlig das Gepräge der Gültigkeit an sich zu haben, nicht nur weil sie prunklos keine übertriebene Thatsachen erzählen, sondern auch weil diese Erzählungen sich mit den älteren Nachrichten des Ptolemäus und Edrisi ziemlich vereinigen lassen. Dem ruhmvollen Eifer jener Englischen Gesellschaft haben wir schon jetzt, wie ich gewiß weiß, auch bedeutende Kenntnisse eines südlichen Theils von Afrika zu verdanken, und sie hat aufs neue Herrn Houghton dahin vermocht, einen Versuch zu machen, ob er bis Tombut (Tombuktu) vordringen könne.

So mangelhaft nun auch unsere geographischen und naturhistorischen Kenntnisse von Afrika überhaupt sind, so ist die nördliche Küste vom mittelländischen Meere bis zum Atlas uns doch am mindesten unbekannt geblieben. Wir haben über die Barbarei ein klassisches Werk, welches um desto mehr Lob verdient, da

---

*) M. s. die Proceedings of the Association for promoting the discovery of the interior Parts of Africa, London 1790. Deutsch in dem fünften Bande des Magazins von Reisebeschreibungen.

**) Verfasser der Proceedings.

es schon vor mehr als funfzig Jahren geschrieben ist. Shaw's Reisen enthalten einen Schatz von belehrenden Nachrichten über diese Länder; und seitdem Poiret auch die Naturgeschichte, besonders die Flora, der dortigen Gegend so bedeutend aufgeklärt hat, ist dieser Theil der Erde wirklich besser bekannt, als viele Provinzen der Europäischen Türkei.

Die Königreiche Fez (Fes) und Marokko haben fast ein ähnliches Schicksal gehabt. Binnen wenigen Jahren traten darüber, unseren Lempriere mitgerechnet, drei bedeutende Werke ans Licht. Unter ihnen sind Höst's Nachrichten von Marokko *) die ältesten, und auch noch immer die schätzbarsten. Des Verfassers langer Aufenthalt daselbst bei seinem ansehnlichen Posten, gab ihm Gelegenheit, die besten Nachrichten in vielen Hinsichten einzuziehen, und er hat sie im allgemeinen besser benutzt, als sein Nachfolger, Herr Chenier **). Das Werk des Letztern ist unstreitig für die Geschichte der Mauren wichtiger, aber für allgemeine Belehrung nicht so brauchbar. Indeß muß ich doch gestehen, daß die Geographie von Marokko, die bei Chenier sehr von der bei Höst abweicht, durch unsern Verfasser, Herrn Lempriere, zum Theil an Bewährtheit gewonnen hat. So findet sich zum Beispiel die Provinz oder Abtheilung Bled de Non, welche Höst Uad Non schreibt, hier wieder, wie bei Chenier, als eine eigene, nicht zur Provinz Sus gehörige Abtheilung angegeben; auch sind ähnliche Fälle bei andern Theilen der Länderkunde, und bei Namen von Städten, mit Chenier übereinstimmend. So schreibt zum Beispiel Chenier, eben

---

*) Kopenhagen 1781. 4. Deutsch; das Dänische Original 1779.

**) Récherches historiques sur les Maures et l'histoire de l'empire de Maroc. p. Mr. de Chenier, Chargé des affaires du Roi auprès de l'empereur de Maroc. Paris 1787. 3 Vol. 8.

Vorrede.

wie Lempriere: Arzilla, Tarudant, St. Croix u. a., welche Städte bei Höst nicht so benannt sind.

Das hier übersetzt gelieferte Werk des Herrn Lempriere*) hat indeß allerdings mehrere eigene Verdienste, wodurch es sich von seinen beiden Vorgängern unterscheidet. Außer einer Reihe sehr brauchbarer Nachrichten über dieses Reiche, ergänzt es nicht nur mehrere, besonders historische, Nachrichten der erstern Werke, durch die Darstellung der jetzigen Regierung, sondern es zeichnet sich auch schon dadurch aus, daß der Verfasser alle die von ihm beschriebenen Oerter selbst besucht hat, und daher ein gültiges Reisejournal von diesen wenig bekannten inneren Gegenden liefert. Ferner hat ihm sein Beruf und sein Stand als Arzt Gelegenheit gegeben, uns Nachrichten über die geheimsten Winkel des schändlichen Despotismus, nehmlich über die Harems oder Weiberkerker, zu liefern. Man wird diese Nachrichten, da sie eben so neu als glaubwürdig sind, nicht ohne traurige Theilnahme an jenen darin aufbewahrten Opfern der Wollust lesen, und dadurch manche der gewöhnlichen Ideen hierüber sich berichtigen. Endlich theilt der Verfasser uns zwei merkwürdige Erörterungen über die Wege der von Marokko aus nach Mekka und Tombukt gehenden Karavanen mit. Von der ersteren redet Höst nur sehr kurz und im Allgemeinen. Unser Verfasser ist nicht nur umständlich darüber, sondern er weicht auch in mehreren Stükken von seinem Vorgänger ab, giebt aber die Reiseroute, die Geschäfte auf der Reise, die dabei zu erwartenden Gefahren und die übrigen Umstände zu genau an, als daß man seine Erzählung nicht für glaubwürdig anzusehen hätte.

*) A Tour from Gibraltar to Tangier, Sallee, Mogodore, St. Cruz, Tarudant, and thence over mount Atlas to Morocco, including a particular account of the Royal Harem etc. by William Lempriere, surgeon. London, printed for the author. 1791.

Die Nachrichten von den Karavanen nach Tombut (Tombuktu) sind noch merkwürdiger. Man lernt daraus, daß dies Reich den Marokkanern sehr bekannt seyn muß, da sie in Tombut ihre eigenen Kaufleute oder Aufkäufer halten, wodurch sie jährlich für die hinein gebrachten Waaren an viertausend Sklaven einhandeln. Bambara, ein Reich, welches uns zwar d'Anville'ns aber nicht Rennels Karte angiebt, liefert Verschnittene, und es wäre sehr der Mühe werth zu untersuchen, wie diese so tief im Innern liegenden Länder zu der abscheulichen Gewohnheit des Verstümmelns gekommen seyn mögen. Endlich findet sich zu Ende des elften Kapitels eine außerordentliche Nachricht. Es wird nehmlich daselbst erzählt, daß 1781 zwei Franzosen vom Senegal aus, queer durch Afrika, glücklich nach Marokko gekommen sind. Ist diese Erzählung richtig, so darf man bei ähnlichen Unternehmungen einigermaßen auf einen glücklichen Ausgang hoffen; und so wird denn endlich die Finsterniß verschwinden, die uns diesen wundervollsten Erdtheil bis jetzt verhüllete; wir werden jene außerordentlichen Länder kennen lernen, die an Menschen und Thieren unerschöpflich scheinen, in die das Alterthum die sonderbarsten Nationen setzte, und deren Küsten uns allerdings Anlaß geben, die ungewöhnlichsten Erscheinungen darin zu erwarten. Braunschweig, im December 1791.

E. A. W. Zimmermann.

Inhalt.

Erstes Kapitel.

Des Verfassers Bewegungsgründe, diese Reise zu unternehmen. — Abfahrt von Gibraltar. — Ankunft zu Tanger (Tandscher.) — Beschreibung dieses Ortes. — Abreise nach Tarudant. — Beispiel einer an einem Juden verübten Tyrannei. — Beschaffenheit der Gegend und der Landstraßen. — Art, wie man auf dieser Reise ist. — Beschreibung von Arzilla (Arzila). — Schwelgerei der Mohren. — Es wenden sich mancherlei Kranke an den Verfasser. — Ankunft zu Larache.   S. 3

Zweites Kapitel.

Beschreibung von Larache. — Es wenden sich Kranke an den Verfasser. — Krankheiten des Landes. — Zustand der Arzneiwissenschaft in Marokko. — Merkwürdige Ruinen. — Schöne Gegend. — Läger der Araber. — Sitten und Gewohnheiten dieses sonderbaren Volkes. — Unterdrückung des Volkes. — Beispiele davon. — Art in den Seen zu fischen. — Geheiligte Oerter. — Mohrische Heilige. — Anekdoten zur Erläuterung. — Reise von Mamora nach Salee.   S. 16

Drittes Kapitel.

Beschreibung von Salee. — Seeräubereien. — Brutales Betragen eines Maulefeltreibers. — Gute Aufnahme bei dem Französischen Konsul. — Beschreibung von Rabat. — Reise von Rabat nach Mogadore. — Heftiger Sturm. — Ruinen von Fadala. — Dar Beyda Azamore. — Traurige Anekdote von einem Englischen Chirurgus. — Mazagan. — Dyn Medina Rabaa. — Safi. — Allgemeiner Zustand des Landes. — Beschreibung von Mogadore.   S. 33

Inhalt.

Viertes Kapitel.

Allgemeine Uebersicht des Reiches Marokko. — Lage und Klima. — Provinzen. — Boden. — Wunderbare Fruchtbarkeit. — Seehäfen. — Naturprodukte. — Minen. — Thiere. — Zufällige Theurungen. — Hungersnoth von 1778. — Manufakturen. — Gebäude. — Straßen. — Bevölkerung. — Einführung der Neger. — Muley Ischmael. — Seine Polizei. — Sidi Mahomet. — Allgemeine Unterdrückung des Volkes. Kaufleute.
S. 50

Fünftes Kapitel.

Reise von Mogadore nach Santa-Cruz. — Ankunft zu Tarudant. — Einführung bei dem Prinzen. — Beschreibung seines Pallastes. — Sonderbare Aufnahme. — Häusliche Einrichtung. — Gesundheitszustand des Prinzen. — Ungereimte Vorurtheile der Mohren. — Zank mit dem Prinzen. — Es wenden sich andre Kranken an den Verfasser. — Der Kadi. — Einführung in den Harem des Prinzen. — Weiber des Prinzen. — Zustand des weiblichen Geschlechtes in diesem abgesonderten Aufenthalt. — Sichtbare Besserung des Prinzen. — Seine Leutseligkeit. — Charakter des Prinzen Muley-Absulem.
S. 66

Sechstes Kapitel.

Beschreibung von Tarudant. — Gegend von Bled de Non. — Viehmärkte. — Außerordentliche Besserung des Prinzen. — Große Höflichkeit zweier Mohren. — Sonderbarer Vorfall. — Der Prinz erhält Befehl, nach Mekka zu wallfahrten. — Der Verfasser verwendet sich für die gefangenen Engländer. — Unerwarteter Befehl, nach Marokko zu kommen.
S. 87

Siebentes Kapitel.

Reise von Tarudant nach Marokko über das Atlasgebirge. — Begleitung. — Gefährlicher Weg über den Atlas. — Beschreibung des Atlas. — Naturprodukte. — Thiere. — Schöne Thäler. — Sitten und Gewohnheiten der Breber (Berberen). — Malerische Aussichten auf den Gebirgen.
S. 97

Achtes Kapitel.

Ankunft zu Marokko. — Schwierigkeit, Audienz zu erhalten. — Beschreibung der Hauptstadt. — Gebäude. — Haus des ersten Ministers. — Das Schloß. — Die Judenstadt. — Zustand der Juden in der Barbarei. — Nachricht von Jakob Attal, dem Jüdischen Sekretair des verstorbenen Kaisers. —

Inhalt

Sitten der Juden in der Barbarei. — Jüdinnen. — Kleidung. — Ehen. — Hang zu Liebesintriguen bei den Judenweibern. — Beschreibung von dem Pallaste des Kaisers.
S. 105

Neuntes Kapitel.

Einführung bei dem Kaiser. — Unterredung mit St. Maurischen Majestät. — Nachricht von dem verstorbenen Kaiser Sidi Mahomet. — Sein Charakter — sein äußerst großer Geiz — sein elender Zustand. — Anekdoten von dem jetzigen Kaiser. — Anekdoten von Sidi Mahomet — seine Heuchelei und Betrügerei — seine Milchthätigkeit. — Kleinmüthiges Betragen der Europäischen Mächte. — Hofceremonien zu Marokko. — Erpressungen von Fremden. — Nachricht von den vorzüglichsten Staatsbedienten. — Charakter des verstorbenen Premierministers. — Einkünfte von Marokko. — Reichthum des verstorbenen Kaisers, der geringer war, als man gewöhnlich glaubt. — Armee des Kaisers. — Befehlshaber derselben. — Seine Seemacht. — Innere Regierung des Reiches. — Baschas. — Alkaiden — Ell Hakkum. — Kadi. — Art die Justiz zu verwalten. — Peinliche Strafen. S. 119

Zehntes Kapitel.

Muley Absulem's Ankunft zu Marokko. — Sein prächtiger Einzug. — Schicksal einiger Englischen Gefangenen. — Nachricht von den wilden Arabern. — Unterredung mit dem Prinzen. — Schmeichelhafte Hoffnungen. — Sie werden getäuscht. — Unwürdiges Betragen des Prinzen. — Seine Abreise nach Mekka. — Unangenehme Verlegenheit des Verfassers. — Sein Bemühen, Erlaubnis zur Abreise zu bekommen. S. 155

Elftes Kapitel.

Abreise des Kapitains Irving. — Uebermuth des Pöbels gegen die Christen. — Sitten und Charakter der Mohren. — Erziehung der Prinzen. — Bildung und Kleidung der Mohren. — Häuser und Mobilien. — Gebräuche. — Kouriere. — Anekdoten zur Erläuterung der Maurischen Gebräuche. — Gegenstände der Unterhaltung zu Marokko. — Reitkunst. — Musik und Dichtkunst. — Religion. — Moskeen. — Sklaven. — Heirathen — Leichenbegängnisse. — Renegaten. — Karavanen nach Mekka und Guinea. S. 164

Zwölftes Kapitel.

Befehl vor dem Kaiser zu erscheinen. — Zulassung in den kaiserlichen Harem. — Besuch bei Lella Sara (*Zara*). — Einführung bei Lella Batuhm, der ersten Sultanin. — Einführung bei Lella Duja (*Douyaw*), der Lieblingsgemahlin des Kaisers. — Ihre Geschichte. — Beschreibung des Harems. — Seine Einrichtung. — Beischläferinnen des Kaisers. — Vorfall und Zank mit einer von ihnen. — Kleidung der Frauenzimmer im Harem. — Meinung der Mohren vom weiblichen Geschlechte. — Des Kaisers Kinder. — Kleidung, Sitten und Lage des weiblichen Geschlechtes in der Barbarei. S. 207

Dreizehntes Kapitel.

Falschheit des Kaisers. — Plan des Verfassers, seine Loslassung zu bewirken — er scheitert. — Verwendung durch einen andern Kanal. — Sonderbares Geschenk vom Kaiser. — Auffallendes Beispiel von Tyrannei. — Persönliches Ansuchen bei dem Kaiser. — Züge von Despotismus. — Abfertigungsschreiben vom Kaiser. — Aufträge der Frauenzimmer im Harem. — Anekdoten von einem Englischen Mulatten. — Reise nach Buluane. — Beschreibung dieser Fortereisse. — Sonderbare Art über den Fluß zu kommen. — Ankunft zu Salee — zu Tanger. — Geschenk von dem Kaiser. — Rückreise nach Gibraltar. S. 235

Vierzehntes Kapitel.

Zweite Reise des Verfassers nach der Barbarei. — Tetuan. — Die Stadt mit ihren Gebäuden. — Hafen. — Gegenwärtiger Zustand des Kaiserthums Marokko unter Muley Jazid. — Anekdoten von seiner Thronbesteigung. — Muley Jazid wird von seinem Vater nach Mekka geschickt. — Seine Rückreise. — Er flieht in eine Heiligenkapelle. — Zustand des vorigen Kaisers. — Sidi Mahomets Tod. — Streit unter den Prinzen. — Muley Hasem wird zum Kaiser ausgerufen. — Er thut auf seine Ansprüche Verzicht. — Anekdote von Muley Abbrahaman. — Sonderbarer Brief von ihm an Muley Jazid. — Seine Unterwerfung. — Muley Jazid's friedliche Gelangung zum Throne. — Plünderungen der Araber. — Verfolgung der Juden. — Hinrichtung des Alkaiden Abbas. — Muley Jazid's Charakter. S. 247

William Lempriere's
Reise durch Marokko.

Erstes Kapitel.

Des Verfassers Bewegungsgründe, diese Reise zu unternehmen. — Abfahrt von Gibraltar. — Ankunft zu Tanger (Tandscher.) — Beschreibung dieses Ortes. — Abreise nach Tarudant. — Beispiel einer an einem Juden verübten Tyrannei. — Beschaffenheit der Gegend und der Landstraßen. — Art, wie man auf dieser Reise ist. — Beschreibung von Arzilla (Azila). — Schwelgerei der Mohren. — Es wenden sich mancherlei Kranke an den Verfasser. — Ankunft zu Larache.

Im Monat September 1789 ließ Muley*) Absulem, der Lieblingssohn des neulich verstorbenen Kaisers von Marokko, den General O'Hara zu Gibraltar durch den Englischen General-Konsul zu Tanger, Herrn Matra, bitten, er möchte ihm einen Arzt aus der Garnison schicken, weil seine Gesundheit damals sehr abnahm, und sein Leben in Gefahr stand.

Muley Absulem's Versprechungen für den Arzt waren glänzend und aufmunternd. Er sollte gegen jede unanständige Behandlung geschützt und mit der größten Hochachtung behandelt werden, auch eine reichliche Belohnung für seine Bemühungen erhalten. Seine Ausgaben während der Reise und des Aufenthaltes im Lande wollte

---

*) Da der Name Muley in der Folge häufig vorkommen wird, so finde ich es dienlich, hier zu bemerken, daß es ein der königlichen Familie eigener Ehrentitel ist, der so viel bedeutet, wie Lord, oder vielmehr Prinz, in der Englischen Sprache. A. d. V.

man ihm pünktlich ersetzen, und ihn ohne Aufschub zurückschicken, sobald seine Gegenwart in der Garnison verlangt würde; und — was das Schmeichelhafteste bei dieser Bitte des Mohrischen Prinzen war — einige christliche Gefangene, welche zu dieser Zeit in Sklaverei gehalten wurden, sollten befreiet werden. Diese unglücklichen Personen waren der Herr eines Englischen, nach Afrika handelnden Schiffes, und neun Seeleute. Ein Schiffbruch hatte sie an den Theil der Afrikanischen Küste geworfen, den die wilden Araber bewohnen, und sie waren von diesem grausamen, unbarmherzigen Volke in die Sklaverei geschleppt worden.

In wiefern diese glänzenden Versprechungen erfüllt wurden, wird man im Verlaufe dieser Erzählung sehen. Genug, in dem Vertrauen, das die Europäer in Versicherungen der Personen von Rang und Würde zu setzen gewohnt sind, und noch mehr durch jene stürmische Neugierde angetrieben, die bei jungen Leuten so natürlich ist, ließ ich mich leicht überreden, die Gelegenheit zu ergreifen, eine den reisenden Europäern so wenig bekannte Gegend zu besuchen; und so übernahm ich diesen sonderbaren und — wie man ihn allgemein ansah — höchst gewagten Dienst.

So sehr ich nun auch in meinen Hoffnungen von Vortheilen an baarem Gelde getäuscht seyn mag, so kann ich doch bis auf diesen Augenblick meine Raschheit, wie viele den Schritt ansahen, nicht bedauern. Ich bekam während meiner Reise Gelegenheit, wie sie niemals ein Europäer gehabt hat, mit den Sitten, der Politik, den Gewohnheiten und dem Charakter dieses sonderbaren Volkes bekannt zu werden. Selbst das Heiligthum des königlichen Harems ward mir geöffnet. Die Gefahren, in denen ich gewesen bin, und die Angst und Furcht, die ich mannichmal habe erdulden müssen, kann ich jetzt mit einer Empfindung betrachten, die gewiß nicht zu den unangenehmen gehört. Zu meinem großen Vergnügen fanden viele von meinen Freunden die Bemerkungen, welche ich auf der

Stelle machte, anziehend und unterhaltend. Durch ihr Zureden aufgemuntert, lege ich sie dem Publikum vor, und es ist mein einziger und ernstlicher Wunsch, daß der Leser durch diese Begebenheiten und Bemerkungen, die ich seiner Einsicht mit dem lebhaftesten Bewußtseyn meines Mangels an Schriftstellergaben unterwerfe, nicht seine Neugierde getäuscht, seine Aufmerksamkeit ermüdet, und seine Urtheilskraft beleidigt finden möge.

Als die nöthigen Präliminarien bestimmt und die wenigen Sachen, die ein Soldat braucht, zusammengepackt waren, schiffte ich mich am 14ten September 1789 auf einem kleinen Fahrzeuge ein, und kam in sechs Stunden zu Tanger an. Hier machte ich sogleich Herrn Matra meine Aufwartung. Seine gefällige Aufnahme und seine gütigen Dienste während der sechs Monate, die ich in der Barbarei zubrachte, fordern mich zur wärmsten Erkenntlichkeit auf.

Ich erfuhr bald, daß mein Kranker, als ich zu Tanger ankam, sich auf Befehl seines Vaters an der Spitze einer Armee in den Gebirgen zwischen Marokko und Tarudant befände. Dies nöthigte mich, zu Tanger zu bleiben, bis wir gewisse Nachricht von des Prinzen Rückkehr nach Tarudant, seiner gewöhnlichen Residenz, erhielten.

Es ist bekannt, daß die Stadt und Festung Tanger vormals einen Theil von den ausländischen Besitzungen Großbritanniens ausmachte. So lange die Engländer es besaßen, war es ein beträchtlich starker Ort; aber als es auf Karl's II. Befehl verlassen wurde, riß man die Festungswerke nieder; und es sind jetzt nur noch die Spuren davon übrig: ein kleines noch in erträglichem Zustande befindliches Fort am nördlichen Ende der Stadt, und eine Batterie von wenigen Kanonen, der Bay gegenüber. Hieraus sieht man leicht, daß es gegen einen lebhaften Angriff nur sehr schwachen Widerstand thun könnte.

Die Stadt ist sehr klein und hat nichts Merkwürdiges. Sie liegt auf einer Anhöhe, die sich aus dem Meere zu erheben scheint, und ist mit einer Mauer umgeben. Nur bis in einer kleinen Entfernung um sie her sind Weingärten, Obstgärten und Kornfelder; darüber hinaus Sandstriche mit hohen und kahlen Hügeln. So hat sie denn nichts weniger, als eine schöne und angenehme Lage. Die Häuser sind im Ganzen klein und schlecht möblirt, die Dächer ganz platt und, wie die Wände, übertüncht; die Zimmer alle an der Erde, weil die Häuser kein zweites Stockwerk haben.

Der gewöhnlichen Sitte in der Barbarei zuwider, leben Mohren und Juden zu Tanger vermischt und in größerer Freundschaft, als sonst irgendwo in diesem Erdtheile. Statt daß die Juden zu Marokko, Tarudant und an vielen anderen Orten barfuß gehen müssen, fordert man es hier nur dann von ihnen, wenn sie durch eine Straße kommen, worin eine Möskee oder sonst ein heiliger Ort ist.

Die fremden Konsuln — den Französischen ausgenommen, der zu Salee ein Haus hat. — residiren zu Tanger. Vor der Regierung des neulich verstorbenen Kaisers Sidi Mahomed erlaubte man ihnen, zu Tetuan zu wohnen, welches sowohl in Rücksicht der civilisirteren Einwohner, als wegen der schönen umliegenden Gegend, der Stadt Tanger weit vorzuziehen ist. Folgender sonderbare Umstand veranlaßte die Vertreibung der Christen aus diesem angenehmen Aufenthalte. Ein Europäer von Stande machte sich das Vergnügen, in der Nachbarschaft der Stadt einige Vögel zu schießen, und verwundete eine alte Mohrin, die unglücklicher Weise ihm zu nahe kam. Als der verstorbene Kaiser das hörte, schwor er bei seinem Barte, daß niemals ein Christ die Stadt Tetuan wieder betreten solle. Man muß bemerken, daß dieser Eid bei den Mohren für sehr feierlich gehalten wird, und daß sie ihn selten brechen; wie man denn auch von dem verstorbenen

Kaiser nicht erfahren hat, daß er ihn nur ein einzigesmal verletzt hätte.

Die Lage der Konsuln in diesem entlegenen, uncivilisirten Lande ist in der That nicht beneidenswerth; und man sollte Männer von anständiger Erziehung, welche die Annehmlichkeiten und Vortheile in ihrem Vaterlande einer Lebensart aufopfern, wie man sie hier führen muß, nicht geringfügig belohnen. Sie haben keine andere Gesellschaft, als die unter einander selbst; und oft reicht sogar das allgemein anerkannte Völkerrecht nicht hin, sie vor Beschimpfungen zu schützen. Sie sind den Launen eines Kaisers unterworfen, dessen Betragen durch kein Gesetz geordnet, und dessen Wille durch keinen festen Grundsatz beherrscht wird. Sie erhalten oft den Befehl, nach Hofe zu kommen; und nicht selten schickt man sie, nachdem sie eine sehr langweilige und ermüdende Reise gemacht und beträchtliche Kosten aufgewendet, wieder zurück, ohne daß sie den geringsten Vortheil für ihr Land ausgewirkt haben, ja zuweilen selbst, ohne daß man sie nur von dem Zwecke ihrer Reise unterrichtet hat.

Das Unangenehme eines so ungeselligen Lebens zu vermindern, haben der Englische, der Schwedische und der Dänische Konsul unweit Tanger Landhäuser erbauet, auf denen sie zuweilen die Vergnügungen des Landlebens genießen, welche vorzüglich in Gärtnerei, Fischerei und Jagd bestehen. Bei dem Ueberflusse an Wildpret aller Art, den es hier giebt, und bei der gänzlichen Jagdfreiheit, gehen sie zu ihrem Vergnügen oft ins Feld, und bemühen sich, auf diese Weise den Mangel einer freundschaftlichen und angenehmen Gesellschaft zu ersetzen.

An der Nordseite von Tanger liegt das Kastell, welches sehr groß, aber halb in Ruinen verfallen ist. Hier residirt der Gouverneur, und es wird ein königlicher Schatz darin aufbewahrt. An der Wasserseite des Kastells sind Vorrathshäuser zur Ausbesserung der Schiffe; auch werden bei diesem Hafen viele von des Kaisers Galeeren gebauet, von denen gewöhnlich einige, nicht im Dienst befindliche, hier liegen. Es ist übrigens unter den Häfen des Kaisers der beste zum vortheilhaften Gebrauche dieser kleinen Fahrzeuge, weil die Straße hier eine geringe Breite hat.

Die Bay ist geräumig genug, aber bei starkem Ostwinde gefährlich zu beschiffen. Der sicherste Ankerplatz befindet sich an der Ostseite derselben, ungefähr eine halbe Meile weit von der Küste, in Einer Linie mit dem runden Thurm und dem Hause des Spanischen Konsuls, das, von der Bay angesehen, einen schönen Anblick giebt.

An der Südseite der Bay ist der Fluß. Ehe er mit Sandbänken verstopft ward, pflegte der Kaiser seine großen Schiffe hier überwintern zu lassen; aber jetzt müssen diese nach Larache gehen. Die meisten Flüsse in des Kaisers Gebiet, die vormals schiffbar und zur Ausbesserung und sicheren Aufbewahrung der Schiffe sehr brauchbar waren, füllen sich jetzt in ihren Mündungen so anhaltend mit Sand an, daß nach einigen Jahren nur kleine Fischerboote werden darin einlaufen können. Mir ist oft eingefallen, daß es für die Europäischen Mächte, welche sich jetzt zur Bezahlung eines schimpflichen Tributs an diesen Schatten-Kaiser erniedrigen, sehr wichtig werden könnte, wenn man den Zustand seines Seewesens und vorzüglich seine untauglichen Häfen untersuchte.

Ueber dem Flusse von Tanger sind die Ruinen einer alten Brücke, von der man glaubt, daß die Römer sie erbauet haben. Nur der mittlere Theil derselben ist zerstört, und, wie es scheint, nicht durch die Zeit. Wahrscheinlich haben die Mohren ihn niedergerissen, damit ihre Schiffe in den Fluß kommen könnten. Das Uebrige davon ist unverletzt, und giebt durch seine Dicke und Festigkeit einen Beweis von der Vortreflichkeit der alten Baumeister, welche sowohl Stärke, als Schönheit, zu einem Haupttheile ihres Studiums machten.

Da ich mir vorgenommen habe, weiter unten die Baukunst, die Häuser, den Hausrath u. s. w. in diesem

Lande besonders zu beschreiben, so übergehe ich hier diese Gegenstände, und will von Tanger nur noch bemerken, daß es in Friedenszeiten einen kleinen Handel mit Gibraltar und der benachbarten Spanischen Küste führt. Es versieht diese Oerter mit Lebensmitteln, und erhält dagegen Europäische Waaren von vielerlei Art.

Vierzehn Tage nach meiner Ankunft zu Tanger bekam der Konsul von dem Prinzen einen Brief, worin er ihm seine Rückkunft nach Tarudant meldete, und den Wunsch äußerte, daß der Englische Wundarzt sogleich zu ihm geschickt werden möchte. Doch mußte ich vor der Abreise überlegen, was für Sachen ich zur Reise bedürfte.

Zwei mit langen Flinten und Säbeln bewaffnete Reiter von der schwarzen oder Neger=Reiterei wurden vom Prinzen geschickt, mich zu begleiten, und mußten deswegen einige Zeit warten. Der Gouverneur der Stadt hatte Befehl, mich mit einem Dolmetscher, einem Zelte und mit Mauleseln zu versehen. Aber es hielt sehr schwer, zu Tanger eine Person zu finden, die das Englische und Arabische gut genug sprach, um den Dolmetscher machen zu können; und ich hatte es endlich dem Zufalle zu verdanken, daß ich einen erhielt.

Nachdem man vergebens die ganze Stadt durchsucht hatte, befahl der Gouverneur, man sollte in der Gebetsstunde der Juden in allen Synagogen nach Jemand fragen, der beide Sprachen verstände. Einer von ihnen, der auf den Straßen von Gibraltar Früchte verkaufte, und der bloß in der Absicht, einige Tage mit seiner Familie bei einem Jüdischen Feste zuzubringen, nach Tanger gekommen war, meldete sich, weil er nichts Arges aus der Nachfrage hatte; und nun ward der arme Mann ohne weitere Umstände seinen Freunden und seiner Heimath entrissen, und mit Gewalt gezwungen, mich zu begleiten.

Ein Engländer kann sich kaum einen Begriff davon machen, wie man unter dieser despotischen Regierung, nach Willkühr und Gefallen eines Gouverneurs, Leute festzu=

nehmen pflegt. Drei bis vier starke Mohren, mit dicken Keulen in den Händen, packen das unglückliche, wehrlose Opfer mit solcher Gewalt, als ob es ein Herkules wäre, der ihnen den fürchterlichsten Widerstand drohete, und schütteln es halb zu Tode, ehe sie es der höheren Macht überliefern. — Dies war gerade das Schicksal meines armen Dolmetschers.

Die Weiber geriethen über die gewaltsame Art, womit man ihn plötzlich mitten aus seiner Andacht wegriß, sogleich in Schrecken, liefen alle nach des Konsuls Hause, und suchten ihn durch Geschrei und Wehklagen zu bewegen, den Mann von der Reise loszusprechen. Gewiß waren auch eine so weite Entfernung und die üble Behandlung, welche die Mohren, wenn sie nicht unter bürgerlichem Zwange stehen, den Juden widerfahren lassen, hinlängliche Bewegungsgründe zu dieser lauten Aeußerung ihrer Besorgniß. Aber auf die Versicherung des Konsuls, daß für die Frau gesorgt, und der Mann frei wieder zurück geschickt werden sollte, sobald wir zu Mogadore anlangten, wo ich einen andern Dolmetscher bekommen würde; und auf mein Versprechen, daß ich den Juden vor Beleidigungen schützen, und ihn, wenn er sich gut betrüge, für seine Mühe belohnen wolle, — zerstreueten sich die Weiber unverzüglich, und gingen mit scheinbarer Zufriedenheit nach Hause.

Als dies Geschäft abgethan war, versah mich der Konsul mit einer gehörigen Quantität starken Getränks, mit Lebensmitteln auf zwei Tage, einer Bettstelle, die aus drei Feldstühlen zusammengesetzt war, daß sie bequem auf Maulesel gepackt werden konnte, ferner mit dem nöthigen Küchengeräthe, und mit einem Bettsacke von eingeöltem Leder. Meine ganze Begleitung bestand aus zwei Negersoldaten, einem Jüdischen Dolmetscher, einem Maulesel zum Reiten für mich, und einem andern für den Juden, zwei Mauleseln zu dem Gepäcke, und einem Mohrischen Mauleseltreiber zu Fuß, der für die Thiere sorgen mußte.

Am 30sten September, um drei Uhr Nachmittags, traten wir unsre Reise an, und kamen um 8 Uhr Abends, etwa acht Meilen von Tanger, nach einem kleinen Dorfe, Hyn Dalia, wo wir übernachteten. Sobald wir uns aus der Gegend von Tanger entfernten, fanden wir das Land, durch das wir reisten, unfruchtbar, gebirgig und kaum von irgend jemand bewohnt. So blieb es den ganzen Weg bis nach Larache hin, und nur zuweilen zeigten sich einige wenige elende Hütten. Die Dörfer bestehen in diesem Lande durchgängig aus Hütten, die grob aus Steinen, Erde und Rohr zusammengesetzt, mit Stroh gedeckt und von dicken, hohen Hecken eingeschlossen sind. Diese Beschreibung paßt genau auf die Wohnung, worin wir am ersten Abend unserer Reise einkehrten.

Der Gouverneur von Tanger war für den ihm gegebenen Auftrag sehr sorgsam, und auf die bequeme Einrichtung des Mannes, der den Lieblingssohn seines Herrn wieder gesund machen sollte, sehr aufmerksam gewesen! Bei Untersuchung meines Zeltes fand ich es so voll Löcher, und in jeder Hinsicht so unordentlich, daß ich mich genöthigt sah, mein Bette unter eine Hecke zu stellen und das zerrissene Zelt als Seitendach zu gebrauchen. Nachdem ich in dieser sonderbaren Lage die Nacht zugebracht hatte, setzten wir um halb sieben Uhr Morgens unsere Reise fort, und gingen eine Stunde nachher über den Fluß Marha, der itzt beinahe ganz ausgetrocknet war, aber nach starken Regengüssen tief und gefährlich zu durchwaten seyn soll. In der nassen Jahrszeit, wenn die Flüsse angeschwollen sind, werden Reisende oft einige Tage lang an ihren Ufern aufgehalten. Es sind nur wenige Brücken in diesem Lande; daher kann man (ausgenommen bei Seehäfen, wo man Boote hat) Ströme, die zum Durchwaten zu tief sind, auf keine andere Art passiren, als durch Schwimmen oder Flösse.

Um zehn Uhr kamen wir in einen dicken, großen Wald, der *Rabe a Clow* (Ráb á Kloh?) genannt wird, und durch seine Lage auf einem hohen Gebirge, durch den felsigen und beschwerlichen Weg zu ihm hin, und durch die ferne Aussicht auf das Meer, zwischen den Oeffnungen der Bäume, uns einen ungewöhnlich wilden, romantischen, und, ich kann mit Wahrheit sagen, erhabenen Anblick gewährte. Aber unsre Aufmerksamkeit ward sehr von dieser Aussicht abgezogen, als wir den Weg betrachteten, den wir nun gehen mußten, und der sich größtentheils über steile Gebirge und rauhe Felsen hinzog. Wir wurden dadurch genöthigt, sehr langsam und mit der größten Behutsamkeit zu reiten.

Um elf Uhr gingen wir über einen andern Fluß, Machira la Chef (Matschira la Tschef), der am Ende des hohen Waldes vorbeifloß, und selbst itzt in der trocknen Jahrszeit tief war. Hier ward das Auge durch eine schöne ebene Gegend und durch den Anblick des guten Weges vor uns wieder erquickt. Wir reisten auf diesem weiter, bis wir zu einem Bache kamen, an dessen Ufer in einer kleinen Entfernung einige Bäume wuchsen. Zu Mittage rastete ich an der schattigsten Stelle, die ich finden konnte, setzte mich, nach Mohrischer Weise, mit kreuzweis gelegten Beinen nieder, und aß.

Da das Kochen der Speisen uns zu lange aufgehalten haben würde, so ließ ich immer am Abend vorher etwas zubereiten, das wir am folgenden Tage kalt essen konnten. Solche kalte Mahlzeiten waren angenehm genug, wenn wir nur gesundes und genießbares Wasser hatten, woran es uns aber öfters fehlte. An vielen Orten war es so trübe und übel schmeckend, daß ich es, auch bei großem Durste, nicht anders trinken konnte, als wenn ich es mit Wein verbessert hatte.

Wenn wir uns nicht in großen Städten befanden, konnten wir keine anderen Lebensmittel bekommen, als Hühner und Eier, womit ich nun bis zum Ekel gesättigt wurde, da ich sie vorher als Leckereien anzusehen gewohnt war. Meine gewöhnliche Abendmahlzeit auf dieser Reise bestand in einer Schale starken Kaffee und geröstetem Brote, wodurch ich mich mehr gestärkt fühlte, als durch Fleisch. Eben so frühstückte ich auch, und erfuhr, was für Kraft jenes Getränk giebt; denn es machte mich fähig, die Last des Tages zu überstehen.

Nachdem wir unsere Reise zwei Stunden weiter fortgesetzt hatten, kamen wir zu dem Flusse Lorifa, wo wir durch die hohe Fluth eine Stunde lang aufgehalten wurden. Der unsichere, unebene Boden, und die Menge großer Steine, welche im Bette dieses Flusses liegen, machen den Durchgang allezeit unsicher. Dies erfuhren wir auf eine sehr empfindliche Weise; denn als die Ebbe uns erlaubte, den Versuch zu wagen, wurden wir dadurch, daß unsre Maulthiere gegen die Steine stießen und oft plötzlich in tiefe Löcher fielen, immer vorwärts ihnen auf den Hals geworfen, obgleich Leute zu Fuß sie führten.

Körperliche Stärke und Geschicklichkeit sind vielleicht die ersten Vorzüge unter den wenigen, welche uncivilisirte Nationen vor uns haben. Mit Vergnügen sah ich hier, daß einige Mauren, die zu Fuße reisten, ihre Kleider auszogen, sie geschickt auf ihre Köpfe legten und so über den Strom schwammen.

Am Abend erreichten wir Arzilla. Die Soldaten, welche mich begleiteten, wendeten sich an den Alkaide, oder Gouverneur der Stadt, um mir, dem Dienste gemäß, zu welchem ich mich verpflichtet hatte, eine Wohnung zu verschaffen. Arzilla ist elf Stunden, oder etwa dreißig Englische Meilen, von Tanger entfernt. Die Mauren bestimmen die Entfernungen nach Stunden; und weil ihre Maulthiere in Einer gewöhnlich drei Meilen gehen, so kann man die Länge einer Reise auf diese Art mit hinlänglicher Genauigkeit berechnen.

Die mir bestimmte Wohnung war ein elendes Zimmer im Schlosse, welches gar keine Fenster hatte, sondern das Licht durch die Oeffnung von einer Thür (denn eine Thür war nicht da) und durch drei in der Wand befindliche, etwa sechs Quadratzoll große, Löcher bekam. Dies Schloß ist sehr geräumig, und jetzt zwar sehr verfallen, aber, wie es scheint, im höheren Style Mohrischer Pracht erbauet.

Die Stadt hat einen kleinen Seehafen am Atlantischen Meere. Sie war einmal im Besitze der Portugiesen, und zu der Zeit ein beträchtlich fester Ort; aber nachher sind die Festungswerke durch die Unthätigkeit und den Eigensinn der Mohrischen Fürsten vernachlässigt worden, so daß die Mauern jetzt beinahe aller Orten schnell verfallen. Die Häuser haben ein erbärmliches Ansehen, und die Einwohner, die aus Mohren und Juden bestehen, leben in der größten Armuth.

Wenn man sich einen Begriff von der Lebensart hier zu Lande machen will, so stelle man sich meinen Dolmetscher und mich an einem Ende des oben beschriebenen Zimmers vor, wie wir Kaffee trinken, und am andern Ende den Mauleseltreiber mit den Soldaten, wie sie sich bei einer großen Schaale Kuskasu erquicken, welchen sie, nach ihrer Weise, mit den Fingern zum Munde führen, und mit der ganzen Begierde eines vortreflichen Appetites hinunterschlingen. Dieses Nahrungsmittel ist bei den Mohren sehr gewöhnlich. Man krümelt einen Teig, etwa in der Größe der Reißkörner, in einem irdenen Sieb, und kocht ihn durch den heißen Dampf von gesottenem Fleisch und Gemüse. Dann legt man alles auf einen irdenen Teller, thut Butter und Gewürz hinzu, und trägt das Gericht in einer hölzernen Schüssel auf, die mit zusammengelegten Palmettoblättern bedeckt ist.

Etwa eine Stunde nach meiner Ankunft besuchten mich der Gouverneur und einige vornehme Mohren, und brachten mir, zum Kompliment gegen meinen Königlichen Kranken, ein Geschenk von Früchten, Eiern und Geflügel. Nach einem Gespräche von einer halben Stunde, worin wir uns beiderseits stark bekomplimentirten, nahmen sie Abschied, und wir begaben uns zur Ruhe.

Da die Nachricht von der Ankunft eines christlichen Wundarztes sich schnell in der Stadt verbreitet hatte, so kamen am andern Tage früh Morgens eine Menge Kranker zu mir, von denen die meisten sich in einem traurigen Zustande befanden. Viele von ihnen waren mit gänzlicher Blindheit, weißen Geschwülsten, Wassersucht und eingewurzelten chronischen Rheumatismen behaftet. Vergebens versicherte ich diesen unglücklichen und unwissenden Leuten, daß ihre Krankheiten außer dem Wirkungskreise der Heilkunde wären. Alles, was ich darüber sagte, fand nicht den geringsten Glauben. Sie behaupteten, ein christlicher Arzt könne jede Krankheit heilen, und reichten mir zu wiederholtenmalen die Hände hin, daß ich ihnen den Puls fühlen sollte; denn, wie es scheint, glaubt man hier zu Lande die Beschaffenheit aller Krankheiten bloß durch das Befühlen des Pulses entdecken zu können.

Anfangs setzte mich der Ungestüm meiner Kranken, die alle zu gleicher Zeit besorgt seyn wollten, in Verlegenheit; aber bald fand ich es nöthig, meiner Wache zu befehlen, daß sie den Haufen abhalten, und immer nur Einen daraus zu mir lassen sollte. Es war in der That sehr traurig, so viele wirklich elende Menschen vor mir zu sehen, ohne daß es in meiner Macht stand, ihnen die Hülfe zu leisten, die sie so ängstlich wünschten und von mir zu erhalten so fest vertraueten. Hätte die Zeit es mir erlaubt, so würde ich zur Verminderung ihrer Leiden alle mögliche Mittel versucht haben, die mir zu Gebote standen, wenn gleich die meisten von ihren Krankheiten unheilbar zu seyn schienen. Aber in meiner Lage konnte ich ihnen nur Arzneimittel empfehlen, die auf eine Zeitlang halfen, und die mehr dazu dienten, sie mit Zufriedenheit von mir zu lassen, als ihnen dauernde Hülfe zu geben.

Indeß war der Gouverneur auf den elenden Zustand meines Zeltes aufmerksam geworden, und hatte befohlen, daß die schlechtesten Stellen ausgeschnitten, und das Uebrige geflickt werden sollte. Aber dadurch war es nun so sehr verkleinert, daß wir, der Dolmetscher und ich, kaum mit Mühe hinein kriechen konnten.

Um acht Uhr desselben Morgens (am zweiten Oktober) traten wir unsere Reise nach der Stadt Larache an, welche etwa zwei und zwanzig Meilen von Arzilla liegt, und wohin wir an eben dem Tage um vier Uhr Nachmittags kamen. Weil unsere Reise hieher meistens immer an der Küste hinging, so stieß uns nur wenig Merkwürdiges auf. Ehe wir in die Stadt kommen konnten, wurden wir über den Fluß Lukkos gesetzt, der hier etwa eine halbe Meile breit ist, und nach vielen angenehmen Windungen bei Larache in das Meer fällt.

Zweites Kapitel.

Beschreibung von Larache. — Es wenden sich Kranke an den Verfasser. — Krankheiten des Landes. — Zustand der Arzneiwissenschaft in Marokko. — Merkwürdige Ruinen. — Schöne Gegend. — Läger der Araber. — Sitten und Gewohnheiten dieses sonderbaren Volkes. — Unterdrückung des Volkes. — Beispiele davon. — Art in den Seen zu fischen. — Geheiligte Oerter. — Mohrische Heilige. — Anekdoten zur Erläuterung. — Reise von Mamora nach Salee.

Nach meiner Ankunft zu Larache ward ich sogleich zu dem Alkaide oder Gouverneur geführt, der ein sehr hübscher Schwarzer war. Er bezeigte mir große Aufmerksamkeit, und wies mir ein sehr anständiges Zimmer im Schlosse an, welches in weit besserem Zustande ist, als das zu Arzilla.

Larache, eine Stadt von mäßiger Größe und mit ganz hübschen Gebäuden, gehörte vormals den Spaniern *). Sie liegt an der Mündung des Flusses Lukkos,

---

*) Larache gehört jetzt zu der Provinz Benihasan. Im Alterthume war hier eine Römische Kolonie, unter dem Namen Lixa. J.

kos, auf einem sanften Abhange nach dem Meere zu. Die angenehmen Krümmungen des Flusses, die sanfte Erhebung des Bodens, die Gruppen von Dattel- und mancherlei andren Bäumen, die ohne Ordnung darüber hingestreuet sind, machen ein Gemälde, welches, wenn man dazu bedenkt, daß man die reinen, von der Kunst nicht unterstützten oder entstellten Werke der Natur betrachtet, die angenehmsten Empfindungen erregen muß.

Die Stadt ist zwar nicht regelmäßig befestigt, hat aber doch ein Fort und zwei Batterieen in gutem Stande. Die Straßen sind gepflastert; auch giebt es hier einen guten Marktplatz mit steinernen Säulengängen. Gewis ist diese Stadt im Ganzen reinlicher und netter, als irgend eine andre, die ich in der Barbarei besucht habe, Mogadore ausgenommen.

Am Hafen werden Schiffe ausgebessert und verproviantirt; aber es giebt hier weder Docken, noch die nöthigen Anstalten zum Baue großer Fahrzeuge. Wegen der Tiefe und Sicherheit des Flusses läßt der Kaiser den Winter über seine großen Schiffe in denselben hinein bringen. Auch ist dies von seinen Häfen der einzige, welcher hierzu dienen kann. Aber wahrscheinlich wird es mit der Zeit diesem Flusse eben so ergehen, wie dem bei Tanger. Auch in seiner Mündung hat der sich anhäufende Sand schon eine Bank (bar) gebildet, die jährlich sehr merklich zunimmt.

Weil eins meiner Maulthiere lahm geworden war, so blieb ich den ganzen folgenden Tag zu Larache, in der Absicht es auszutauschen; aber, zu meinem großen Verdruße, glückte mir dies nicht. Den größten Theil des Tages hindurch war mein Zimmer so voll von Kranken, daß es einem Lazarethe von nicht unbeträchtlicher Größe ähnlich sah.

Die Krankheiten, welche ich am herrschendsten fand, waren der Wasserbruch; heftige Augenentzündungen, die sich oft mit Blindheit endigten; die Krätze mit hartnäckigen, aussatzähnlichen Zufällen; Wasserbruch und weiße Geschwülste. Auch bemerkte ich einige wenige intermittirende und gallichte Fieber, und häufige Magenbeschwerden, die von Unverdaulichkeit herrührten.

Die Ursache davon, daß man den Wasserbruch hier so häufig findet, scheint größtentheils in der losen Kleidung der Mohren und in der großen Erschlaffung zu liegen, die von der Wärme des Klima's herrührt; auch in dem häufigen Genusse gewisser Vergnügungen, nach denen sie sich denn unmittelbar des warmen Bades bedienen. Die Ophthalmie, oder Augenentzündung, rührt offenbar davon her, daß ihre Augen beständig den Sonnenstrahlen ausgesetzt sind, die von den allgemein überweißten Häusern zurückgeworfen werden. Dieses Uebel trift die Mohren vorzüglich, da ihre Kleidung nicht dazu eingerichtet ist, die Sonnenstrahlen abzuhalten, und da niemand als der Kaiser einen Sonnenschirm gebrauchen darf.

Die Art von Aussatz, die man hier findet, scheint erblich zu seyn; denn man sagte mir, er werde häufig, verschiedene Generationen hindurch, von einer Familie auf die andere fortgepflanzt. Uebrigens hat er völlig das Ansehen des Aussatzes bei den Alten. Er bricht über den ganzen Körper in großen Blattern aus, die bei einigen Wenigen in ein fortgehendes Geschwür zusammenlaufen, welches oft zuheilt, aber zu gewissen Zeiten von neuem aufbricht, und niemals von Grund aus kurirt werden kann. Ich hatte bei meinem Aufenthalte zu Marokko häufig Gelegenheit, mancherlei Mittel gegen dies Uebel zu versuchen, konnte es aber immer nur auf eine Zeitlang heilen; sobald ich keine Arzenei mehr gab, kam die Krankheit jedesmal wieder. Die weißen Geschwülste und Wassersuchten haben ihren Grund wahrscheinlich in der dürftigen Lebensart der Mohren, da drei Viertheile des Volkes selten andere Nahrungsmittel genießen, als grobes Brot, Obst und Gemüse.

Die medicinischen und chirurgischen Kenntnisse sind freilich hier sehr eingeschränkt. Man hat indeß seine Praktiker in der Heilkunde, theils Mohren, theils Juden, die das Formelle zur Vorbereitung auf ihre Kunst durchgegangen sind. Dies besteht vorzüglich darin, daß sie aus den im Lande noch vorhandenen alten Arabischen Handschriften einige einfache Mittel auswählen, und sie nachher, so gut sie können, bei mancherlei Krankheiten anwenden.

Was ihre Weise, Krankheiten zu behandeln, betrift, so bedienen sie sich äußerlich des Aderlassens, Schröpfens, Skarificirens und Bähens, und innerlich geben sie Kräuterdekokte. Zuweilen sind sie dreist genug, bei dem Wasserbruche das Wasser vermittelst einer Lanzette herauszulassen; ja, manche wagen es sogar, den Staar zu stechen. Ich hatte niemals Gelegenheit, diese Operation in der Barbarei zu sehen; aber man führte mich in Marokko zu einem Mohren, der sie vorgenommen zu haben versicherte, und mir das dazu gebrauchte Instrument zeigte. Es war ein Stück von einem dicken Messingdrathe, das sich an dem einen Ende allmählich, aber nicht sehr fein, zuspitzte.

Die Mauren verlassen sich hauptsächlich auf topische Mittel, und machen selten Gebrauch von innerlichen Arzeneien. Weil sie die Wirkungsart der letzteren nicht kennen, so scheinen sie auch keine günstige Meinung von ihrer Kraft zu hegen; man kann sie fast durchaus nicht überreden, daß ein Arzneimittel, welches der Magen aufnimmt, Uebeln im Kopfe oder in den äußeren Gliedmaßen abhelfen könne. Doch muß ich, um billig zu seyn, hinzufügen, daß sich niemals jemand meiner Behandlung widersetzte, sobald ich ihm nur deutlich erklärte, auf welche Weise ihm mein Verfahren heilsam seyn würde. Aus diesen Beobachtungen und dem häufigen Gebrauche der Zauberworte und Amuleten bei den Muhammedanern scheint zu folgen, daß diese, ungeachtet ihres Glaubens an Vorherbestimmung, keine Abneigung gegen den Gebrauch von Heilmitteln haben.

Unter der großen Menge Kranker, die zu Larache meine Hülfe suchten, schien keiner nur die mindeste Dankbarkeit gegen mich zu fühlen, Einen ausgenommen; die

Uebrigen betrugen sich so, als wenn sie glaubten, sie erwiesen mir dadurch, daß sie mich um Rath fragten, eine größere Gunst, als ich ihnen dadurch, daß ich ihnen guten Rath gab. Jener Einzige, der sich in seinem Betragen so sehr von den übrigen unterschied, war ein alter Mohr von einigem Ansehen an dem Orte. Er bat mich, nach seinem Hause zu kommen und einen kranken Freund zu besuchen, worin ich ihm auch sogleich willfahrte. Für diese geringe Aufmerksamkeit bezeigte der Mann sich so ungewöhnlich dankbar, daß ich, bei der Erinnerung an den Ort, wo ich mich befand, und an die mir sonst widerfahrene Behandlung, ganz erstaunt und aufs angenehmste überrascht war. Er schickte mir erst einen reichlichen Vorrath von Obst und Geflügel (das gewöhnliche Geschenk hier zu Lande) nach meiner Wohnung, kam dann selbst zu mir, und versicherte, daß er, so lange er lebte, niemals vergessen würde, welche Freundschaft ich ihm erwiesen hätte. Zugleich drang er in mich, daß ich bei meiner Rückkunft mich seines Hauses, wie meines eignen, bedienen möchte. Da dies während meiner ganzen Reise in der Barbarei fast der einzige Fall war, worin ich die unter den Mohren sehr seltene Tugend der Dankbarkeit erfuhr, so habe ich mich für verbunden gehalten, den Umstand ausführlich zu erwähnen.

Am 4ten Oktober, um sechs Uhr Morgens, verließen wir Larache, und um zehn Uhr passirten wir den kleinen Fluß Clough (Klof?). Um vier Uhr Nachmittages kamen wir zu den Ruinen eines großen Schlosses, das vor einigen hundert Jahren von einem vornehmen Mohren, Namens Dar Coresey, gebauet seyn soll. Der damalige Kaiser hat es aber zerstören und ihn selbst hinrichten lassen. Die meisten Schlösser und andere öffentliche Gebäude, welche ich in diesem Reiche sah, zeigten deutlich, daß sie mehr von zerstörenden Tyrannenhänden, als vom nagenden Zahne der Zeit gelitten hatten.

Ich habe der schönen Aussichten in der um Larache liegenden Gegend schon erwähnt; die auf dem Wege von dort nach Mamora waren nicht weniger reitzend. Man geht hier unter Bäumen von mancherlei Art, die eine so angenehme Stellung gegen einander haben, daß die Gegend mehr wie ein Park, als wie ein unkultivirtes Land aussieht. Wir kamen über Ebenen, die, ohne die Hülfe des Landmannes, mit reichem Grün bedeckt waren, und hatten die Aussicht auf Seen, welche sich viele Meilen in die Länge erstreckten. Ihre Oberflächen waren mit unzähligem Wassergeflügel bedeckt, und ihre Ufer mit Lägern der Araber besetzt. Die Heiterkeit des Himmels an diesem Tage vermehrte noch sehr das Vergnügen, das ich bei dem Anblick dieser mannichfaltigen Scenen empfand, die gewiß nicht unwerth sind, von dem geschicktesten Künstler gemalt zu werden.

Um halb vier Uhr Nachmittags kamen wir zu dem ersten von diesen Seen, und schlugen unser Zelt in der Mitte eines von den Lägern auf. Diese sind gewöhnlich beträchtlich weit von den Städten entfernt; die Dörfer aber gemeiniglich ganz nahe bei einer Stadt. Sie bestehen aus breiten Zelten, die man entweder von Palmettoblättern oder von Kameelhaaren verfertigt. Einige davon sind mit Rohr unterstützt, und andre mit Pflöcken befestigt. Die Gestalt eines Arabischen Zeltes ist einigermaßen einem Grabe oder einem umgekehrten Schiffskiele ähnlich. Sie sind schwarz gefärbt, breit und sehr niedrig. Das Zelt des Scheif, oder Anführers, ist beträchtlich größer, als die übrigen, und steht an einem hervorstechenden Orte des Lagers. In diesen Lägern, welche die Araber Duhars nennen, ist die Menge der Zelte, nach Verhältniß der Menschenzahl in einem Stamme oder in einer Familie, verschieden. Einige Duhars haben nur vier bis fünf Zelte, andere beinahe hundert. Das Lager bildet entweder einen vollkommenen Cirkel oder ein längliches Viereck; doch gemeiniglich hat es die erste Gestalt. Bei Tage läßt man das Vieh im Freien grasen; aber des Nachts bringt man es sorgfältig innerhalb des Lagers in

Sicherheit. In allen Lägern sind die Zelte gegen Norden zugemacht, und gegen Süden ganz offen. Dadurch schützt man sich vor den kalten Nordwinden, die hier zu Lande im Winter so stark herrschen.

Die Araber, welche diese Läger bewohnen, sind ein Volk, das sich in vieler Rücksicht von den Mauren in den Städten unterscheidet *). Die letzteren haben, da ihnen durch ihr Verkehr mit den Europäern mehr Geld zufließt, und da ihre Erziehung von der Arabischen ganz verschieden ist, Ueppigkeiten bei sich eingeführt und Ideen eingesogen, welche die Araber gar nicht kennen. Sowohl wegen ihrer starken Familienverbindungen, als wegen ihres eingewurzelten Vorurtheils für alte Gewohnheiten, scheinen diese Arabischen Stämme von dem Zustande der Civilisirung sehr weit entfernt zu seyn. Weil dies sonderbare Volk sich immer in Stämme vereinigt, so sind ihre Ehen auf ihre eigene Familie eingeschränkt. Dieser Familienanhänglichkeit bleiben sie so treu, daß sie keinen, der nicht in gewissem Grade ihr Verwandter ist, mit sich in demselben Lager wohnen lassen.

Mann, Frau und Kinder schlafen alle in Einem Zelte, gewöhnlich auf einem schlechten Lager von Schaffellen, zuweilen aber auch auf der bloßen Erde. Die Kinder bleiben bei ihren Eltern, bis sie heirathen, wo denn die Verwandten jedes Theiles verbunden sind, sie mit einem Zelte, einer steinernen Handmühle zum Zerreiben des Korns, einem Korbe, einer hölzernen Schale und zwei irdenen Schüsseln zu versehen. Dies macht ihren ganzen Hausrath aus. Außerdem bekommen sie aber noch eine Aussteuer, die in einer gewissen Anzahl von Kameelen, Pferden, Kühen, Schafen und Ziegen und einer verhältnißmäßigen Quantität von Weizen und Gerste besteht;

---

*) Herr Höst sagt, diese Araber unterschieden sich von den Mauren hauptsächlich durch die herumstreifende Lebensart; sonst wären die Mauren, die jetzt die Städte bewohnen, mit ihnen größtentheils Eines Ursprungs. 3.

und diesen Viehstand vermehren sie nach und nach dadurch, daß sie ihn auf dem benachbarten Boden grasen lassen. Sie haben selten mehr, als Eine Frau. Ihre Weiber, die gewöhnlich gerade das Gegentheil von Schönheit sind, verbergen in Gegenwart der Fremden ihr Gesicht nicht, wie die in den Städten es thun.

Jedes Lager steht unter der Anführung eines Scheik, an welchen die Uebrigen sich wenden, wenn sie glauben, daß ihnen Unrecht geschehen ist. Dieser Befehlshaber hat die Macht, außer der Todesstrafe jede aufzulegen, die er für gut findet. Er wird von dem Kaiser gewählt, und ist gewöhnlich der vom Stamme, welcher das größte Eigenthum besitzt.

Weil sie gemeiniglich von den Moskeen ziemlich weit entfernt sind, so ist zu ihrem Gottesdienste ein leeres Zelt bestimmt, welches in der Mitte des Lagers steht. Es dient zugleich zum nächtlichen Aufenthalte für Reisende, die des Weges kommen; auch giebt man denen, die ihr Lager darin nehmen, auf Kosten des ganzen Stammes eine gute Mahlzeit. In diesem Zelte versammeln sich jeden Morgen eine Stunde vor Tagesanbruch die Kinder vor einem großen, außerhalb angezündeten Holzfeuer, und lernen Gebete auswendig, die mit Arabischen Buchstaben auf hölzerne Tafeln geschrieben sind und immer im Zelte hangen. Die ganze geistige Erziehung der meisten Araber besteht darin, daß sie diese wenigen Gebete lesen lernen und ihrem Gedächtnisse einprägen.

Wegen der unsteten Lebensart dieser Leute hat man ihnen den Namen wandernde Araber gegeben. Sobald das Land um sie her weniger ergiebig wird, und ihr Vieh alle Weide aufgezehrt hat, brechen sie ihre Zelte ab, und gehen weiter zu einer fruchtbareren Gegend, bis auch hier die Noth sie weiter gehen heißt. Ich traf einst einen solchen Stamm auf dem Marsche, und bemerkte, daß nicht allein ihre Kameele, Pferde und Maulesel, sondern auch ihre Stiere und Kühe mit ihren Zelten, Ackerwerkzeugen, Weibern, Kindern u. s. w. beladen waren.

Im Reiche Marokko gehört alles Land, außer was unmittelbar mit Städten verbunden ist, dem Kaiser. Daher müssen die Araber, wenn sie ihren Aufenthalt zu verändern wünschen, sich von ihm, oder wenigstens von dem Bascha der Provinz, einen Schein verschaffen, wodurch ihnen gestattet wird, von einem gewissen Flecke Landes Besitz zu nehmen; und für diese Erlaubniß zahlen sie dem Kaiser einen Theil dessen, was das Land hervorbringt.

Die Behandlung, welche mir diese Leute widerfahren ließen, war gütig und gastfreundschaftlich. Sie verriethen gar nicht jene Neigung, Fremdlinge zu hintergehen, welche ein so auszeichnender Zug in dem Charakter der Stadtbewohner ist. Sobald mein Zelt aufgeschlagen war, kamen sie schaarenweise herbei, aber augenscheinlich mehr aus Neugierde, als in der Absicht zu beleidigen; im Gegentheil bezeigten sie außerordentliches Verlangen, alles für mich zu thun, was nur in ihren Kräften stand.

Die Kleidung der Männer besteht in einem langen groben Kittel aus ungefärbter Wolle, der um den Leib gegürtet ist, und ein Kaschowe (Cashove) genannt wird. Dazu tragen sie den Haik, ein Stück Zeug, das entweder aus bloßer Wolle, oder auch aus Wolle und Baumwolle, gemacht wird. Dieses werfen sie, wie einen Mantel, über, wenn sie ausgehen, und bedecken sich mit dessen oberem Theile den Kopf. Das Haar schneiden sie dicht am Kopfe ab, und brauchen weder Turban, noch Mütze; auch tragen sie keine Strümpfe, und nur selten Pantoffeln.

Die Kleidung der Weiber ist beinahe dieselbe, und nur in der Art, den Kaschowe anzulegen, verschieden. Dieser muß bei ihnen auf dem Rücken einen Sack bilden, worin sie ihre Kinder tragen. Dies thun sie, und verrichten dabei zugleich alle geringe Hausarbeiten. Ihr schwarzes Haar legen sie in Flechten, und bedecken es mit einem Tuche, das sie dicht um den Kopf binden. Sie sind sehr begierig nach Gold- und Silberschmuck, und jede hat einige Halsbänder von Korallen. — Ihre Kinder gehen ganz nackt bis zum zehnten oder elften Jahre, wo man anfängt, sie zu den Arbeiten ihrer Eltern zu gewöhnen.

Die Nahrungsmittel sind unter diesem Volke beinahe dieselben, wie bei den Mohren in den Städten. Der Kuskasu ist das vorzüglichste darunter. Außerdem essen sie das Fleisch von Kameelen und Füchsen, ja zuweilen auch Katzen; ferner Gerstenbrot, das ohne Sauerteig zubereitet und auf einer irdenen Schüssel in Gestalt eines Kuchens gebacken wird.

Die Farbe der Araber ist schwarzbraun oder vielmehr olivenfarbig. In ihren Gesichtszügen haben sie durch ihr thätigeres Leben mehr Ausdruck und weniger Weibisches, als die Mohren in den Städten. Ihre Augen sind schwarz, und ihre Zähne gemeiniglich weiß und regelmäßig.

In dieser kleinen Gesellschaften bemerkt man deutlich die üblen Folgen von starken Familienvorurtheilen: ein sehr beschränktes Wohlwollen gegen Andere, und die Neigung, sie von sich auszuschließen. Alle Läger sehen ihre Nachbarn mit Abscheu oder Verachtung an; und zwischen den Bewohnern derselben herrschen beständige Zänkereien, von denen es oft zu der heftigsten Wuth und zu Blutvergießen kommt. Wenn eine von diesen traurigen Streitigkeiten bis zu gewaltsamen Handlungen fortgeht, so endigt sie selten, ohne daß der Kaiser eine Rolle dabei übernommen hat. Wer auch solche Uneinigkeiten erregt haben mag, so weiß der Kaiser sie doch bestens zu benutzen; denn außer einer Leibesstrafe legt er den streitenden Stämmen schwere Geldbußen auf, welches denn die wirksamste Art ist, sie zum Frieden zu bringen.

Außer dem, was der Kaiser auf diese Art gewinnt und was oft nicht wenig beträgt, bekommt er jährlich auch den Zehnten von jedem Konsumtionsartikel, der ein Landesprodukt ist; auch fordert er zuweilen eine außerordentliche Abgabe, die etwa dem vierzigsten Theile jedes Artikels, den sie besitzen, an Werthe gleicht und zur Unterhaltung seiner Truppen erhoben wird. Dazu sind diese unglücklichen Leute jeder anderen Abgabe unterworfen, welche sein Eigenwille ihnen, oft nur unter dem Vorwande der Nothwendigkeit, aufzulegen für gut findet. Die erste Taxe (der Zehnte) wird entweder in Korn und Vieh, oder in Gelde bezahlt; die andre aber immer in Korn und Vieh.

Die Art, wie der Kaiser von seinen Unterthanen Geld erpreßt, ist sehr einfach und schnell. Er schickt dem Bascha oder Gouverneur der Provinz den Befehl, ihm in einer bestimmten Zeit die Summe auszuzahlen, deren er bedarf. Der Bascha sammelt sie sogleich — und zuweilen die Summe noch einmal zur Belohnung für seine Mühe — von den Alkaiden der Städte und den Scheiks der Läger in der Provinz, die unter seinen Befehlen steht. Diese Staatsdiener machen sich das Beispiel des Bascha zu Nutze, und sorgen dafür, ihre eigene Mühe eben so reichlich aus dem Beutel der Unterthanen vergolten zu bekommen, so, daß durch diese Kette von Despotismus, die sich vom Kaiser bis zum geringsten Staatsdiener hinunter erstreckt, das arme Volk die Auflage, die der Kaiser bekommt, fast immer vierfach bezahlen muß. So wenig gewinnen despotische Monarchen durch die Unterdrückung des Volkes! Die Auflagen sind wirklich zuweilen so hart gewesen, daß die Araber sich geradezu geweigert haben, dem Verlangen des Kaisers Genüge zu leisten, und daß er sie durch einen Trupp Soldaten dazu hat zwingen müssen. Jedesmal, wenn er zu diesem äußersten Mittel genöthigt wird, unterlassen die Soldaten nicht, ihre Plünderungssucht völlig zu befriedigen.

Ein Fremder, der in einem von diesen Lägern schläft, ist in der vollkommensten Sicherheit; denn, wenn er das Geringste von dem Seinigen verliert, oder auf irgend eine Weise beleidigt wird, so müssen alle Araber in dem Lager dafür haften. So reist ein Fremder unter dem Schutze der Regierung in diesem Reiche weit sicherer, als in den viel civilisirteren Ländern von Europa.

Die Seen hier zu Lande haben großen Ueberfluß an Wassergeflügel und Aalen. Da die Art, wie man die letzteren fängt, ziemlich sonderbare ist, so wird mir der Leser erlauben, daß ich ihm einige Nachricht davon zu geben suche. Man hat dazu eine Art von Kähnen, die etwa sechs Fuß lang und zwei Fuß breit sind, aus roh zusammengefügten Bündeln von Rohr und Binsen bestehen und nur für Einen Mann Raum haben. Der Kahn verengt sich allmählich nach dem Vordertheile zu, wo er in eine Spitze ausläuft, die, ungefähr wie dieser Theil an einem Schlittschuhe, aufwärts gebogen ist. Man lenkt den Kahn bloß mit Einer langen Stange, und er ist wegen seiner Leichtigkeit einer sehr schnellen Bewegung fähig. Um nun die Aale zu fangen, fügt man eine Anzahl starker Stäbe, wovon jeder mit einem eisernen Widerhaken versehen ist, fest an einander; mit diesem Werkzeuge stößt der Mann, der im Kahne sitzt, sobald sich Aale im Wasser sehen lassen, mit großer Geschwindigkeit auf sie zu, und gemeiniglich mit Erfolg.

Die Araber beschäftigen sich fast allein damit, daß sie die Ländereien bauen, die ihre Läger umgeben, und daß sie ihr Vieh grasen lassen. Ländereien, die etwas von den Seen entfernt liegen, geben, wenn man die Stoppeln im Herbste verbrennt und den Boden mit einer hölzernen Pflugschaar leicht aufreißt, gute Erndten von Gerste und Weizen. Auf diese Art verschaffen die Araber sich nicht nur das, was sie zu ihrer Konsumtion bedürfen, sondern behalten auch etwas übrig, das sie nach den nächsten Märkten zum Verkauf bringen. Auf den Marschländern an den Seen finden ihre Schaf- und Rindviehherden eine sehr reiche Weide. Diese Futterkräuter, wovon ich eine große Menge verschiedener Arten bemerkte, tragen nicht wenig zur Schönheit der Landschaft bei.

Zu ihren Märkten haben sie Plätze bestimmt, wohin sie zu Pferde in wenigen Stunden kommen können. Die benachbarten Araber bringen Einmal in der Woche ihr Geflügel, Vieh, Obst und Korn dahin, um es abzusetzen, und treffen oft einen guten Handel mit den Mohrischen Kaufleuten, die aus der Stadt dahin kommen.

Sollte der Kaiser einmal seinen Unterthanen die freie Ausfuhr des Korns unter mäßigen Abgaben gestatten, und dadurch, daß er nur die Taxe eintriebe, welche ihm der Koran erlaubt, nehmlich den Zehnten von jedem Artikel, ihnen den Genuß ihres Erwerbes vergönnen: so würden sie bald sehr reich, und seine eigenen Einkünfte um das dreifache vermehrt werden. Der Boden ist hier so fruchtbar, daß man hundertfältigen Ertrag vom Korne rechnet; aber da es keine Nachfrage nach diesem Artikel giebt, so säen die Araber wenig mehr, als was sie zu ihrem eigenen Gebrauche bedürfen.

Die einzigen Wächter dieser rohen Wohnungen, sowohl gegen Diebe, als gegen wilde Thiere, sind Hunde von einer sehr großen und wilden Art. Sobald diese merken, daß ein Fremder sich dem Lager nähert, kommen sie in einem Haufen wüthend gegen ihn heraus, und würden ihn wahrscheinlich in Stücken zerreißen; wenn sie nicht von ihren Eigenthümern gerufen und zurückgehalten würden. Sie lassen die ganze Nacht hindurch ein melancholisches Bellen und Heulen hören, das freilich sehr dazu dient, ihre Herren wachsam zu erhalten und wilde Thiere zu verscheuchen, aber eine höchst unwillkommene Serenade für den müden Wanderer ist.

Am 5ten Oktober, zwischen fünf und sechs Uhr Morgens, verließen wir die Wohnungen dieser gastfreundlichen Araber, und reiseten auf Mamora zu, wo wir um sechs Uhr Abends ankamen. Den größeren Theil dieser Tagereise hindurch sahen wir beinahe wieder eben die Gegenstände, wie am vorhergehenden Tage.

Als wir uns der Stadt näherten, bemerkten wir an den Ufern der Seen verschiedene Kapellen von Mohrischen Heiligen. Diese steinernen Gebäude haben etwa dreißig Fuß ins Gevierte; sie sind überweißt, mit einer Kuppel bedeckt, und enthalten den Körper des Heiligen. Die Gewohnheit, Personen von ausgezeichneter Frömmigkeit zu verehren, ist bei allen Völkern und in allen Religionen verbreitet. Die Muhamedanische Religion scheint dieser Art von Aberglauben so wenig günstig zu seyn, wie die meisten bekannten, da sie so fest die Einheit Gottes behauptet und es strenge verbietet, ein Geschöpf an der Verehrung Theil nehmen zu lassen, die nur der Gottheit von uns gebührt. Aber unter rohen Völkern herrscht immer in einigem Grade Abgötterei. Stirbt hier ein Muhamedanischer Heiliger, so wird er mit der größten Feierlichkeit beerdigt, und über dem Grabe eine Kapelle erbauet, die nachher für heiliger geachtet wird, als die Moskeen selbst.

Wenn der abscheulichste Verbrecher zu einer von diesen Kapellen oder geweiheten Oertern seine Zuflucht nimmt, so ist er vollkommen in Sicherheit. Selbst der Kaiser, der sonst selten Bedenken trägt, jedes Mittel zu gebrauchen, das ihm zur Ausführung seines Vorhabens dienen kann, wagt es selten, das Privilegium dieser Oerter zu verletzen. Wenn ein Mohr Kummer hat oder von einem Leibesübel gequält wird, so wendet er sich zu der nächsten Kapelle, und kehrt mit ruhiger und gestärkter Seele nach seiner Wohnung zurück, weil er glaubt, er habe durch seine Gebete an diesem Orte sich eine vorzügliche Wohlthat erflehet. Ueberhaupt sind diese Kapellen in allen verzweifelten Lagen die letzte Zuflucht der Mohren.

Es giebt in der Barbarei zweierlei Arten von Heiligen. Die ersten sind die, welche durch häufige Abwaschungen, Gebete und andere Andachtsübungen sich einen außerordentlichen Ruf der Frömmigkeit erworben haben. Viele von diesen sind listige Heuchler, die unter der Maske der Religion die größten Schandthaten begehen. Doch giebt es Beispiele von einigen unter ihnen, deren Wandel im Ganzen mit ihrem Bekenntniß übereinstimmt, und die es sich zum Geschäft machen, Kranke zu warten und Nothdürftigen und Unglücklichen beizustehen. Ihnen würde selbst kaum der strenge Philosoph seine Hochachtung und Verehrung versagen können.

Blödsinnige und Rasende machen die zweite Klasse der Heiligen aus. Wirklich ist in jedem Zustande der menschlichen Gesellschaft die Meinung herrschend gewesen, daß mit solchen geistigen Uebeln behaftete Personen unter dem Einflusse höherer Mächte ständen. Daher wurden die Orakel und Propheten der heidnischen Welt durch diesen Umstand berühmt, und selbst unter den niedrigen Volksklassen unseres Landes haben wir oft ein ähnliches Vorurtheil zu bekämpfen. Diesen Begriffen zufolge, die dem ungebildeten Menschen so natürlich sind, sehen die Mohren solche unglückliche Personen so an, als ständen sie unter dem besonderen Schutze des Himmels, und wären von Gott inspirirt. Hier, wie vielleicht noch in einigen anderen Fällen, befördert der Aberglaube auf eine bewundernswürdige Weise die Menschlichkeit und Nächstenliebe. Dies Vorurtheil bewirkt, daß die freund- und schutzlosesten Sterblichen selbst unter dem Pöbel Freunde und Beschützer finden. Wohin sie auch kommen mögen, speiset und kleidet man sie umsonst, und überhäuft sie zuweilen mit Geschenken. So wenig ein Mohr den Kaiser ungestraft beleidigen könnte, so wenig darf er es wagen, mit irgend einiger Strenge den Unordnungen, welche diese vermeinten Propheten anrichten, Schranken zu setzen.

Man muß indeß auch hier gestehen, daß Meinungen, welche nicht auf Vernunft und Philosophie beruhen, selten einförmig zum Vortheile der Gesellschaft wirken. Ohne in Anschlag zu bringen, welchen weiten Spielraum diese abergläubigen Begriffe der Heuchelei geben, so haben sie auch unzählige Uebel zur Folge, da diese vermeinten Diener des Himmels, was für ein Bubenstück sie auch verüben mögen, immer unverletzlich sind. Vor nicht langer Zeit war in Marokko ein Heiliger, der sich ein Vergnügen daraus machte, Personen, die unglücklicher Weise ihm in den Weg kamen, zu verwunden und zu tödten. Der vielen traurigen Folgen von seinem Wahnsinn ungeachtet, ließ man ihn dennoch immer frei umher gehen. Er war von so tückischer Gemüthsart, daß er oft mitten im Beten eine Gelegenheit absah, Jemanden, den er erreichen konnte, seinen Rosenkranz über den Hals zu werfen, um ihn zu erwürgen. Während ich mich zu Marokko aufhielt, erfuhr ich auf eine sehr empfindliche Weise, was für üble Folgen es hat, wenn man diesen Heiligen nahe kommt; denn es schien ihnen vorzügliches Vergnügen zu machen, Christen zu beleidigen und zu quälen.

Da ich von Heiligen und Propheten rede, will ich auch der Marabuts erwähnen, einer Klasse von Betrügern, die vorgeben zaubern zu können und von den Einwohnern des Landes sehr hoch geschätzt werden. Sie leben in Müßiggang, verkaufen Zauberformeln, und ernähren sich von der Leichtgläubigkeit des Pöbels.

Unter diesen Leuten giebt es auch eine Klasse wandernder Gebirgsbewohner, welche vorgeben, sie wären Lieblinge des Propheten Muhamed, und kein giftiges Geschöpf könne ihnen schaden. Aber die sonderbarsten Menschen aus dieser Klasse sind die Sidi Nasir oder Schlangenfresser, die sich an Markttagen öffentlich zur Schau stellen, und den Pöbel damit unterhalten, daß sie lebendige Schlangen verzehren und ihm betrügerische Gaukeleien vormachen. Ich war einst bei dieser seltsamen Lustbarkeit zugegen, und sah einen Mann, im Verlauf von zwei Stunden, eine lebendige Schlange von vier Fuß Länge verzehren. Er tanzte nach dem Schalle einer wilden Vokal- und Instrumentalmusik, mit mannichfaltigen widrigen Geberden und Verdrehungen des Körpers, zu verschiedenen malen in dem Kreise herum, welchen die Zuschauer um ihn geschlossen hatten. Dann machte er sich zuerst über den Schwanz der Schlange her, nachdem er ein kurzes Gebet gesprochen hatte, wobei die Menge mit einstimmte. Diese Ceremonie ward in verschiedenen Zwischenräumen wiederholt, bis er die Schlange ganz hinunter gewürgt hatte.

Ich kehre von dieser Digression wieder zu der Erzählung meiner Reisebegebenheiten zurück. Den 5ten, Abends bei guter Zeit, kamen wir zu Mamora an, das etwa vier und sechzig Meilen von Larache entfernt ist. Es liegt auf einem Hügel an der Mündung des Flusses Sabu, welcher, nachdem er sich in seinem Laufe allmählich erweitert hat, hier in das Atlantische Meer fällt und einen Hafen für kleine Schiffe bildet.

In Mamora giebt es, wie in den meisten Mohrischen Städten, durch welche ich gekommen bin, wenig Merkwürdiges. So lange es im Besitze der Portugiesen war, hatte es außer einer doppelten Mauer, die noch übrig ist, auch andere Festungswerke, die aber jetzt, bis auf ein kleines Fort an der Seeseite der Stadt, niedergerissen sind.

Ich habe schon erwähnt, daß wir auf unsrer Reise hieher fruchtbare Weiden, große Gewässer und Anpflanzungen sahen. Die Nachbarschaft von Mamora ist gleichfalls bezaubernd. Was für ein reizender Aufenthalt könnte dieses Land seyn, wenn es nicht das Unglück hätte, unter einer despotischen und drückenden Regierung zu seufzen!

Am folgenden Morgen, zwischen acht und neun Uhr, bestiegen wir unsere Maulthiere, verließen Mamora, und gingen auf Salee zu, wo wir, nach einer Reise von etwa funfzehn Meilen, zwischen ein und zwei Uhr ankamen. Der Weg zwischen Mamora und Salee ist in gutem Stande und ziemlich angenehm. Er geht längs einem Thale hin, in welches die Hügel von jeder Seite sich sanft verlaufen.

Eine

Eine Viertelmeile von Salee kamen wir an eine Wasserleitung, von der die Eingebornen behaupten, sie sey vor vielen Jahren von den Mohren aufgeführt. Aber die Bauart und mehrere auffallende Kennzeichen von Alterthum machen es wahrscheinlicher, daß sie ein Werk der Römischen Architektur ist. Ihre Mauern sind sehr dick und hoch, erstrecken sich etwa eine halbe Meile in die Länge, und haben drei Erstaunen erregende Bogen, die sich gegen die Landstraße öffnen, und durch deren einen wir unsere Reise nach Salee fortsetzten. Obgleich die Zeit ihre zerstörende Hand in gewissem Grade auch an dieses ehrwürdige Werk der alten Baukunst gelegt hat, so dient es doch noch immer, die Stadt Salee mit vortreflichem Wasser zu versehen.

Drittes Kapitel.

Beschreibung von Salee. — Seeräubereien. — Brutales Betragen eines Mauleseltreibers. — Gute Aufnahme bei dem Französischen Konsul. — Beschreibung von Rabat. — Reise von Rabat nach Mogadore. — Heftiger Sturm. — Ruinen von Fadala. — Dar Beyda Azamore. — Traurige Anekdote von einem Englischen Chirurgus. — Mazagan. — Dyn Medina Rabáa. — Saffi. — Allgemeiner Zustand des Landes. — Beschreibung von Mogadore.

Der Name Salee ist in der Geschichte berühmt, und kommt auch in mancher guten Erzählung vor. Die Raubschiffe, welche in diesem Hafen ausgerüstet wurden, und unter dem Namen der Salee=Räuber bekannt waren, sind lange das Schrecken der Handelsschiffe gewesen. Die Abentheurer, welche in diesen schnellen und gefürchteten Fahrzeugen kreuzten, waren eben so wegen ihrer Tapferkeit, als wegen ihrer Grausamkeit, schrecklich; sie entvölkerten den Ocean, und wagten sich zuweilen mit ihren Verwüstungen selbst bis an die christlichen Küsten. Ihr einziger Zweck war plündern, und nichts konnte sie in der Begierde darnach aufhalten. In ihren Augen hatte Menschenleben keinen Werth; und wenn sie es ja zuweilen schonten, so thaten sie es nicht aus Gefühl von Gerechtigkeit oder Mitleid, sondern um es für das allerelendeste Schicksal aufzusparen: für hoffnungslose Sklaverei bei einem schwelgerischen und eigensinnigen Mitmenschen. Die Stadt Salee ist zwar groß, hat aber gegenwärtig für den Reisenden nichts Merkwürdiges, außer eine Batterie von vier und zwanzig Kanonen der See gegenüber, und eine Redoute bei dem Eingange in den Fluß, der ungefähr eine Viertelmeile breit ist und sich einige Meilen weit in das Land hinein erstreckt.

An demselben Flusse, Salee gegenüber, liegt die Stadt Rabat, die vormals an den Seeräubereien der ersteren Theil nahm und gemeiniglich mit ihr verwechselt ward. Als Salee und Rabat sich auf diese Art furchtbar machten, zahlten sie dem Kaiser nur einen sehr kleinen Tribut, und erkannten ihn allein für ihren Oberherrn, so daß sie beinahe unabhängige Staaten waren. Ohne Zweifel gab diese Unabhängigkeit ihnen ungewöhnliches Feuer zu ihren seeräuberischen Unternehmungen. Nicht leicht unterziehen sich Menschen großen Mühseligkeiten, oder wagen sich in große Gefahren, um sich Reichthum zu erwerben, wenn sie nicht mit Gewißheit voraussehen können, daß sie ihn ohne Beunruhigung genießen werden. Der letzt verstorbene Kaiser, Sidi Mahomet, hat noch als Prinz diese Städte unterjocht und zu dem Reiche gezogen. Dadurch ward ihren Seeräubereien ein tödtlicher Streich versetzt; denn da sie einsahen, wie ungewiß es wäre, ob sie ihre Beute nur einige Zeitlang besitzen würden, so gaben sie sich keine große Mühe mehr, dergleichen zu machen; und als endlich der Prinz, der ihnen ihre Privilegien genommen hatte, Kaiser ward, endigte er ihre Räubereien völlig durch die Erklärung, er sey mit ganz Europa in Frieden. Seit dieser Zeit hat die Mündung des Flusses sich allmählich so mit dem von der See hinein gespühlten Sande angefüllt, daß die Bewohner der Stadt, wenn es ihnen auch möglich wäre, ihre vorige Unabhängigkeit wieder zu erlangen, dadurch außer Stand gesetzt seyn würden, ihre Seeräubereien wieder so weit zu treiben, wie ehemals.

Da ich ein Empfehlungsschreiben an den Französischen Generalkonsul, Herrn de Rocher, hatte, so ließ ich mich nach Rabat, wo er sich aufhält, übersetzen, und ward sehr höflich von ihm aufgenommen. Als mein Gepäck ans Land gebracht war, entstand ein sehr heftiger Streit zwischen dem Mauleseltreiber und meinem Dolmetscher über die Art, wie es wieder auf die Maulesel zu packen sey, um es nach des Konsuls Hause zu bringen. Beide Theile waren so eifrig für ihre Sache, daß sie gar nicht auf mich hörten, als ich sie zu vergleichen suchte; und endlich kamen sie so in Hitze, daß der Mauleseltreiber meinen Dolmetscher schlug. Als ich dies sah, konnte ich nicht länger ein bloßer Zuschauer bleiben, und leider mochte ich wohl beinahe in eben so ungemäßigte Hitze gerathen seyn, wie die Streitenden. Der Schlag ward auf eine so grobe Art gegeben, daß ich mich nur mit Mühe zurückhalten konnte, ihn sogleich zu erwiedern. Doch hatte ich zum Glück noch kaltes Blut genug, um zu überlegen, wie unschicklich dies Verfahren seyn würde; daher trug ich einem meiner Mohrischen Soldaten auf, den Mauleseltreiber zu bestrafen. Der Soldat erfüllte auch, vermittelst der langen ledernen Riemen, die er immer um sich trug, seinen Auftrag so gut, daß der Verbrecher sich bald dazu verstand, auf die Knie zu fallen und sowohl mich als den Dolmetscher um Gnade zu bitten. Ich hatte bei der Bestrafung dieser Beleidigung mehr die Absicht, mich bei den Soldaten in Ansehen zu setzen, als die Sache des Juden zu rächen; denn ich konnte nicht dahinter kommen, welcher von den Streitenden Unrecht haben möchte. Aber da meine Begleiter schon vorher bei einigen Gelegenheiten

Neigung gezeigt hatten, mir Unruhe zu machen, und da einer Person, die unter meinem Schutze stand, eine so arge Beschimpfung angethan war: so beschloß ich, diese Gelegenheit zu benutzen, um sie zu überzeugen, daß es ihre Schuldigkeit sey, mir jede Aufmerksamkeit zu beweisen.

Herr de Rocher wohnt in einem herrlichen, auf Kosten seines Hofes erbaueten Hause, und ist der einzige Europäer an dem Orte. Sehr glücklich vereinigt er die alte Englische Gastfreundschaft mit jener natürlichen Feinheit des Betragens, die seiner Nation eigenthümlich ist. Er lud mich so dringend ein, noch einen Tag bei ihm hinzubringen, daß ich, so herzlich ich auch meine Reise bald beendigt zu sehen wünschte, doch seinen ernstlichen Bitten nicht widerstehen konnte.

Rabat ist eine Stadt von beträchtlicher Größe, und an der Seeseite durch drei ganz gut ausgeführte Forts geschützt, die einige Zeit vorher von einem Englischen Renegaten erbauet und von Gibraltar aus mit Kanonen versehen worden waren. Im Ganzen sind die Häuser gut, und viele von den Einwohnern wohlhabend. Es leben hier viele Juden, und gewöhnlich befinden sie sich in besseren Umständen, als die zu Larache und Tanger; auch sind ihre Weiber bei weitem schöner, als in irgend einer andern Stadt, die ich in diesem Reiche gesehen habe. Besonders ward ich bei einer Familie eingeführt, wo die Natur acht Schwestern so verschwenderisch ausgestattet hatte, daß ich nicht zu bestimmen wußte, welche von ihnen die hübscheste wäre. Eine gewisse Zusammenstimmung regelmäßiger Züge, Schönheit der Gesichtsfarbe und ausdrucksvolle schwarze Augen gaben ihnen große Vorzüge vor den andern Weibern ihrer Nation; und obgleich ihre Körper nicht durch den Reiz verschönert waren, welchen Europäischen Frauenzimmern die Kleidung giebt, so hatten sie doch Grazie und Annehmlichkeit.

Das sehr geräumige Kastell enthält ein starkes Gebäude, welches der letztverstorbene Kaiser zu seiner vorzüglichsten Schatzkammer gebrauchte. Es hat eine herrliche Terrasse, die eine weite Aussicht auf die Stadt Salee, das Meer und die ganze benachbarte Landschaft beherrscht. Man findet hier auch noch Ueberreste von einem andern Schlosse, welches von Jakob Almonzor, einem der vorigen Kaiser, erbauet seyn soll, und wovon jetzt nicht viel mehr übrig ist, als die Mauern, in denen man einen starken Vorrath von Pulver und Schiffsmaterialien aufbewahrt. An der Außenseite dieser Mauern ist ein sehr hoher, viereckiger, von gehauenen Steinen schön erbaueter Thurm, welcher der Thurm des Hassen heißt. Wenn man die Arbeit an diesem Thurme mit den übrigen Gebäuden vergleicht, so kann man sich eine genaue Vorstellung machen, wie sehr die Mohren von ihrem vormaligen Geschmacke und dem Prächtigen in ihrer Baukunst ausgeartet sind.

Am Abend führte mich der Konsul zu Sibi Mohamet Effendi, dem ersten Minister des letztverstorbenen Kaisers, der auf seiner Reise nach Tanger gerade in Rabat war. Ich fand an ihm einen sehr gebildeten Mann, der mich mit vieler Güte aufnahm. Nachdem ich mich eine Zeit lang über den Zweck meiner Reise mit ihm unterredet hatte, verlangte er, daß ich seinen Puls fühlen, und ihm sagen sollte, ob er gesund sey, oder nicht. Als ich ihn versicherte, er sey vollkommen gesund, gab er mir in lebhaften Ausdrücken zu erkennen, wie sehr er mir für diese angenehme Nachricht verbunden wäre. Er wünschte mir hierauf Glück zu meiner Reise, wie zu meinem Vorhaben, und dann nahmen wir von einander Abschied.

Bei Gelegenheit meines Aufenthaltes zu Rabat, vertauschte ich auch den lahmen Maulesel, und befahl meinen Negersoldaten, unsere Sachen in Ordnung zu bringen, daß wir früh am folgenden Morgen die Stadt verlassen könnten. Herr de Rocher, der mir schon so viele Artigkeiten erwiesen, hatte noch die Güte, eine Quantität Brot, das hier vorzüglich gut ist, wie auch eine verhältnißmäßige Portion von kalter Küche, und so viel Wein, als wir bequem mit fortbringen konnten, für mich auspacken zu lassen. Dieser Vorrath reichte auf drei Tage hin, und kam mir sehr zu Statten, da ich dadurch Zeit bekam, einigermaßen wieder Geschmack an Geflügel und Eiern finden zu lernen.

Freilich erkenne ich sehr wohl, daß die Aufmerksamkeit und die Ermunterungen, die ich bei meinem kurzen Aufenthalte zu Rabat genoß, mir nach den Beschwerlichkeiten, die ich auf der Herreise hatte ausstehen müssen, sehr zur Erholung gereichten; aber durch die Vorstellung, gleiche Unbequemlichkeiten, wie die schon überstandenen, wieder ertragen zu müssen, ohne Aussicht zu einer gleichen Erholung zu haben, litt ich im Ganzen vielleicht mehr, als wenn ich die ganze Reise hindurch immer ununterbrochen in jener Lage geblieben wäre. Die Betrachtung, daß ich Tag für Tag durch eine Gegend reisen sollte, wo das Auge sich so selten vergnügen kann; daß ich keinen Begleiter zur Seite hatte, mit dem ich mich unterreden, oder dem ich meine Empfindungen mittheilen konnte; und daß ich den ganzen Tag über nur drei langweilige Meilen in einer Stunde zurücklegen sollte; und zwar in einer Jahrszeit, wo die Kälte des Morgens und Abends sehr übel auf die Hitze vorbereitet und folgt, die um Mittag herrscht: — diese Betrachtung drückte mich so nieder, daß ich mich bei der Vorstellung, Rabat verlassen zu müssen, einer sehr merklichen Niedergeschlagenheit nicht erwehren konnte.

Durch die Nachlässigkeit meiner Begleiter waren am 8ten dieses Monaths meine Sachen erst zwischen zehn und elf Uhr Morgens ganz aufgepackt, wo ich denn das gastfreie Haus des Herrn de Rocher verließ und meine Reise nach Dar Beyda, der nächsten Stadt auf dem Wege nach Mogadore, fortsetzte.

Bei allen Beschwerlichkeiten, die ich bisher erfahren, konnte ich mich glüklich schätzen, daß ich immer so schönes Wetter gehabt hatte; denn es war jetzt die Jahrszeit, wo gewöhnlich die starken Regen anfangen, und wo ein Schauer von einer halben Stunde mehr durchnäßt, als in England der

Regen von einem ganzen Tage. Wir hatten auf dem ganzen Wege von Tanger nach Rabat trocknes Wetter; die Hitze von elf bis drei Uhr war heftig, aber die Luft, wie eben bemerkt ist, vorher und nachher ungewöhnlich kühl. Zur Erquickung bei der großen Hitze fanden wir die Wassermelonen und Granatäpfel zwischen Rabat und Mogadore von äußerst lieblichem Geschmack, und besonders dienlich, den außerordentlichen Durst zu löschen und die Mattigkeit zu vertreiben, die uns auf der Reise befiel. Diese Früchte wachsen hier sehr häufig auf freiem Felde, und wir zahlten nur zwei Blanquils oder drei Pence in Englischer Münze, (ungefähr ein und zwanzig Pfennige) für Wassermelonen, woran sich ein halbes Dutzend Menschen sättigen konnten. So gütig hat die Natur dafür gesorgt, hier einen Ueberfluß von solchen Früchten wachsen zu lassen, die den Bewohnern warmer Himmelsstriche so willkommen sind! Ja, viele dürftige Personen in diesem Lande haben kaum andere Nahrungsmittel, als Obst und Brot.

Bei unserer Abreise versprach uns der Anschein der Atmosphäre die Fortdauer desselben schönen Wetters, das wir bisher gehabt hatten; auch blieb es so, bis wir über drei kleine Flüsse gegangen waren, welche die Mohren den Hitkumb, Scherrat und Bornika nennen. Diese schwellen nach starken Regen zu tiefen und reißenden Strömen an, und werden oft ganz unzugänglich, außer für Boote und Flösse. — Aber um fünf Uhr Abends zogen sich schwere und schwarze Wolken zusammen, und kurz nachher entstand ein sehr heftiges Ungewitter, wobei Wind, Hagel, Regen, Donner und Blitz sich furchtbar vereinigten. Da es sehr schnell anfing, dunkel zu werden, so wünschten wir sehnlich einen sichern Platz zu finden, wo wir unser Zelt aufschlagen könnten, und spornten deswegen unsere Thiere; aber weder durch die Sporn noch durch die Peitsche ließen sie sich bewegen, dem Sturme Trotz zu bieten, und wir mußten eine ganze Stunde in Unthätigkeit warten, bis seine größte Heftigkeit nachließ. Dann trieben wir unsere Thiere weiter, bis zu ein Paar Arabischen Zelten, die im freien Felde standen. So übel diese Lage auch war, so freueten wir uns doch, unser Zelt für die Nacht selbst nur an diesem ungeselligen Platze aufschlagen zu können.

Da es die ganze Nacht geregnet hatte, so mußten wir am folgenden Morgen (den 9ten Oktober) unser Zelt erst trocknen, weil es ganz durchnäßt, und zu schwer geworden war, als daß wir es mit dem übrigen Gepäcke auf den Mauleseln hätten fortbringen können. Erst zwischen zehn und elf Uhr konnten wir daher unsere Reise fortsetzen, und kamen um zwölf Uhr bei den Ueberresten von Mansora an. Hier war vormals ein Schloß, das (nach den Ruinen zu urtheilen, die aus weiten Mauern und einem viereckigen Thurme bestehen) ein sehr großes Gebäude gewesen seyn muß. Meine Soldaten erzählten mir, es wäre die Residenz eines Prinzen gewesen, der gegen seinen Oberherrn die Waffen ergriffen, und sich dann genöthigt gesehen hätte, es zu verlassen. Das Schloß ist von dem damals regierenden Kaiser zerstört worden. Der Platz zwischen den übrig gebliebenen Mauern wird jetzt von einigen Negern bewohnt, die in kleinen Hütten leben und hieher verbannt worden sind, weil sie bei einer gewissen Gelegenheit sich den Unwillen des verstorbenen Kaisers zugezogen hatten. In einem bloß durch Willkühr des Regenten beherrschten Lande, wo der Besitz des Thrones mehr von dem Willen der Soldaten, als von den Rechten der Erbfolge abhängt, sind Schlösser in den Augen des Despoten mehr Sicherheitsörter für seine Gegner, als für ihn selbst von beträchtlichem Nutzen; daher läßt er sie entweder verfallen oder zerstört sie gänzlich, wie es sein Eigenwille ihm eingiebt. Von der Wahrheit dieser Behauptung sieht man auffallende Beweise in jeder Marokkanischen Stadt, durch die ich gekommen bin.

Bald nachdem wir Mansora verlassen hatten und durch den Fluß Infesik gegangen waren, kamen wir nach Fadala. Dieser Ort wird, so lange noch etwas von ihm übrig ist, ein dauerndes Denkmal von dem Eigensinne des verstorbenen Kaisers bleiben. Er besteht bloß aus der Einfassung einer Stadt, die er im Anfange seiner Regierung zu bauen anfing, aber nie vollendete. Sie ist in eine viereckige Mauer eingeschlossen und mit einer Moskee (dem einzigen vollendeten Gebäude) zum Gebrauche der Einwohner versehen, die, gleich denen zu Mansora, in Hütten auf dem dazwischen liegenden Boden wohnen. Zur Rechten von Fadala bemerkten wir ein kleines, aber dem Ansehen nach hübsches Schloß, das, wie meine Begleiter mir sagten, der verstorbene Kaiser erbauet hat, um sich dessen zu bedienen, wenn er einmal in Geschäften dieses Weges käme.

Auf unserer übrigen Reise nach Dar Beyda, wo wir ungefähr Abends um sechs Uhr eintrafen, fiel nichts Merkwürdiges vor, außer daß wir über eine doppelte Brücke von Steinen kamen, das einzige Werk der Baukunst von dieser Art, das ich im Lande gesehen habe und das von dem verstorbenen Kaiser herrührt. Das Land zwischen Rabat und Dar Beyda, eine Strecke von etwa vier und vierzig Meilen, ist eine ununterbrochene Kette von unfruchtbaren Felsen.

Dar Beyda, ein kleiner, ziemlich unbeträchtlicher Seehafen, hat eine Bay, welche Schiffe von ganz ansehnlichen Lasten aufnimmt; sie können, wenn der Wind nicht hart aus Nordwesten bläst, wo sie leicht an die Küste geworfen werden, ziemlich sicher darin ankern. — Bei meiner Ankunft ward ich sogleich zu dem Gouverneur geführt, der eben im Audienzzimmer war und die Klagen der Einwohner hörte. Nachdem er mir seine Dienste angeboten und mich ersucht hatte, etwas weniges Geflügel von ihm anzunehmen, überließ er uns bald das Zimmer, wo wir diese Nacht schliefen.

Am 10ten Oktober zwischen sieben und acht Uhr Morgens brachen wir nach Azamore auf, das etwa sechs und funfzig Meilen von Dar Beyda entfernt ist. Nach zwei Tagereisen kamen wir zu dem Flusse Morbeya, an dessen Mündung auf der Südseite Azamore liegt. Der Fluß ist hier so breit und tief, daß man sich übersetzen lassen muß, weswegen hier immer ein geräumiges Boot in Bereitschaft gehalten wird.

Wir hatten eben unser Gepäck und die Maulesel in das Boot gebracht, und waren in Begriff wegzurudern, als zwischen meinen Negersoldaten und den Fährleuten ein sehr heftiger Streit entstand. Da ich nicht zum erstenmal solche Zänkereien sah, so blieb ich ganz ruhig im Boote, bis ich bemerkte, daß einer der Fährleute alle Sachen wieder aufs Land brachte, indeß ein anderer einem von den Soldaten zu Halse ging. Nun war es also hohe Zeit, daß ich mich dazwischen legte. Auf meine Frage wegen der Ursache des Streites, sagte man mir, daß der Eigenthümer der Fähre den Fluß vom Kaiser gepachtet hätte, und daß dem zufolge ihm alle Einkünfte von der Fähre zukämen; meine Soldaten aber beständen darauf, die Leute müßten mich, mein Gepäck u. s. w. unentgeldlich über den Fluß setzen, weil ich in des Kaisers Diensten wäre. Wer von ihnen Recht hatte, konnte ich mir nicht anmaßen zu bestimmen; aber ich war sehr froh, dem Streite dadurch ein Ende machen zu können, daß ich das gewöhnliche Fährgeld bezahlte. Nachdem man nun beiderseits noch einige Flüche ausgestoßen hatte, wurden unser Gepäck und die Maulesel wieder in das Boot gebracht und wir über den Azamore gesetzt.

In einem Lande, wo Künste und Wissenschaften gänzlich vernachlässigt werden, und wo die Hand des Despotismus den Gemeingeist vernichtet und den Privatfleiß niederdrückt, ist es sehr natürlich, daß beträchtliche Striche vorkommen müssen, die nichts Bemerkenswerthes zeigen. Dies war genau der Fall auf der Reise von Dar Beyda nach Azamore, wo sich unserem Auge nichts darbot, als eine ununterbrochene Kette von unfruchtbaren Felsen und unangenehmen ermüdenden Landstraßen, ohne daß irgend etwas die Scene zuweilen verändert und die Neugierde gereitzt hätte.

Azamore, eine Stadt mit einem Seehafen am Atlantischen Meere, liegt an der Mündung des Morbeya. Es ist zwar ein großer Ort, hat aber weder öffentliche Gebäude zur Zierde, noch in seiner Geschichte oder Lage irgend etwas Merkwürdiges.

Einem meiner Soldaten zu Gefallen, der zu Azamore nahe Verwandte hatte, blieb ich den Tag hier, und bewohnte in dem Hause eines Mohren ein Zimmer, welches von der Wohnung der Familie abgesondert war. Bald nach meiner Ankunft besuchte mich ein Jude in Europäischer Kleidung, der ehemals bei einem Englischen Konsul gewohnt hatte und das Englische ziemlich fertig sprach. Er nahm mich mit nach seinem Hause, wo er mich sehr gastfreundschaftlich empfing und dringend bat, daß ich mit ihm essen und mich seines Hauses, wie meines eigenen, bedienen sollte. Nach dem Mittagsmahl zeigte er mir die verschiedenen Gegenden der Stadt. Im Verlauf unserer Unterredung bat er: ich möchte in meinem Betragen gegen den Prinzen, zu dem ich reise, sehr vorsichtig seyn; denn die Mohren wären sehr wankelmüthig, und ihr Betragen hinge bloß von der Laune des Augenblicks ab. Um diese Warnung nachdrücklicher zu machen, erzählte er mir eine Geschichte von einem Europäischen Wundarzte, der ehemals einen Marokkanischen Prinzen zu besorgen hatte. Dieser achtete den Rath des Wundarztes nicht, und seine Krankheit nahm zu. Darüber ward er so aufgebracht, daß er den Wundarzt holen ließ und, als dieser vor ihm erschien, eine Pistole hervorzog. Der unglückliche Mann gerieth durch ein so unwürdige Behandlung in Unruhe und Angst, ging schnell weg, und machte bald darauf seinem Leben ein Ende.

Als ich am 13ten Oktober von meinem Juden, und die Soldaten von ihren Verwandten Abschied genommen hatten, reisten wir Morgens um acht Uhr nach der Stadt Safi (Asafi) ab, wo wir am 15ten Abends, nach einem Wege von etwa sieben und funfzig Meilen, anlangten. Die Gegend, durch welche wir kamen, war unfruchtbar und felsig, so daß sie kaum einen Baum oder irgend etwas Grünes hervorbrachte.

Bald nach unsrer Abreise von Azamore sahen wir zur Rechten die Stadt Mazagan, welche der verstorbene Kaiser wenige Jahre vorher den Portugiesen weggenommen hatte. Seine Mohrische Majestät prahlten sehr mit dieser Eroberung, ob es gleich ganz bekannt ist, daß die Portugiesen, weil es sehr beschwerlich und kostbar war, hier eine Garnison zu unterhalten, und weil der Ort doch keinen wesentlichen Nutzen gewährte, noch vor dem Angriffe des Kaisers, den Ort zu verlassen sich vorgenommen und deswegen wirklich schon angefangen hatten, ihre Güter und ihr Vermögen zu Schiffe zu bringen. Da aber der Kaiser einmal entschlossen war, eine Probe von seiner kriegerischen Tapferkeit und Geschicklichkeit zu geben, so ließ er sich dadurch nicht von dem Vorsatze abschrecken, eine ordentliche Belagerung anzufangen. Mit der größten Eile ward ein Magazin (das man von der Landstraße her sehen kann) zur Aufbewahrung der Ammunition erbauet, und der Angriff geschah mit aller Lebhaftigkeit und Geschicklichkeit, deren Seine Mohrische Majestät fähig waren. Die Portugiesen vertheidigten die Stadt nur so lange, bis sie ihre Güter wegschaffen konnten; dann wurde sie den Mohren übergeben, oder, eigentlicher zu reden, überlassen.

Am Tage unserer Ankunft zu Safi kamen wir bei den Ueberresten einer Stadt vorbei, die ehemals groß und beträchtlich gewesen ist. Sie ward von einem ältern Kaiser, Muley Okom Monsor erbauet, und wird itzt Dyn Medina Rabäa genannt. Jetzt ist davon weiter nichts mehr übrig, als vorzüglich dicke und ausgedehnte

Mauern; und diese schließen Gärten und Hütten ein, worin entlassene Negersoldaten wohnen.

Safi, eine Stadt mit einem Seehafen, liegt am Fuße eines steilen und hohen Gebirges. Es ist ein kleiner Ort, der nichts Merkwürdiges hat, als einen hübschen Pallast, worin die Söhne des Kaisers bisweilen wohnen, und ein kleines Fort, nicht weit von dem nördlichen Ende der Stadt. Die umliegende Gegend besteht aus Gebirgen und Wäldern, so daß sie eine wilde, wahrhaft romantische Aussicht giebt. Safi trieb einen beträchtlichen Handel mit Europa, ehe der verstorbene Kaiser die Europäischen Kaufleute zwang, in Mogadore zu wohnen. Die Rhede ist sicher für die Schiffe, außer wenn der Wind hart aus Westen bläst, wo sie leicht an den Strand getrieben werden können.

Während meines Aufenthaltes in dieser Stadt nahm ich mein Quartier in einem Judenhause, und ward von zwei Mohren besucht, die in London gewesen waren und etwas Englisch sprechen konnten. Unter andern Beweisen ihrer Aufmerksamkeit machten sie auch Mittel ausfindig, mir, ohne mein Wissen, einen Stuhl und einen kleinen Tisch zu verschaffen, zwei Möbles, die ich seit meiner Abreise von Tanger nicht gesehen hatte, außer in des Französischen Konsuls Hause; denn die Mohren bedienen sich ihrer gar nicht.

Am 16ten, um acht Uhr Morgens, reisten wir nach Mogadore. Den Weg dahin, der etwa sechzig Meilen beträgt, legten wir in zwei Tagen zurück. Bald nachdem wir Safi verlassen hatten, kamen wir über ein sehr hohes und gefährliches Gebirge. Der felsige, steile und rauhe Pfad, der nur für Einen Maulesel breit genug war, und uns an einem jähen, über das Meer hangenden Absturze hinführte, erfüllte uns mit einer Empfindung von Grausen und Schrecken, die gar nicht zu beschreiben ist. Aber unsre, an Wege dieser Art gewöhnten Maulesel führten uns mit der größten Sicherheit über die Stellen, wo wir mit

Europäischen Pferden wahrscheinlich in den Abgrund hinab gestürzt wären.

Von diesem Gebirge kamen wir in Kurzem in einen Wald von Zwergeichen, der etwa sechs Meilen lang ist, und sich gegen Süden bis an den Fluß Tansif erstreckt. Dieser Fluß ist sehr breit, so daß er sich nach einem starken Regen, oder wenn die Fluth ihn anschwellt, nur auf Flößen passiren läßt; aber jetzt konnten wir mit großer Leichtigkeit hindurch gehen. Wir bemerkten, als wir uns der Südseite näherten, mitten in einem dicken Walde ein viereckiges Kastell. Dies ist, wie meine Soldaten mir sagten, von Mule p Ischmael erbauet, welchen Addison in einem Stücke des Freeholder verewigt hat. Der verstorbene Kaiser vernachlässigte es, so daß es jetzt in Ruinen liegt. Die ansehnliche Breite und die mannichfaltigen Windungen des Tansif, seine hohen, waldigen Ufer und das Schloß, das durch die Bäume ein wenig hervorblickt, bildeten zusammen eine Scene, die freilich etwas finster, aber doch sehr romantisch und malerisch war.

Ich hatte von Herrn Matra die Anweisung bekommen, zu Mogadore zu bleiben, bis ein Bote, der von da nach Tarudant geschickt werden sollte, um den Prinzen von meiner Ankunft zu benachrichtigen, zurückgekommen wäre. Die sehr gastfreundschaftliche Behandlung, die ich von Herrn Hutchison, Brittischem Vice-Konsul zu Mogadore, während meines Aufenthaltes in seinem Hause erfuhr, so wie die theilnehmenden Briefe, und der freundschaftliche Rath, den er mir nachher bei den Verlegenheiten und Widerwärtigkeiten, die ich zu Marokko auszustehen hatte, gütig ertheilte, haben sich in meinem Gedächtnisse tief eingeprägt, und ich würde es mir selbst nicht vergeben können, wenn ich es unterließe, diesem braven Manne meine Dankbarkeit öffentlich zu bezeugen.

Ehe ich Mogadore beschreibe, wird es nicht undienlich seyn, eine kurze Uebersicht von dem allgemeinen

Ansehen des Landes zu geben, durch das ich von Tanger an gekommen bin. Der erste Theil des Weges, bis nach Larache, führte uns, wie ich vorher bemerkt habe, durch eine felsige, gebirgige und unfruchtbare Gegend, wo wir, außer dem Walde vor Ráb á Klo (Rabe a Clow) nur wenige Bäume oder Gesträuche fanden. Von Larache bis Salee ward das Auge durch die Mannichfaltigkeit der Gegenstände, die sich ihm darboten, angenehm unterhalten. Der ebene Boden, die vielen Seen und das lächelnde Grün, das sie umgab, zeigten sehr deutlich die Fruchtbarkeit des Landes; und sie, nebst den hier und dort verstreueten Gruppen von Bäumen, führten den betrachtenden Geist auf den Gedanken, die Natur habe diese Gegend der Erde zum Aufenthalt eines Volkes bestimmt, das auf einer höheren Stufe der Kultur steht, als die jetzigen Bewohner. Von Salee nach Mogadore, und von da nach Santa Cruz, fanden wir wieder eben die unfruchtbare, gebirgige und felsige Gegend, wie auf dem ersten Theil unserer Reise.

Ich sah zuweilen Wälder von kleinen Bäumen, wie den Arga, die Zwergeiche*) und den Palmbaum; aber brauchbares Bauholz bringt das Land gar nicht hervor. Daher müssen die Mohren diesen Artikel aus Europa einführen; und eben darin mag der Grund liegen, weswegen der Kaiser so wenige Schiffe besitzt und genöthigt ist, sie zur Ausbesserung in fremde Häfen zu schicken. Weil die Vegetation in diesem Himmelsstriche nicht eher anfängt, als einige Zeit nach den starken Regen; so hatte ich auf meiner Reise keine Gelegenheit zu bemerken, welche Pflanzen diesem Klima vorzüglich eigen sind.

Nach der Meinung einiger Reisebeschreiber hat man in diesem Lande unterweges viel von den Angriffen wilder Thiere zu fürchten; aber ich kann aufrichtig sagen, daß ich während der ganzen Reise nach Mogadore, ja auch nachher, als ich über den Atlas ging, niemals von sol-

---

*) Man sehe hiervon weiter unten.

chen Thieren im geringsten beunruhiget oder aufgehalten worden bin; auch hat man mir gesagt, daß man selten von einem Falle dieser Art höre. Dies rührt davon her, daß die wilden Thiere sich meistens nur im Innern des Landes und der Gebirge aufhalten, welches kein menschlicher Fuß betritt.

Mogadore, wie die Europäer, oder Suira, wie die Mohren es nennen *), eine große, regelmäßig und gut gebauete Stadt am Atlantischen Meere, ist etwa dreihundert und funfzig Meilen von Tanger entfernt, und an der Landseite von tiefem und schwerem Sande umgeben. Es ward auf Befehl des verstorbenen Kaisers erbauet, der bei seiner Thronbesteigung allen in seinem Reiche ansässigen Europäischen Kaufleuten befahl, daß sie in Mogadore wohnen sollten, wo er die Abgaben herunterzusetzen und dem Handel alle mögliche Aufmunterung zu geben versprach. Da die Europäer auf diese Art ihre vorigen Etablissements verlassen mußten; da sie diesen ersten Schritt des Kaisers als einen Beweis seiner guten Gesinnung für Handel und Gewerbe ansahen; da sie schon lange in dem Lande gewohnt und zu Hause keine bessere Aussichten hatten: so ließen sie sich allgemein zu Mogadore nieder, erbaueten Häuser, und machten nützliche Anstalten für den Handel. Aber sie wurden durch des Kaisers Treulosigkeit in den angenehmen Hoffnungen, mit welchen sie ihre Lage verändert hatten, sehr getäuscht. So lange, bis er sah, daß die Kaufleute fest genug saßen, um sich wahrscheinlicher Weise nicht zu entfernen, erfüllte er sein Versprechen; aber dann fing er an, die Abgaben zu vermehren, und erstickte so den Geist des Handels, den er zu befördern versprochen hatte. Doch vermochte ihn seine Laune, oder, was noch mehr Einfluß hatte,

---

*) Herr Höst hat von Suira, oder Mogadore, wie von den meisten bedeutenden Städten in Marokko, eine Zeichnung geliefert. Es gehört zu der Provinz Sus, und liegt, den Beobachtungen des Don Ulloa zufolge, in 31° 28' N. Br. Die Abweichung der Magnetnadel war daselbst 17° 6' Oestlich.

S.

hatte, beträchtliche Geschenke zuweilen dahin, von seiner Strenge nachzulassen; und daher sind die Abgaben so häufig verändert worden, daß ich unmöglich mit irgend einiger Gewißheit die gewöhnlichen Lasten bestimmen kann, die in diesem Hafen auf Gegenstände des Handels gelegt sind.

Die Faktorei zu Mogadore besteht aus etwa zwölf Handlungshäusern von verschiedenen Nationen, deren Besitzer durch den Schutz, den ihnen der Kaiser angedeihen läßt, in vollkommner Sicherheit vor den Mohren leben, und diese wirklich in einer strengen Entfernung von sich halten. Sie führen nach Amerika Maulthiere aus; nach Europa: Korduan, Häute, Arabisches Gummi, Sandarach, Straußfedern, Kupfer, Wachs, Wolle, Elephantenzähne, feine Matten, schöne Teppiche, Datteln, Feigen, Rosinen, Oliven, Mandeln, Oel u. s. w. Dagegen führen sie ein: Bauholz, Schießgewehre aller Art, Schießpulver, wollene Tücher, Leinwand, Blei, Eisen in Stangen, alle Arten von harten und Bijouteriewaaren, als Spiegel, Schnupftabaksdosen, Uhren, kleine Messer u. s. w. Thee, Zucker, Gewürz, und die meisten Artikel, die man hier zu Lande auf keine andere Weise bekommen kann. — Außer dem Handel, der zwischen diesem Reiche und Europa geführt wird, treiben die Mohren durch ihre Karavanen (von denen ich bald besonders zu sprechen Gelegenheit haben werde) auch Handel mit Guinea, Algier, Tunis, Tripoli, Groß-Kairo und Mekka.

Mogadore ist nach der See hin regelmäßig befestigt, und an der Landseite sind Batterieen angelegt, die jeden Einfall von den südlichen Arabern abhalten können; denn sonst würden diese unruhigen Menschen wegen des großen Reichthums, der sich, wie man weiß, immer in Mogadore befindet, mit Freuden jede Gelegenheit ergreifen, die Stadt zu plündern. Der Eingang in die Stadt, sowohl von der See, als von der Landseite her, geht durch schöne steinerne Bogen mit zwei Thüren; der Marktplatz ist artig gebauet und mit steinernen Säulengängen umgeben. Am Wasserthore stehen ein Zollhaus und ein Pulvermagazin, die beide nett von Steinen gebauet sind. Außer diesen öffentlichen Gebäuden hat der Kaiser hier einen kleinen, aber hübschen Pallast, worin er bisweilen residirt. Die Straßen der Stadt sind sehr enge, aber alle schnurgerade, und die Häuser hoch und regelmäßig, folglich ganz das Gegentheil von denen in den anderen Städten des Reiches. Die Bay, die wenig mehr als eine Rhede, und, wenn der Wind aus Nordwesten kommt, sehr unsicher ist, wird durch eine Krümmung der Küste, und eine kleine, etwa eine Viertelmeile davon entfernte Insel gebildet. Ihr Eingang hat ein mit Kanonen wohl versehenes Fort zur Vertheidigung.

Viertes Kapitel.

Allgemeine Uebersicht des Reiches Marokko. — Lage und Klima. — Provinzen. — Boden. — Wunderbare Fruchtbarkeit. — Seehäfen. — Naturprodukte. — Minen. — Thiere. — Zufällige Theurungen. — Hungersnoth von 1778. — Manufakturen. — Gebäude. — Straßen. — Bevölkerung. — Einführung der Neger. — Muley Ischmael. — Seine Polizei. — Sidi Mahomet. — Allgemeine Unterdrückung des Volkes. — Kaufleute.

Da ich bei den Europäischen Kaufleuten zu Mogadore bessere Gelegenheit, als jemals nachher auf meiner Reise bekam, mich von dem Zustande des Landes und seinen Produkten zu unterrichten, so will ich jetzt Gebrauch von diesen Nachrichten machen, zumal, da hierdurch die folgenden Blätter meiner Erzählung für den Leser nützlicher und angenehmer werden.

Das Reich Marokko liegt zwischen 29° und 36° nördlicher Breite. Es erstreckt sich von Norden nach Süden etwa fünfhundert und funfzig Meilen in die Länge, und etwa zweihundert in die Breite. Gegen Norden wird es von der Straße von Gibraltar und dem Mittelländischen Meere begränzt; gegen Osten von den Königreichen Tremecen und Sugulmussa (Seschelmesa); gegen Süden von dem Flusse Suz (Sus) und dem Lande südlich von Tafilet; gegen Westen von dem Atlantischen Meere. Das Reich besteht aus verschiedenen Provinzen, die, wie in den meisten Ländern, vor ihrer Vereinigung kleine Königreiche waren*).

Das Klima ist zwar in den südlichen Provinzen, während der Monathe Junius, Julius und August sehr heiß, aber doch im Ganzen dem Gesundheitszustande der Einwohner sowohl, als der Europäer, zuträglich **). Gegen Norden findet man das Klima beinahe eben so, wie in Portugall und Spanien, auch giebt es dort die Herbst- und Frühlingsregen, wie in diesen Ländern; aber südwärts sind die Regen weniger allgemein und gewiß, und daher die Hitze größer.

Da die meisten Städte, worin Europäer sich niederlassen dürfen, Seehäfen sind, so haben sie den Vortheil, daß sie häufig von der Seeluft erfrischt werden; und obgleich Mogadore so weit südwärts liegt, so ist es doch, weil es zur Sommerzeit regelmäßig den Wind aus Nordwesten hat, eben so kühl, wie die gemäßigteren Gegenden in Europa. Marokko und Tarudant liegen im Innern des Landes, und sind daher, wenn sie gleich mit Mogadore beinahe einerlei Breite haben, viel heißer; indeß wird ihre größere Hitze durch die Nachbarschaft des Atlas beträchtlich vermindert, weil dessen höhere Gegenden das ganze Jahr hindurch mit Schnee bedeckt sind und diesen Städten oft kühle und erfrischende Winde zusenden.

*) Gegenwärtig hat es neun Provinzen; nehmlich: Sus, Haha, Gezula, Erhamma, Dukala, Abda, Tedla, Zerara und Siedma.

**) Chénier (in den Récherches historiques sur les Maures & Histoire de l'Empire de Maroc. Paris, 1787. Tom. III.) sagt: das Klima sey sehr mäßig; das Reaumürsche Thermometer steige selten über fünf Grad. Nur die inneren Länder wären sehr heiß. Aber hier soll der Boden dennoch am fruchtbarsten seyn, hingegen an der Westküste steinig.

Der Boden des Reiches Marokko ist sehr fruchtbar und kann bei gehöriger Kultur und Aufmerksamkeit alle Leckereien des Orients und Occidents hervorbringen. Freilich findet man ihn in einigen Gegenden der Seeküste, besonders in den gebirgigen, wie in jedem andren Lande unter gleichen Umständen, sandig und unfruchtbar; aber wo er nur im Geringsten das Ansehen einer Ebene hat, wie zwischen Larache und Mamora, und in der Nachbarschaft von Marokko und Tarudant, ist er schwarz und fett. Ich weiß aus den glaubwürdigsten Nachrichten, daß zu Tafilet und fast durchgehends im Innern des Reiches, die Fruchtbarkeit über alle Vorstellung groß ist.

Bei der wenigen Mühe, die man hier auf die Bearbeitung des Bodens wendet, da man bloß, ehe der Herbstregen einfällt, die Stoppeln verbrennt und etwa sechs Zoll tief pflügt, bringt er sehr frühzeitig herrlichen Weizen und Gerste, aber keinen Hafer, hervor; ferner Mais, Aldroys (?), Bohnen, Erbsen, Hanf und Flachs; Orangen, Limonen, Citronen, Granatäpfel, Melonen, Wassermelonen, Oliven, Feigen, Mandeln, Weintrauben, Datteln, Aepfel, Birnen, Kirschen, Pflaumen und alle die Früchte, welche man in den südlichen Provinzen von Spanien und Portugall findet. Man bewahrt hier das Korn in Matamoren auf. Dies sind Löcher, welche man in die Erde gräbt, mit Stroh ausfüttert und bedeckt, und auf die man nachher pyramidenförmige Erdhaufen setzt, um das Einsaugen des Regens zu verhüten *). In diesen Magazinen kann man das Getreide fünf bis sechs Jahre aufbewahren, ohne daß es irgend eine wesentliche Veränderung leidet.

Bei der wenigen Aufmunterung, die der Fleiß in diesem Lande findet, kommen freilich viele Früchte, welche einige Sorgfalt verlangen, besonders Weintrauben, Aepfel, Birnen, Pflaumen u. s. w., nicht zu der Vollkommenheit, wozu man sie in Europa bringt. Könnte aber Rei-

*) Solche Matamoren, oder unterirdische Kornmagazine, habe ich auch in Livorno angetroffen. J.

gung zum Ackerbau und zum auswärtigen Verkehr im Lande erweckt, oder, mit andern Worten, könnte der Souverain überredet werden, daß er seinen Schatz vermehren würde, wenn er seine Unterthanen reich werden ließe: so könnte dies Reich, wegen seiner bequemen Lage in Rücksicht auf Europa, und wegen seines üppigen, fruchtbaren Bodens, in politischer und merkantilischer Rücksicht sehr wichtig werden. Das einzige wesentliche Hinderniß des Handels ist die Untauglichkeit und Unsicherheit der Häfen. Doch weiß ich aus sicheren Nachrichten, daß zu Valedia ein von der Natur gebildetes Becken ist, welches jede Anzahl von Schiffen mit Sicherheit aufnimmt; und wahrscheinlich könnten die anderen Häfen verbessert werden.

Es ist traurig, bei der Reise durch eine so weite schöne Gegend, so viel Land wüst und unbebauet zu sehen, da es doch durch sehr geringe Aufmerksamkeit in den Stand gesetzt werden könnte, für seine Bewohner ein unerschöpflicher Schatz zu werden. Nach dieser Vorstellung sollte man es kaum glaublich finden, daß Spanien, ein ebenfalls schönes und von einer civilisirten Nation bewohntes Land, dem Kaiser sehr reichliche Geschenke an Geld überschicken muß, damit er seinen Unterthanen erlauben soll, Korn und die meisten andern Arten von Lebensmitteln und Früchten aus Tanger und Tetuan auszuführen. Aber die südlichen Provinzen von Spanien können in der That kaum ohne diese Unterstützung existiren. Was ist die Ursache hiervon? Ist Marokko so viel fruchtbarer als Spanien, daß es bei kaum einiger Kultivirung Ueberfluß hervorbringt? oder sind die Spanier noch träger, als die Mohren selbst?

In den meisten Städten des Reiches machen die Juden Wein, der aber, entweder weil die Trauben nicht so gut sind, wie in Europa, oder weil man nicht gehörig damit umgeht, keinen sonderlichen Geschmack hat. Auch destilliren sie aus Feigen und Rosinen eine Art von Branntwein, der hier unter dem Namen Aquabent sehr bekannt ist. Dieses geistige Getränk hat einen unangenehmen Geschmack, ist aber wenig schwächer, als Weingeist; und doch trinken ihn die Juden an allen ihren Festen und Freuden= tagen reichlich, ohne ihn mit Wasser zu vermischen. Auch lassen sehr wenige Mohren eine Gelegenheit vorbei, wo sie insgeheim ihre Portion davon nehmen können.

Die Mohren bauen auch Tabak; und eine Art davon, die nahe bei Mequinez (Mekinez) wächst, giebt einen Schnupftabak, der an Güte dem Makkaba sehr nahe kommt. Auf meiner weiteren Reise durch dies Land habe ich Wälder von zwergartigen Eichbäumen bemerkt, welche Eicheln von besonderer Größe und süßem Geschmacke tra= gen*). Südwärts trafen wir den Palm= oder Dattelbaum, den Arga**), der eine mandelartige Nuß trägt und die Olive an. Aus den beiden letzteren pressen die Einwohner Oel in großen Quantitäten, das einen beträchtlichen Theil ihrer Ausfuhr nach fremden Ländern ausmacht. Es giebt hier auch eine unendliche Mannichfaltigkeit von Gesträu= chen und Pflanzen, wie die Stachelbeere, die Aloe u. s. w.; kurz alles, was man in Spanien und Portugall findet. Baumwolle, Wachs, Honig, Salz, Arabisches Gummi und Sandrach sind ebenfalls sämmtlich Produkte dieses Reiches.

*) Marokko bringt, außer der hier erwähnten kleinen Eiche und dem Korkbaum, noch eine schätzbare Eiche hervor, wovon die Frucht den Einwohnern besonders zur Nahrung dient. Herr des Fontaines hat zwei Varietäten davon bemerkt, und nennt sie Quercus Ballota, foliis ellipticis, perennantibus denti= culatis integrisve, subtus tomentosis, fructu longissimo. Es giebt ganze Wälder von diesen Bäumen. Der Stamm ist nur dreißig bis vierzig Fuß hoch, und hat zwei Fuß im Durchmesser. Dieser Baum nähert sich der Steineiche (Ilex) sehr; nur sind die Blätter unten rauh, wollicht. Die Eichel ist an zwei Zoll lang, und wie Herr Poiret (Voyage en Barbarie, Tome I. p. 252.) sagt, sehr ernährend, angenehmer aber eine Kastanie. Die Araber genießen sie roh; gekocht ist sie indeß schmackhafter.
3.

**) Argan ist ein der Cassia ähnlicher Dornstrauch. Die Frucht gleicht großen Oliven, und hat, wie diese, einen Stein. Oefters wird der Baum so groß, daß er zum Bauholz dient. Die Mauren pressen aus der Frucht Oel, welches sie theils selbst brauchen, theils verkaufen. Dieser Baum findet sich überall in den Wäldern, und jeder darf sich seiner bedienen. 3.

In dem Gebirge Atlas giebt es viele Eisenadern; die Mohren haben aber, weil sie das Eisen nicht zu verarbeiten wissen, keinen Nutzen davon, und müssen sich daher diesen Artikel aus Europa verschaffen. In der Nachbarschaft von Tarudant giebt es Kupferadern; und im Atlas, wie die Mohren behaupten, Gold- und Silberminen, die indeß der Kaiser anzurühren nicht erlaubt. Aber ich denke, wenn diese Behauptung einigen Grund hätte, so würden die Brebes*), welche diese Gebirge bewohnen, nur dem Namen nach Unterthanen sind und der Regierung von Marokko sehr wenig Ehrerbietung beweisen, sie schon lange entdeckt haben. Indeß ist es doch wahrscheinlich, daß diese ungeheure Kette von Gebirgen Produkte enthält, die sehr einträglich werden könnten; aber da die Einwohner zu träge sind, und da es den Europäern nicht verstattet wird, auf neue Entdeckungen auszugehen, so kann man keine Kenntniß davon bekommen.

Die Hausthiere sind in Marokko beinahe dieselben, wie in Europa, das Kameel ausgenommen, welches in diesen Gegenden das nützlichste Thier ist, sowohl weil es die größten Strapazen aushalten kann, als weil es so wenig Nahrung bedarf. Es ist hier sehr häufig, und wird zu allen Geschäften des Ackerbaues und Handels gebraucht. Man hat behauptet, daß die Dromedare hier einheimisch wären; aber während meiner ganzen Reise habe ich weiter von keinen gehört, als von denen, die der Kaiser besitzt, und die er, wie ich erfuhr, von der Küste Guinea bekommt. Es sind die schnellsten Thiere, die man kennt, und der Kaiser braucht sie nur in dringenden Fällen. Man sagte mir, ihr Gang sey zuweilen so außerordentlich schnell, daß ihre Reiter, um Kraft zum Athemholen zu behalten, einen Gürtel um den Leib binden und das ganze Gesicht außer den Augen bedecken müssen, um es nicht von dem starken Strömen

---

*) So schreibt der Verfasser statt Bärbärn, oder Berberen, wie die ursprünglichen Einwohner des Landes eigentlich heißen. Von ihnen hat die Nordafrikanische Küste den Namen: die Berberei, welchen man unrichtig in Barbarei verwandelt.

der Luft, das durch die schnelle Bewegung des Thieres verursacht wird, leiden zu lassen. Man rechnet, daß ein Dromedar, auf einem gewöhnlichen Wege, in vier Tagen fünfhundert (Englische) Meilen (hundert Deutsche) zurücklegt.

Die Ochsen und Schafe sind hier klein, aber ihr Fleisch von gutem Geschmack. Sowohl die Häute von jenen, als die Wolle von diesen, sind Ausfuhr-Artikel. Die Schafe mit dicken Schwänzen, die man in England Barbarei-Schafe nennt, sind hier selten, und mehr im östlichen Theile der Barbarei (Bárbárei) einheimisch. Die Pferde haben jetzt einen weit geringeren Werth, als ehemals, weil man nicht aufmerksam genug ist, die Zucht zu erhalten; doch giebt es noch immer einige wenige gute im Lande, und diese sind stark und muthig. Maulthiere sind hier häufig und von großem Nutzen, aber den Spanischen weder an Größe, noch an Schönheit gleich.

Hühner und Tauben giebt es vorzüglich gut und in Ueberfluß; aber Enten sind selten, und Gänse und Welsche Hühner habe ich niemals gesehen. Das Feldhuhn mit rothen Beinen *) hat man hier in Menge, und zu seiner Zeit auch den Frankolin **), einen Vogel aus dem Geschlechte der Feldhühner, der vortreflich schmeckt und schön gefiedert ist; zuweilen auch Wald- und Sumpf-Schnepfen in großer Anzahl, alle Arten von Wasservögeln und mancherlei Arten von kleinen Singevögeln. Störche sind sehr häufig da, und werden ganz zahm und häuslich; denn die Mohren beunruhigen sie niemals, weil es ihnen in der Jugend als sündlich vorgestellt wird, sie zu tödten. Sie nisten gewöhnlich in verfallenen Mauern und Schlössern, wo sie sich von Insekten und Schlangen nähren. Hasen, Ka-

---

*) Tetrao rufus, pedibus rostroque sanguineis, gula alba cincta fascia nigra albopunctata. *Kram.* Elench. p. 357. *Linnaei* Syst. *Gmelin.* p. 756. *Redlegged Partridge from Barbary; Edwards* Av. T. 70. und danach Seligmann. 3.

**) Tetrao Francolinus abdomine gulaque atris, cauda cuneata. *Linn.* Syst. Gmel. p. 756. 3.

ninchen, Antelopen, Stachelschweine, Affen, Füchse, wilde Katzen u. s. w. sind alle in diesem Lande einheimisch.

Von wilden Thieren giebt es überall im Reiche Wölfe und wilde Schweine; und in den südlichen Provinzen auch Löwen, Tiger und ungeheure Schlangen *).

Während meines Aufenthaltes in dem Lande hatte ich häufig Gelegenheit, das sonderbarste thierische Geschöpf, das Chamäleon, zu untersuchen. Ob es gleich kaum nöthig ist, den Naturforschern unserer Zeit einen Beweis gegen die gemeine Meinung, daß es sich allein von der Luft nähre, anzuführen; so wird doch meinen Lesern die Nachricht angenehm seyn, daß ich zu Mogadore Gelegenheit hatte, diesen Wahn vollkommen widerlegt zu sehen. Einer meiner Bekannten besaß ein Chamäleon, dessen Geschicklichkeit, sich seine Nahrung zu verschaffen, ich genau zu beobachten im Stande war. Sein vorzüglichstes Nahrungsmittel sind Fliegen, die es dadurch fängt, daß es seine außerordentlich lange Zunge auf sie losschießt; diese ist nehmlich mit einer so klebrigen Materie bedeckt, daß ein Insekt, welches von ihr berührt wird, unmöglich entwischen kann. Aber das Sonderbarste an der Bildung des Thieres (das Vermögen, die Farbe zu verändern, etwa ausgenommen) ist das Auge, dessen Muskeln so eingerichtet sind, daß der Augapfel sich in demselben kreisförmig herum bewegen kann. Auch giebt es, wie ich glaube, in der ganzen belebten Natur außer dem Chamäleon kein Geschöpf, das den Blick auf zwei verschiedene Gegenstände zugleich richten kann, was für eine Lage diese auch immer haben mögen. Uebrigens sind die Bewegungen dieses Thieres, das Herausschießen der Zunge ausgenommen, sehr langsam.

Ob man gleich gestehen muß, daß Marokko ein sehr angenehmes Klima hat, so ist es doch zuweilen großer

*) Ich werde weiter unten bei den Nachrichten von dem Atlas Gelegenheit nehmen, die hier nicht mit genannten Thiere von Marokko zu erwähnen.

Dürre unterworfen; und diese bringt denn natürlich ansehnliche Schwärme von Heuschrecken hervor, die größten Zerstörer des Pflanzenreiches, welche existiren. Im Jahre 1778 kamen diese Insekten in solcher Menge aus dem Süden, daß sie die Luft ganz verfinsterten, und durch Verheerung der Kornfelder eine allgemeine Hungersnoth verursachten. Dies Unglück stieg im Jahre 1780 zu einem solchen Grade, daß wirklich verschiedene unglückliche Personen aus Mangel an Nahrung auf den Straßen starben. Viele trieb die Noth, in der Erde nach Wurzeln zu graben, um die dringendsten Anforderungen der Natur zu befriedigen; indeß andere glücklich genug waren, im Kothe der Thiere einiges unverdautes Getreide zu finden, das sie mit der größten Begierde verschlangen. Bei diesem allgemeinen Elende öffnete der Kaiser großmüthig seine Magazine, und vertheilte sowohl Korn, als Geld, unter die Unterthanen; auch nöthigte man jeden, von dem man wußte, daß er Vorräthe besaß, seinem Beispiele zu folgen. Diese traurigen Umstände sind bei den Leuten noch in so frischem Andenken, daß sie dieselben den Europäern, die das Land besuchen, immer erzählen.

Die Manufakturarbeiten in Marokko sind: der Haik, (wie schon oben bemerkt worden ist, ein langes Stück Zeug, das aus zusammengewebter weißer Wolle und Baumwolle, oder Baumwolle und Seide besteht, und von den Mohren zum Bedecken ihrer Unterkleider gebraucht wird, wenn sie ausgehen, wobei sie sich auf eine nachlässige, aber geschickte Art damit verhüllen;) seidene Tücher von besonderer Art, die allein zu Fez verfertigt werden; seidene Zeuge mit baumwollenen Streifen; Teppiche, nur wenig schlechter, als die Türkischen; schöne Matten, von Palmetto oder wildem Palmbaum gemacht; Papier von einer groben Art; Kordovan, gewöhnlich Marrokkanisches Leder genannt; Schießpulver von geringerer Güte als das Europäische; und Flinten mit langen Läufen, aus Biskapischem Eisen verfertigt. Die Mohren verstehen sich nicht auf die Kunst, Kanonen zu gießen; daher sind die wenigen, welche sich jetzt im Lande befinden, Geschenke von Europäern. Auch Glas können sie nicht machen; indeß, da sie sich des irdenen Geschirrs stark bedienen, und wenige oder gar keine Fenster in den Häusern haben, so ist es ihnen auch weniger wichtig, als viele andere Waaren. Butter machen sie so, daß sie Milch in ein Ziegenfell gießen, dessen rauhe Seite einwärts gekehrt ist, und das sie so lange schütteln, bis die Butter sich an den Seiten ansetzt, wo man sie dann zum Gebrauche herausnimmt. Wegen dieses Verfahrens ist sie immer voll Haare, und hat einen faden Geschmack. Ihr Käse besteht bloß aus geronnener, dann getrockneter und erhärteter Milch, und schmeckt nicht. — Das Brot ist in einigen der vornehmsten Städte, vorzüglich in Tanger und Salee, sehr gut, aber an vielen andern Orten schwarz, grob und schwer.

Die Mohren schneiden, nach Jüdischer Weise, jedem Thiere das sie essen, die Kehle durch, und wenden dabei, zur Verehrung des Propheten, das Gesicht nach Mekka hin. Nachdem sie es haben ausbluten lassen, waschen sie sorgfältig alles übrige Blut weg, und theilen das Fleisch in kleine, etwa Ein bis zwei Pfund schwere Stücke. — Da sie mit der Erfindung der Pumpen nicht bekannt sind, und nur wenige Quellen haben, so beschäftigen sich eine Menge dürftiger Leute, die sonst wahrscheinlich müßig wären, damit, daß sie in Häuten Wasser aus dem nächsten Flusse oder Behälter in die Städte bringen und den Einwohnern verkaufen. Diese Häute müssen, um das Durchlaufen zu verhüten, ausgetheert seyn; dadurch wird aber das Wasser oft sehr widerlich.

Ihre Weberstühle, Schmieden, Pflüge, Zimmermannswerkzeuge u. s. w., sind ganz so beschaffen, wie die unverbesserten Instrumente der Art, deren man sich noch jetzt in einigen Gegenden von Europa bedient; nur gröber gemacht. Sie sehen in ihren Arbeiten mehr auf Stärke, als auf Nettigkeit oder Bequemlichkeit zum Gebrauch, und können sich, wie alle andere unwissende Völker, keinen Begriff davon machen, daß dabei noch Verbesserungen Statt finden. Wahrscheinlich haben die Mohren seit der Revolution, die bald nach ihrer Vertreibung aus Spanien mit ihnen vorging, in ihren Künsten und Wissenschaften sich in nichts Wesentlichem verändert. Wie bekannt, waren sie vor diesem Zeitpunkt ein aufgeklärtes Volk, indessen der größere Theil von Europa in Unwissenheit und Barbarei lag; aber durch die Schwachheit und Tyrannei ihrer Fürsten sanken sie nach und nach wieder so zu dem entgegengesetzten Extrem hinab, daß man sie nun, als um wenige Grade vom Stande der Wildheit entfernt, ansehen kann.

Sie bedienen sich keiner Art von Räderfuhrwerk, und bringen daher alle Lasten auf Kameelen, Maulthieren und Eseln von einem Orte zum andern. Obgleich ihre Gebäude keinesweges nach irgend einem festen Grundsatze der Baukunst aufgeführt werden, so haben sie doch wenigstens das Verdienst, sehr stark und dauerhaft zu seyn. Die Art, den Tabby zu bereiten, womit ihre besten Gebäude aufgeführt sind, ist, glaube ich, der einzige Ueberrest ihrer vormaligen Kenntnisse in der Baukunst. Er besteht aus einer Mischung von Mörtel und ganz kleinen Steinen, die man in einem hölzernen Kasten fest zusammen stampft und trocknen läßt, wodurch denn ein felsenhartes Cement entsteht. Dies gehört zu den unerklärlichen Widersprüchen und Abweichungen, die man immer in den Künsten der uncivilisirten Völker findet. Die Wohnungen sind, wo möglich, noch unbequemer, als die bei ihren Nachbaren, den Spaniern; aber das geschnitzte Holzwerk, womit ich viele davon geziert fand, steht wirklich keinem nach, das ich jemals in Europa gesehen habe.

Die Mohren denken gar nicht daran, Landstraßen anzulegen, oder diejenigen wiederherzustellen, die von den alten Besitzern des Landes, oder vielleicht bloß durch Zusammenfluß der Reisenden, gemacht sind; sie begnügen sich vielmehr, sie in eben dem Zustande zu lassen, worin sie sie gefunden haben. Ja, sie sind selbst nicht im Stande, die einfache Thatsache zu begreifen, daß durch Verbesserung der Wege das Reisen schneller und weniger kostbar wird.

Wer in diesem Lande sich nach irgend einer Folge des Luxus und der Verfeinerung in Europa umsieht, wird sich sehr getäuscht finden. Die Gärten z. B. sind bloße Striche eingeschlossenen Bodens, mit Unkraut überwachsen, worin hier und da Weinstöcke, Feigen-, Orangen- und Citronenbäume zerstreuet stehen, aber alle ohne Ordnung und Geschmack, so daß höchstens etwa ein gerader Spaziergang durch den ganzen Strich läuft. Zuweilen säen sie Korn hinein; aber selten findet man eßbare Pflanzen darin, und niemals sind die Gärten mit Blumen geziert.

Da es wenige oder gar keine Brücken im Lande giebt, so möchte ich fast glauben, die Mohren wären eben nicht mit der Art bekannt, wie man große Bogen aufführt. Der Boote bedienen sie sich nur bei den Seehäfen. Bei diesen Umständen, wozu noch die schlechten Wege kommen, sind Reisen in diesem Theile der Barbarei sehr unbequem und gefährlich.

Das Land ist durchgängig schlecht mit Wasser versehen. Die meisten Flüsse, deren auch im Verhältniß zur Größe des Landes sehr wenige sind, sollten (die an den Seehäfen ausgenommen) eher Bäche heißen, und viele davon trocknen im Sommer ganz aus. Aus dem allem kann man vermuthen, daß die Bevölkerung in diesem Lande nicht außerordentlich ist. Bei meiner Rückreise traf ich auf dem Wege von Marokko nach Salee, wozu ich sieben Tage brauchte, gar keine Wohnungen an, außer einige wenige Arabische Zelte, die hin und wieder zerstreuet lagen. Auch hatte ich Grund zu glauben, daß ein großer Theil vom Inneren des Landes sich beinahe in gleichem Zustande befindet. Der Städte sind, im Verhältniß zu der Größe des Reiches, nur sehr wenige, und sie haben überdies eine geringe Bevölkerung. Selbst Marokko, die Hauptstadt des Landes, hat viele verfallene und unbewohnte Häuser.

Der jetzt herrschende Mangel an Bevölkerung in diesem Reiche kann zum Theil durch die entsetzlichen Grausamkeiten seiner vorigen Beherrscher verursacht worden seyn; denn man weiß, daß diese nicht selten eine ganze Stadt oder Provinz, die wegen einer geringen Ursache ihren Unwillen auf sich gezogen hatte, dem Schwerte übergeben haben. In dem Charakter Muley Ischmael's — er war der Großvater des vorigen Kaisers — findet man die sonderbarste Unbeständigkeit im Handeln; denn ob er gleich ein Tyrann von der eben beschriebenen Klasse war, so weiß man doch zuverlässig, daß er in andrer Rücksicht, als wollte er die von ihm begangenen Uebelthaten wieder gut machen, nichts ungethan ließ, was die Bevölkerung vermehren konnte. Er führte starke Kolonieen von Negern aus Guinea ein, bauete Städte für sie, von denen noch viele übrig sind, wies ihnen Ländereien an, und suchte ihren Anwachs durch alle mögliche Mittel zu befördern. Er bekehrte sie bald zum Muhamedanischen Glauben, und wenn man seinen Plan befolgt hätte, so würde das Land itzt stark bevölkert und wahrscheinlich blühend seyn. Weil die Neger lebhafter, thätiger und unternehmender sind, als die Mohren, so hätten sie vielleicht bald die Künste des Ackerbaues gelernt. Auch könnten ihre vorzüglichen Anlagen des Geistes sie zu anderen nützlichen Unternehmungen geführt haben.

Freilich hatte Muley Ischmael, als er diesen Plan entwarf, dabei mehr Absichten, als bloß die, seine Besitzungen zu bevölkern; er sah deutlich ein, daß seine eigenen Unterthanen zu viel Eigenwillen hätten, um zu Soldaten zu taugen, auf die er bei seinen tyrannischen Unternehmungen rechnen könnte. Sie hatten von jeher viele Neigung gezeigt, ihre Beherrscher zu verändern, obgleich mehr aus Liebe zur Abwechselung, als um die Regierung zu verbessern, oder der Tyrannei Schranken zu setzen. Kurz alle Revolutionen, die sich im Lande zutragen, bestanden nur darin, daß man einen Tyrannen gegen den andern vertauschte. Muley Ischmael war klug genug, um einzusehen, daß wenn er ein Heer aus Sklaven, die allein von ihrem Herrn abhingen, bildete, er sie leicht dahin bringen könnte, völlig nach seinem Willen zu handeln. Er merkte bald, daß der größte Wunsch der Neger Ueberfluß an Geld, und Freiheit zu plündern war; darin that er ihnen denn volle Genüge, und der Plan erfüllte ganz seine Erwartungen.

Obgleich Muley Ischmael freilich kein sonderliches Verdienst dabei hatte, daß er neue Unterthanen zu Werkzeugen seiner Tyrannei einführte; so erfuhr man doch allgemein die guten Wirkungen von diesen neuen Kolonisten. Dadurch, daß die Neger sich unter einander verheiratheten und mit den Mohren vermischten — denn die Mohren nehmen gern Negerinnen zu Konkubinen, obgleich nicht zu Ehefrauen — entstand ein neuer Stamm von Menschen, die eben so nützliche Unterthanen wurden, wie die Eingebornen, und das Reich in einen blühenderen Zustand brachten, als worin es seit der großen Revolution jemals gewesen war.

Der vorige Kaiser, Sidi Mahomet, hatte andre Absichten, und ward von anderen Bewegungsgründen geleitet. Aus unmäßigem Geize war er nicht so freigebig gegen seine Negertruppen, wie sein Vorgänger; und sie zeigten nun bald ihre Unzufriedenheit über sein Betragen. Sie droheten oft, sich zu empören, und die von seinen Söhnen zu unterstützen, die mit ihm in Streit waren und sie am reichlichsten zu belohnen versprachen. Sie thaten seinem ältesten Sohne, Muley Ali, der seitdem gestorben ist, das Anerbieten, ihn auf den Thron zu setzen; aber dieser Prinz vergaß nicht, was er seinem Vater und Oberherrn schuldig war, und lehnte ihr Anerbieten ab. Darauf wandten sie sich an Muley Jazid, den jetzigen Kaiser, der An=

fangs den angebotenen Beistand annahm, aber kurz dar=
auf den Plan ebenfalls aufgab.

Sidi Mahomet ward unwillig über das Betragen
der Neger, und beschloß, ihre wachsende Macht zu dämpfen;
er entließ einen beträchtlichen Theil dieser Truppen, und
verbannte sie in entfernte Gegenden des Reiches. Diese
wichtige Art von Bevölkerung ist also neuerlich vernachläs=
sigt, aber kein besseres System an deren Stelle gesetzt wor=
den; denn, obgleich der verstorbene Kaiser weit weniger
grausam war, als seine Vorgänger, so hat er doch durch
die allgemeine Armuth, die er durch seine drückenden Er=
pressungen verursachte, die Bevölkerung stärker gehindert,
als wenn er Schwert und Bogen häufig gebraucht hätte.
Sidi Mahomet benachrichtigen, daß diese, oder jene Un=
terthanen von ihm reich wären, war eben so gut, als ihm
sagen: er hätte an ihnen, ehrsüchtige Gegner, die mit ihrem
Reichthume seine Söhne im Aufruhr unterstützen würden,
welches er nothwendig dadurch verhüten mußte, daß er sie
des Reichthums beraubte. Daher war auch der einzige
Regierungsgrundsatz dieses Monarchen der: seine Untertha=
nen so viel wie möglich in gleichem Vermögenszustande, das
ist, in der Armuth, zu erhalten; und dies bewirkte er denn
vollkommen. Keiner, der heute Vermögen besaß, konnte
mit Gewißheit behaupten, daß er es morgen noch haben
würde. Die ärgsten Geizhälse waren mit allem ihrem
Scharfsinn nicht im Stande, ihre Schätze hinlänglich vor
ihm zu verbergen. Wenn das Schlachtopfer der Tyrannei
sich einigermaßen sträubte, den kaiserlichen Inquisitoren
den geheiligten Verwahrungsort seiner Geldhaufen zu öff=
nen, so war der Kaiser selten um ein Mittel verlegen, ihn
dazu zu nöthigen. Manche hatten Standhaftigkeit genug,
lange jede Art von Peinigung auszuhalten; aber endlich
siegte doch immer die Liebe zum Leben selbst über den Geiz.

Doch dies war vielleicht nicht das Schlimmste, was
dieser Monarch ohne Politik zur Schwächung der Bevöl=
kerung that. Durch schwere Taxen und Abgaben hemmte

er

er den Handel, und machte den Handwerker muthlos; überhaupt möchte ich behaupten, das Land sey niemals in größerer Armuth gewesen, als unter seiner Regierung.

Hier sind Starke und Schwache, Hohe und Niedrige, Reiche und Dürftige gleich abhängig, gleich unsicher. Man hat Beispiele, daß der verstorbene Sultan einen gemeinen Soldaten auf einmal zum Range eines Bascha's erhob, oder ihn zu seinem Vertrauten machte; aber am folgenden Tage ließ er ihn wohl einkerkern, oder erniedrigte ihn wieder zum Stande eines gemeinen Soldaten. Es ist erstaunlich, daß unter solchen Umständen Menschen noch ehrsüchtig seyn, oder nach Macht und Reichthum streben können. Aber es liegt in dem Charakter der Marokkaner, daß sie einen gränzenlosen Durst nach Macht und Rang haben, so unsicher diese auch seyn mögen; und — was noch außerordentlicher ist — wenn sie zu einem hohen Posten gelangt sind, so geben sie gewöhnlich ihrem Regenten bald einen Grund an die Hand, sie übel zu behandeln, indem sie auf eine oder die andre Art sein Zutrauen mißbrauchen.

Die einzigen unabhängigen Leute in diesem Lande (wenn man anders, wo von Marokko die Rede ist, diesen Ausdruck gebrauchen darf) findet man unter den Kaufleuten in denen Städten, welche vom Sitze der Regierung etwas entfernt sind. Die Nettigkeit ihrer Häuser und Gärten, die Möblirung ihrer Zimmer, ihr reicher Vorrath von Porzelan und Glasgeschirr, ihre Freigebigkeit gegen Fremde, ihre bessere Erziehung, und aufgeklärtere Ideen — dies alles zeichnet sie als eine Klasse von Leuten aus, die von den übrigen Marokkanern ganz verschieden sind.

Ich wünschte, daß diese Beschreibung auf alle Handelsleute im Allgemeinen passen möchte; aber leider muß ich hinzufügen, daß dies nicht der Fall ist: sie gilt nur für die besondere Klasse von Kaufleuten, welche sehr große Geschäfte machen. Doch selbst diese, ob sie gleich weit vom Sitze der Regierung entfernt wohnen, und genau von jeder drückenden Taxe, die es dem Kaiser aufzulegen beliebt, ihren Antheil bezahlen, sind nicht immer vor Plünderung sicher. Wenn der Bascha oder Alkaide der Stadt einen Grund endecken kann, sie ins Gefängniß setzen zu lassen — was er zuweilen ohne viele Rücksicht auf Gerechtigkeit thut: — so unterläßt er es selten, hieraus Vortheil für sich zu ziehen, und entehrt oft den königlichen Namen seines Herrn, indem er ihn zum Vorwande braucht, sich ihres Vermögens zu bemächtigen. — So giebt das Reich Marokko in allen seinen Theilen ein treffendes Gemälde von der elenden Staatsverfassung und den traurigen Folgen einer despotischen Regierung.

Fünftes Kapitel.

Reise von Mogadore nach Santa-Cruz. — Ankunft zu Tarudant. — Einführung bei dem Prinzen. — Beschreibung seines Pallastes. — Sonderbare Aufnahme. — Häusliche Einrichtung. — Gesundheitszustand des Prinzen. — Ungereimte Vorurtheile der Mohren. — Zank mit dem Prinzen. — Es wenden sich andre Kranken an den Verfasser. — Der Kabi. Einführung in den Harem des Prinzen. — Weiber des Prinzen. — Zustand des weiblichen Geschlechtes in diesem abgesonderten Aufenthalt. — Sichtbare Besserung des Prinzen. — Seine Leutseligkeit. — Charakter des Prinzen Muley Absulem.

Kaum hatte ich mich sechs Tage zu Mogadore von meiner Reise ausgeruhet, als sich eine neue Scene eröffnete, da der Bote von Tarudant mit dem Befehle zurückkam, daß ich sogleich meinem königlichen Kranken aufwarten sollte. Der Gouverneur gab mir, außer einem hübschen Zelte, zur Vermehrung meiner Reisebegleitung drei, mit Flinten und Säbeln bewaffnete Negersoldaten zu Fuß, und einen Jüdischen Dolmetscher, welcher des Arabischen und Englischen vollkommen mächtig war und mir nachher die wichtigsten Dienste leistete. Den Juden, den man zu Tanger auf eine so sonderbare Art zu diesem Dienste gezwungen hatte, ließ man sogleich, und ohne Zweifel sehr zu seiner Zufriedenheit, nach Hause gehen.

Wir machten den Weg von Mogadore nach Santa-Cruz (sechs und siebzig Engl. Meilen) etwa in drei Tagen, und reisten also, wie der Leser aus Vergleichung mit dem vorigen Theile dieser Erzählung einsehen wird, eben nicht langsam, so sonderbar dies auch scheinen mag, wenn man an die schönen Englischen Wege denkt. Unsere Reise ging an der Seeküste hin; wir sahen nichts als ein weites, gebirgiges, felsiges, wildes Land, und hatten daher sehr schlimme Wege. In der That konnte unser Fortschreiten nur mit einem beständigen Hinauf und Hinuntersteigen einer Reihe von rauhen Felsenstufen verglichen werden. Besonders an einer Stelle mußte man so steil hinunter, und der Weg war so durch große Steinblöcke gehemmt, daß wir alle absteigen und mit der größten Vorsicht und Schwierigkeit anderthalb Meilen gehen mußten, ehe wir wieder aufsitzen konnten.

Santa Cruz, eine Stadt mit einem Seehafen*), liegt am Abhange eines hohen und steilen Berges, welcher das westliche Ende der großen Gebirgskette bildet, die des Kaisers Besitzungen beinahe in zwei Theile theilt, und unter dem Namen Atlas so bekannt ist. Vormals gehörte es den Portugiesen, und war, bis der verstorbene Kaiser auf den Thron kam, der Hauptplatz, von wo aus den Europäern der Handel verstattet war. Jetzt ist es eine wüste Stadt mit wenigen Häusern, die beinahe stündlich noch mehr verfallen. Der Hafen scheint weit sicherer, als der von Mogadore, und, weil er den südlichen Provinzen nahe liegt, im ganzen Reiche zu Handelsunternehmungen am tauglichsten zu seyn.

*) Santa Cruz, in der Provinz Sus, heißt in der Landessprache Agader. Tarudant in eben der Provinz, nennt man sonst gewöhnlich Tarebant. 3.

Am 26ten Oktober reisten wir nach Tarudant ab, welches vier und vierzig Meilen von Santa Cruz entfernt ist, und wo wir nach zwei Tagen ankamen. Unser Weg dahin ging sogleich landeinwärts, auf die Südseite des Atlas zu, von welchem wir eine halbe Tagereise zu Pferde entfernt waren. Wir hatten auf der ganzen Reise von Santa Cruz an, einen schönen ebenen Weg durch eine waldige unbebauete Gegend.

Bei meiner Ankunft zu Tarudant führte man mich, ohne mir Zeit zum Absteigen zu lassen, sogleich zur Residenz des Prinzen, die etwa eine halbe Meile (Engl.) südlich von der Stadt liegt. In einiger Entfernung hat das Haus, welches klein und von dem Prinzen erbauet ist, ein sehr nettes Ansehen; aber, wenn man es in der Nähe besieht, bemerkt man gleich den Mangel an Geschmack und Schicklichkeit, der allgemein die Mohrischen Gebäude charakterisirt. Es ist aus Tábby aufgeführt, und die hohe viereckige Mauer, die es umgiebt, schließt zwei ganz hübsche Gärten ein, die ein Europäer angelegt hat und die jetzt unter der Aufsicht eines Spanischen Renegaten stehen. Die viereckigen und hohen Zimmer sind alle an der Erde, und öffnen sich in einen Hof, in dessen Mitte ein Springbrunnen ist. Der Eingang führt durch einen kleinen gewölbten Thorweg in einen Hofraum, wo sich an einer Seite einige wenige Nebengebäude, und an der andern ein Raum für des Prinzen Pferde befindet. Unter dem immer klaren und schönen Himmel dieses Landes giebt es nehmlich wenige oder gar keine Ställe, sondern man bewahrt die Pferde auf offnen Plätzen, wo man sie an Pflöcken, die in die Erde geschlagen sind, festbindet.

Freilich muß man gestehen, daß dieser Eingang nicht eben prächtig ist; auch stieß uns nichts auf, was den ungünstigen Eindruck hätte auslöschen können, ehe wir in des Prinzen Zimmer traten. Das Zimmer, in das man mich führte, war klein und hatte Sitze in den Wänden; hierin muß jeder warten, bis sein Name gemeldet ist. Ich fand hier eine Menge sonderbar aussehender Personen; und da ich eben nicht Lust hatte, mich zu ihnen zu gesellen, so ging ich, statt mich zu setzen, nach Europäischer Sitte im Zimmer umher. Indeß war ich darin hier ganz einzig; denn die Mohren sitzen beständig, sie mögen in Geschäften, in Gesellschaft oder bei Vergnügungen seyn. Wirklich war ihnen mein Benehmen auch so neu, daß sie daraus schlossen, ich wäre entweder verrückt, oder sagte meine Gebéte her.

Nachdem man mich in dieser unangenehmen Lage etwa eine Stunde gelassen hatte, kam von dem Prinzen der Befehl, daß ich sogleich mit meinem Dolmetscher hereingeführt werden sollte. Aus dem Zimmer, wo wir gewartet hatten, gingen wir durch einen langen und finstern Gang. Er führte in einen viereckigen Hofplatz, dessen Boden mit Backsteinen würfelicht belegt war, und auf welchen des Prinzen Zimmer hinausging, das mit großen Flügelthüren geöffnet wurde. Diese waren sauber mit verschiedenen Farben und würfelförmig bemalt. Der unmittelbare Eingang zu dem Zimmer war nett; er bestand in einem sehr großen, mit würfelförmigen Backsteinen sauber verzierten Schwibbogen, der einen kleinen Vorhof oder ein Vorzimmer bildete. Das Zimmer selbst war hoch, viereckig, und der Boden mit Backsteinen belegt; die Wände mit Stukko bekleidet, und die Decke mit mancherlei Farben bemalt. Viel von der Schönheit des Zimmers ging durch den Mangel an Fenstern verloren; ein Fehler, den man in den meisten Häusern der Mohren findet.

Ich fand den Prinzen mit kreuzweis untergeschlagenen Beinen auf einer, mit seinem weißen Linnen bedeckten Matratze sitzen. Diese und ein schmaler langer Teppich, der ihm gegenüber lag und worauf seine Mohrischen Vertrauten saßen, waren der einzige Hausrath in dem Zimmer. Gleich bei meinem Eintritt, und da ich den Einführungsbrief des Konsuls, der Landessitte gemäß, in einem seidenen Tuche überreichte, redete mich der Prinz mit dem Gruße an: *Bona tibih, bono Anglaise;* was eine Mischung aus dem Arabischen und Spanischen ist, womit er sagen wollte: „du bist ein guter Arzt, die Engländer sind gute Leute." Dann befahl er mir, mich mit meinem Dolmetscher auf dem Boden, zwischen ihm und denen die ihn besuchten, niederzusetzen. Hierauf that jeder Anwesende sogleich eine Frage an mich, und zwar von der allerunbedeutendsten Art.

Der Prinz bezeugte großes Vergnügen über meine Ankunft, und wünschte zu wissen, ob ich freiwillig käme oder nicht, und ob die Englischen Aerzte in großem Rufe ständen. Auf die erste Frage antwortete ich, daß ich auf Befehl des Gouverneurs von Gibraltar gereist wäre; auf die zweite, daß ich es der Wahrheit und meinem Vaterlande schuldig zu seyn glaubte, die Frage zu bejahen. Dann verlangte er, daß ich ihm sogleich den Puls fühlen und seine Augen untersuchen solle, wovon das eine mit dem Staar verdunkelt, und das andere mit einem Krampfe behaftet war. Auch forderte er, daß ich ihm sogleich sagen sollte, ob ich seine Heilung unternehmen, und wie bald ich sie vollenden würde. Meine Antwort war: ich wünschte seinen Fall reiflich zu überlegen, ehe ich meine Meinung davon sagte; in einem oder zwei Tagen würde ich besser darüber urtheilen können.

Einer von seinen vertrauten Freunden machte, weil er mich ohne Bart sah, (denn ich hatte ihn erst am Morgen abgenommen) die Bemerkung, daß ich für einen tüchtigen Arzt zu jung sey; ein andrer bemerkte, daß ich mir Puder auf das Haar geworfen hätte, um mein Alter zu verbergen; ein dritter bestand darauf, daß ich nicht mein eigenes Haar trüge. Aber am meisten schienen sie über meine Kleidung zu erstaunen. Weil sie dicht anlag, da hingegen die Mohrische Kleidung ganz lose auf dem Körper sitzt, so waren sie überzeugt, daß sie drücken und erhitzen müßte.

Der Leser kann versichert seyn, daß ein Theil dieser Unterredung nicht sehr unterhaltend war, und in der That hätten sie mich, bei meiner großen Ermüdung von der

Reise, wohl mit den meisten ihrer Fragen verschonen können; aber statt der Entlassung und Ruhe, die ich wünschte und erwartete, wurde meine Geduld durch die alberne Neugierde des ganzen Hofes erschöpft, wovon einer nach dem Andren mich bat, doch die Gewogenheit zu haben, und ihn von seinem Gesundheitszustande zu unterrichten, und zwar bloß durch das Befühlen des Pulses. Nachdem ich, so gut ich nur immer konnte, ihre Neugierde befriedigt hatte, sagte mir der Prinz: er habe mir zu meiner Aufnahme ein gutes Haus bestimmt; dahin möchte ich mich nun begeben, und früh am folgenden Morgen zu ihm kommen, um seinen Zustand genauer zu untersuchen.

Aus dem guten Hause, das mir der Prinz versprach, ward ein erbärmliches Zimmer in der Judenstadt, oder dem Theile der Vorstadt, den die Juden bewohnen und der etwa eine Viertelmeile weit von Tarudant liegt. Doch gehörte die Wohnung dem vornehmsten Juden des Prinzen, und es gab keine bessere an dem Orte. Dies Zimmer war unten auf der Erde, enge und schmutzig, und hatte keine Fenster, sondern zur einzigen Oeffnung nur große Flügelthüren, die nach einem Hofe gingen, wohin drei in dem Hause wohnende Jüdische Familien allen ihren Unrath und Koth zu werfen pflegten. Die Täuschung mochte wohl etwas dazu beitragen, mich empfindlich zu machen; denn als man mich in diese elende Hütte führte, ward ich so von Schrecken und Unwillen betroffen, daß ich in Begriff stand, mich wieder auf mein Pferd zu setzen und den Prinzen um eine andere Wohnung zu bitten. Aber da man mir sagte, es sey das beste Zimmer in der Stadt; und da ich überlegte, daß ich mich aus freiem Willen diesen Widerwärtigkeiten ausgesetzt hätte: so beschloß ich, mich durchzukämpfen, so gut ich könnte, und versprach, mich für jetzt bei dieser unangenehmen Lage zu beruhigen.

Indeß ergriff ich die erste Gelegenheit, dem Prinzen hierüber Vorstellungen zu machen. Er gab auch Befehl, daß man Zimmer in seinem Garten für mich zubereiten solle; aber bei der Langsamkeit der Maurer wurden sie nicht früh genug geendigt, daß ich sie noch vor meiner Abreise von Tarudant hätte in Besitz nehmen können. Des Prinzen Jude war angewiesen, mich mit allem Nothwendigen zu versehen; und überhaupt hatte ich, so lange ich in Tarudant blieb, keine Ursache mich über irgend einen Mangel an Aufmerksamkeit von Seiten des Prinzen zu beklagen.

Sobald mein Gepäck losgebunden war, ließ ich es meine erste Sorge seyn, meine Lage so erträglich zu machen, wie die Umstände es zuließen. An das eine Ende des Zimmers setzte ich meine drei Feldstühle, die ich auf der Reise zum Bette gebraucht hatte, und verbarg sie, so gut ich konnte, mit Matten, die ich als eine Scheidung queer in dem Zimmer befestigte. Einer meiner Kasten wurde zu einem Tisch und ein andrer zu einem Stuhle bestimmt, weil ich in Tarudant keins von beiden erhalten konnte. An das andere Ende des Zimmers legte mein Dolmetscher seine Betten auf den Boden, und schlief so, während wir uns hier aufhielten.

Nachdem wir unser Zimmer möblirt hatten, dachten wir vor allen Dingen darauf, unsere Küche einzurichten. Unser ganzes Küchengeräth bestand aus einer kleinen eisernen Bratpfanne, einer zinnernen Schüssel, zwei zinnernen Tellern, einem Horne zum Trinken, und zwei Messern und Gäbeln. Da viele Mohren Thee trinken, so waren wir um unser Frühstück nicht verlegen. Auf der Reise hatte uns die eiserne Pfanne sehr gut zum Sieden unserer Eier und Hühner gedient; denn wie ich schon oben bemerkt habe, konnten wir weiter gar keine Nahrungsmittel bekommen. Zu Tarudant waren wir nun zwar in einem Lande des Ueberflusses; aber es stand nicht in unseren Kräften, von dieser günstigen Lage Gebrauch zu machen. Nachdem wir einige Tage das Unangenehme dieses Umstandes empfunden hatten, fand ich endlich einen Juden, der so geschickt war, mir geröstetes und gehacktes Fleisch, etwas nach

Spanischer Art, zu bereiten; und mit dieser Kost mußte ich mich während meines Aufenthaltes zu Tarudant begnügen.

Zwei Stunden vor meiner Ankunft waren alle die Engländer, welche Schiffbruch gelitten hatten, (den Kapitain und einen Neger ausgenommen) auf ihrem Wege nach Marokko durch die Stadt gegangen. Muley Absulem hatte sie von den wilden Arabern ausgelöset, wie ich glaube, in der Absicht, sein Versprechen zu erfüllen; aber auf des Kaisers Befehl wurden sie nach der Hauptstadt geschickt.

Als ich am folgenden Tage zum Prinzen kam, und die Art seines Uebels untersuchte, fand ich, daß es zu den hoffnungslosesten Fällen gehörte; da ich indeß beinahe fünfhundert Meilen gereiset war, um ihn zu sehen, so konnte ich nicht mit Zufriedenheit wieder zurückkehren, ohne etwas versucht zu haben. Deshalb erklärte ich dem Prinzen schriftlich: ich könne es keinesweges geradezu auf mich nehmen, ihn zu heilen, ja ihm selbst nicht einmal mit großer Hoffnung eines guten Erfolges schmeicheln; aber wenn es ihm gefiele, mir zu meinem Plane, sein Uebel zu behandeln, eine Probezeit von ein Paar Monathen zu verstatten, so ließe sich dann mit Wahrscheinlichkeit beurtheilen, ob die Krankheit zu heben sey. Dieser Vorschlag ward genehmigt, und er fing sogleich an, die Arzeneimittel, welche ich ihm vorschrieb, zu gebrauchen.

Ich habe schon beiläufig gesagt, daß der Prinz durch den Staar den Gebrauch des einen Auges gänzlich verloren hatte; hier setze ich noch hinzu, auch um das andere war er beinahe durch einen Krampf gekommen, der in eine gutta serena*) zu endigen drohete und das Auge so sehr nach der Nase hin gezogen hatte, daß man die Pupille gar nicht sehen konnte. Was ihm vom Gesichte übrig blieb, reichte nur hin, ihm große Körper sichtbar zu machen, doch ohne daß er sie irgend

---

*) Unter diesem Namen versteht man den Zustand des Sehners, der ihn unfähig macht, die Lichtstrahlen zu empfinden.
A. d. Ü.

genauer hätte unterscheiden können. Dieser Krampf war die Krankheit, welche ich heilen sollte.

Aber darin bestanden die Uebel des Prinzen bei weitem noch nicht ganz; denn in Wahrheit, er hatte seinen ganzen Körper durch eine lange Reihe von Ausschweifungen so entnervt, daß ich es nöthig fand, ihn einer strengen Lebensordnung zu unterwerfen. Meine Anweisungen dazu setzte ich zuweilen schriftlich auf, um sie eindringlicher zu machen. Sie wurden ins Arabische übersetzt, und eine Abschrift dem Prinzen, die andere aber seinem vertrauten Freunde übergeben, der auf meine Bitte es übernahm, für ihre Befolgung Sorge zu tragen.

Da ich sowohl innerliche, als örtliche äußerliche Mittel gebrauchte, so nahm ich mir vor, sie meinem Kranken mit eigener Hand zu geben. Der Prinz schluckte auch ohne Schwierigkeit die Arzneien hinunter, so widrig sie auch seyn mochten; aber es währte lange, ehe ich ihm begreiflich machen konnte, daß eine Arznei, die man in den Magen bringt, ein Uebel am Auge vermindern könne. Doch muß ich ihm die Gerechtigkeit widerfahren lassen, daß ich an ihm einen fähigeren Schüler fand, als an irgend einem von seinen Gesellschaftern. Vielen von diesen konnte man die Wirkung der Arzeneimittel schlechterdings nicht begreiflich machen, und sie waren daher voll von Vorurtheilen gegen meine Heilungsart.

Wenige Tage nachher, als ich dem Prinzen zum erstenmal aufgewartet hatte, überredete ihn einer von seinen mit Vorurtheilen eingenommenen Freunden, daß ich ihm eine Arznei gegeben hätte, um in seinem Körper eine gewisse Wirkung hervorzubringen, an die ich, ehe man mir etwas davon sagte, mit keinem Gedanken gedacht hatte. Was diese Wirkung seyn sollte, kann ich nicht mit Anständigkeit erklären. Genug, diese boshaften Vorstellungen hatten zu viel auf den Geist meines Kranken gewirkt, und er sprach über diese Sache in Ausdrücken mit mir, die ich nicht ohne das empfindlichste Mißvergnügen und den heftigsten Unwillen anhören konnte.

Ich suchte mein Verfahren zu rechtfertigen, so gut ich dies bei der unangenehmen Nothwendigkeit, durch einen Dolmetscher reden zu müssen, konnte, und erklärte ihm: es sey unmöglich, daß meine Arzneimittel die Wirkung hätten, die er besorgte; und es würde ja meinen Kredit vermehren und besser zu meinem Vortheile gereichen, wenn ich seine Gesundheit wieder herstellte, als wenn ich ihm Schaden zufügte; ein Arzt hätte einen gewissen Charakter, dessen Verlust unwiderbringlich wäre, und daher trauete ich ihm zu, er würde meine Lage überdenken und mich in einem günstigeren Lichte betrachten, als er es bei seiner gereizten Empfindlichkeit vorher gethan habe. Nun fing der Prinz an, seine Verläumdung zurückzunehmen, und sagte: er glaube wohl, daß die Arzneimittel eine andere Wirkung hervorgebracht hätten, als meine Absicht gewesen wäre; aber es sey die Schuldigkeit eines Kranken, seinen Arzt von jedem Umstande zu unterrichten, der seine Gesundheit betreffe. Kurz, nach mancherlei Erklärungen brachte ich es endlich dahin, daß er darein willigte, meinen Plan noch ein paar Tage länger zu verfolgen; wenn sich aber, sagte ich, indessen etwas zeigte, was der weiteren Fortsetzung desselben entgegen wäre, so würde ich ihn willig ganz aufgeben. Da diese Tage verflossen, ohne daß eine von den geargwöhnten Wirkungen sich zeigte, so fuhr der Prinz fort, regelmäßig die Arzneimittel zu nehmen, die ich ihm vorschrieb.

In der Zwischenzeit, wenn ich nicht bei dem Prinzen war, den ich zweimal des Tages besuchte, las ich einige wenige Bücher, die ich mit mir von Mogadore gebracht hatte, machte kleine Exkursionen in die umliegende Gegend, und besuchte Kranke zu Tarudant. Unter den letzteren befand sich der Kadi, oder Richter der Stadt, ein ehrwürdiger Greis von etwa siebzig Jahren, dessen Bart ganz weiß geworden war, und dessen Gesicht, obgleich die Zeit es gewiß verändert hatte, doch noch immer einen starken Ausdruck von Lebhaftigkeit und Klugheit übrig behielt, womit sich deutlichere Züge von Herzensgüte vermischten, als ich sie jemals in diesem Lande gesehen hatte. Er empfing mich mit der größten Ehrerbietung, und drückte seine Dankbarkeit für meinen Besuch auf eine Art aus, die das stärkste Gepräge der Aufrichtigkeit an sich trug. Da er ganz überzeugt war, daß sein Uebel bloß der Verfall der Natur sey, so wünschte er nur, daß ich ihm etwas geben möchte, was den heftigsten Anfällen desselben vorbeugen könnte. Er breitete sich mit vieler Empfindung über die Widerwärtigkeiten aus, denen ich mich unterzöge, da ich mich so weit von meinen Verwandten entfernt und in einen Theil der Welt begeben hätte, wo die Volkssitten sich von denen, an die ich gewöhnt wäre, so sehr unterschieden. Zugleich äußerte er den Wunsch, mir jeden Dienst zu erweisen, der ihm in seiner Lage nur möglich wäre. Solch ein ungewöhnliches Maaß von Gefühl und Nachdenken bei einem Manne, dessen Landsleute sich meistens so wenig über den Zustand der Wildheit erheben, erregte in mir das lebhafteste Verlangen, diesem Kranken nützlich zu seyn. Unter den vielen Fragen, die er an mich that, war auch die, was unsere Richter in England als eine Belohnung ihrer Dienste bekämen. Als ich es ihm sagte, erstaunte er ganz, und rief aus: „Guter Gott! der Kaiser giebt mir jährlich funfzig Dukaten."

Ich wünschte, daß ich von meinen übrigen Kranken zu Tárudant eben so viel Gutes sagen könnte, wie von diesem ehrwürdigen Greise. Aber sie waren meistens unverschämt, undankbar, und zum Theil ausgemachte Diebe. Da ich im Hause eines Juden wohnte, und da niemand von dieser Nation es wagen darf, einem Mohren den Eingang zu verwehren: so belästigten mich vom Morgen bis zum Abend Araber, Gebirgsbewohner und Stadtleute von der niedrigsten Gattung, die sich selten mit meinem Rathe begnügten, sondern darauf bestanden, daß ich ihnen Geld, oder etwas von gleichem Werthe geben sollte. Viele trieb ich mit Gewalt aus dem Zimmer, die dann freilich ihre Empfindlichkeit nicht verbergen konnten, und alle Augenblicke droheten, ihre Messer gegen mich zu gebrauchen; Anderen, die sich ein wenig besser betrugen, gab ich etwas, um von ihnen loszukommen; und den Uebrigen, die wirklich in einem bedauernswürdigen Zustande waren, suchte ich mit Vergnügen alle mir mögliche Hülfe zu leisten. Mit Einem Worte, ich befand mich in einer solchen Lage, daß ich mich bei dem Prinzen darüber zu beklagen genöthigt war. Er gab mir nachher einen Soldaten, der immer an meiner Thür Schildwach stehen mußte, und den Befehl hatte, niemand ohne meine besondere Erlaubniß hereinzulassen.

Mit dem größten Vergnügen bemerkte ich etwa vierzehn Tage nach meinem ersten Besuche bei dem Prinzen, daß es sich mit seiner Krankheit besserte. Das Auge schien nun seine vorige Lage wieder annehmen zu wollen. Anfangs konnte er nur Licht von Finsterniß unterscheiden, jetzt aber schon einen Apfel in einer Entfernung von etwa dreißig Fuß.

Dieser schmeichelhafte Anschein vertrieb bei den Gesellschaftern des Prinzen alle Vorurtheile, die sie Anfangs gegen mich gefaßt hatten; und der Prinz selbst erkannte itzt, daß er in seiner Meinung von mir zu vorschnell gewesen wäre. Er setzte nun wegen dieses glücklichen Erfolges so viel Vertrauen in mich, daß er mich in seinen Harem zuließ, wo einigen Damen meine Dienste nützlich seyn konnten.

Ob ich gleich dadurch Gelegenheit bekam, den Harem zu sehen, so will ich ihn doch hier nicht besonders beschreiben, da er sich von dem Kaiserlichen, über den ich nachher umständlich reden werde, nur darin unterschied, daß er kleiner eingerichtet war.

Als ich Befehl von dem Prinzen bekommen hatte, seinen Damen aufzuwarten, mußte sogleich einer von seinen Freunden mich nach dem Thore des Harems führen und dem Alkaide*) der Verschnittenen die Anweisung

---

*) Ein Beamter, in der gemeinen Bedeutung des Wortes.
A. d. V.

geben, mich und den Dolmetscher zuzulassen, so oft ich es nöthig fände.

Die Verschnittenen, welche die ganze Sorge für die Weiber auf sich haben und wirklich immer unter ihnen leben, sind Kinder von Negersklaven, und meistens entweder sehr kurz und dick, oder lang, häßlich und lahm. Ihre Stimmen haben den besonderen Ton, den man bei Jünglingen bemerkt, die eben mannbar geworden sind; und ihre ganze Person giebt ein unangenehmes Bild von Schwäche und weibischem Wesen. Um des Vertrauens willen, das ihre Herren in sie setzen, und bei der Wichtigkeit, die es ihnen giebt, sind diese Eunuchen noch unverschämter und stolzer, als jede andere Klasse von Leuten hier zu Lande. Sie ließen mich diese Eigenschaften auch wirklich so sehr empfinden, daß ich einigemal genöthigt war, mich zu meiner Vertheidigung über sie zu beklagen und sie strafen zu lassen.

Von einem dieser Leute begleitet, gingen wir durch das Thor des Harems, welches allezeit verschlossen und von Eunuchen bewacht ist, und kamen dann in einen engen dunkeln Gang, der uns bald in den Hof brachte, wohin die Zimmer der Weiber hinausgehen. Wir sahen hier eine Menge schwarzer und weißer Kinder und Weiber, Konkubinen, Sklaven und andere gemiethete Bediente.

Sobald sie die ungewöhnliche Gestalt eines Europäers bemerkten, umgab mich der ganze Schwarm, und bezeigte das größte Erstaunen über mein Ansehen und meine Kleidung. Einige standen ohne Bewegung, mit aufgehobenen Händen, starren Augen und offnem Munde, in der gewöhnlichen Stellung des Verwunderns und Erstaunens. Einige brachen in ein unmäßiges Gelächter aus, indeß andre auf mich zukamen, und mich mit der größten Aufmerksamkeit vom Kopfe bis zu den Füßen betrachteten. Von meiner Kleidung schienen am meisten die Schnallen, Knöpfe und Strümpfe ihre Aufmerksamkeit auf sich zu ziehen; denn weder Männer noch Weiber tragen hier zu Lande etwas Aehnliches. Aus meinem Haarzopfe schienen sie gar nicht klug werden zu können; und von dem Puder glaubten sie, er wäre bestimmt, gewisse lästige Insekten zu zerstören. Die meisten Kinder liefen, sobald sie mich sahen, in der größten Bestürzung davon; und überhaupt schien ich diesen Leuten ein eben so sonderbares Thier zu seyn, und hatte, wie ich wohl sagen darf, die Ehre, eben so viel Neugierde und Aufmerksamkeit zu erregen, wie ein Löwe oder Königstiger, den man aus der Fremde an einem Markttage nach einer Englischen Landstadt bringt. So oft ich den Harem besuchte, ward ich von diesem neugierigen Haufen umringt und belacht; sobald ich ins Thor kam, folgte er mir bis dicht vor das Zimmer, wohin ich ging, und so geleitete er mich auch immer wieder hinaus, wenn ich zurückkehrte.

Die meisten von diesen Weibern waren ungewöhnlich fett und unbehülflich, hatten schwarze große Augen und runde Gesichter mit kleinen Nasen. Ihre Gesichtsfarbe war verschieden: bei einigen sehr weiß, bei anderen gelb, und bei noch anderen ganz negerartig.

Als eine von meinen neuen Kranken bereit war, mich zu empfangen, rief man mich in das Zimmer, wo ich zu meiner großen Verwunderung weiter nichts sah, als einen Vorhang, der von oben herunter durch das ganze Zimmer gezogen war, wie in einem Schauspielhause vor der Bühne. Eine Sklavin brachte mir nun einen sehr niedrigen Stuhl, stellte ihn neben den Vorhang, und sagte mir, ich sollte mich darauf setzen und ihrer Gebieterin den Puls fühlen.

Die Dame, die indeß Muth zum Sprechen gefaßt hatte, steckte ihre Hand unter dem Vorhange durch, und verlangte, daß ich sie über ihre ganze Krankheit belehren sollte; denn sie glaubte, durch bloßes Pulsfühlen könnte ich das vollkommen. Umsonst fragte ich, wo ihr Uebel säße, im Magen, im Kopfe oder im Rücken; die einzige Antwort, die ich herausbringen konnte, war die Bitte, den Puls an der andern Hand zu fühlen, und dann den

Sitz der Krankheit und die Beschaffenheit des Uebels ausfindig zu machen.

Da sie weder meine Neugierde durch ihr Gesicht befriedigte, noch mich von der Beschaffenheit ihrer Krankheit unterrichtete, so sah ich mich gezwungen, ihr ganz bestimmt zu sagen: es sey, wenn ich ihre Krankheit kennen lernen sollte, eben so nöthig, daß ich ihre Zunge sähe, als daß ich ihren Puls fühlte; und ohne das könnte ich nichts für sie thun. Aber dessen ungeachtet strengte ich, oder vielmehr mein Jüdischer Dolmetscher, seine Beredsamkeit lange vergebens an; und ich glaube gewiß, sie würde mich ohne weitere Nachfrage wieder entlassen haben, wenn ihr Erfindungsgeist ihr nicht einen glücklichen Ausweg an die Hand gegeben hätte, sich aus der Verlegenheit zu ziehen. Sie kam endlich auf den Einfall, ein Loch in den Vorhang zu schneiden, wodurch sie ihre Zunge heraussteckte, und auf diese Art mein Verlangen, so weit es zur Einsicht des Arztes nöthig war, erfüllte, aber meine Neugierde gänzlich täuschte.

In der Folge bekam ich Befehl, zu einer andren Frau des Prinzen zu gehen, die mit einer skrophulösen Geschwulst am Halse behaftet war. Sie entzog sich Anfangs eben so, wie die erste, meinen Augen; aber, da sie mir ihr Uebel zeigen mußte, so hatte ich Gelegenheit, ihr Gesicht zu sehen, und fand es sehr hübsch. Man sagte mir, sie wäre einmal die Favorite des Prinzen gewesen, aber wegen dieses Fehlers hätte er sie sehr vernachlässigt. Dieser Umstand erklärt denn, weswegen sie eine so äußerst große Begierde bezeigte, ihrer widrigen Krankheit los zu werden.

Als ich ihren Hals untersucht hatte, nahm sie von ihrer Kleidung allen goldenen Schmuck, der sehr zahlreich und von beträchlichem Werthe war, legte ihn mir in die Hand, äußerte ihr Verlangen, daß ich sie heilen möchte, und versprach mir, wenn die Kur glückte, eine noch größere Belohnung. Da ich aber wohl wußte, wie ungewiß es sey, ob ich ihr irgend einen wesentlichen Dienst würde leisten können, so gab ich ihr das Geschenk sogleich zurück,

und

und versicherte: ich würde zwar gewiß alle gehörige Mittel sorgfältig bei ihr versuchen, aber für den Erfolg könne ich mich nicht verbürgen. Es ist nichts unangenehmer, als wenn man sich außer Stande sieht, einem seiner Mitgeschöpfe mit Grund eine Hoffnung zu machen, bei der es sich so glücklich fühlen würde! Ich sah mit Traurigkeit, daß das arme Frauenzimmer, ob es gleich etwas aufgeheitert schien, doch durch meine Antwort nicht befriedigt war; sie konnte sich nicht enthalten, mir augenscheinliche Beweise von getäuschter Hoffnung, und selbst von Mißvergnügen über meine Bedenklichkeit zu geben, indem sie sagte: sie hätte immer gehört, daß ein christlicher Arzt jede Krankheit heilen könne.

Während man mich so im Harem brauchte, hatte ich Gelegenheit, die meisten Frauenzimmer des Prinzen zu sehen, deren, außer den vier Frauen, die ihm seine Religion erlaubt, ungefähr zwanzig waren, und die nicht einen so unüberwindlichen Widerwillen hatten, ihre Schönheit sehen zu lassen, wie jene viere. Sie zeigten sich Anfangs als sehr unruhige Kranke; denn da ich ihnen nicht sogleich, nachdem ich ihren Puls gefühlt, alle ihre Krankheiten auf den Fingern herzählen konnte, so betrachteten sie mich als einen unwissenden Empiriker. Außerdem fand ich, daß jede sich schmeichelte, beinahe in einem Augenblicke geheilt werden zu können. Kurz, nach vielen fruchtlosen Versuchen, Leuten, die vorher niemals sonderlichen Gebrauch von ihren Verstandeskräften gemacht hatten, Vernunft beizubringen, sah ich mich endlich genöthigt, mein Betragen nach den Fähigkeiten meiner Kranken einzurichten, und verschaffte mir dadurch bald so viele unverdiente Lobpreisungen, wie ich mich vorher unverschuldetem Tadel ausgesetzt hatte.

Die meisten Frauenzimmer im Harem waren noch nicht dreißig Jahr alt, hatten aber schon viele Korpulenz und einen sehr schwerfälligen Gang. Weil sie von der Gesellschaft ganz abgesondert leben, so schränkt sich ihre Kenntniß von dem Weltlauf allein auf die Vorfälle im Harem ein. Es steht ihnen frei, einander zu besuchen, wobei sie sich denn über die Gegenstände unterhalten, die ihr ungebildeter Geist ihnen darbieten kann. Man läßt sie niemals anders ausgehen, als auf ausdrücklichen Befehl vom Prinzen, und sie dürfen nie weiter, als von einem Orte der Residenz zum anderen. Ich fand sie im Ganzen äußerst unwissend, stolz und bis zum Kindischen eitel auf ihre Person. Unter den vielen lächerlichen Fragen, die sie an meinen Dolmetscher thaten, war auch die: ob ich lesen und schreiben könnte. Als er dies bejahete, bezeugten sie das größte Erstaunen über die Fähigkeiten der Christen. Nicht eine Einzige unter ihnen konnte nehmlich eins von beiden; denn auf diese ersten Elemente der menschlichen Wissenschaft verstehen sich bei den Mohren nur einige wenige Männer, die deswegen Talbs, oder Erklärer des Muhamedanischen Gesetzbuches, genannt werden.

Unter den Konkubinen des Prinzen waren sechs Sklavinnen von funfzehn Jahren, die ein vornehmer Mohr ihm geschenkt hatte. Eine von ihnen stammte von einem Englischen, und eine andere von einem Spanischen Renegaten ab; die übrigen vier waren von Mohrischer Herkunft.

Man findet oft, daß da, wo die ernsteren und nützlicheren Vollkommenheiten sehr wenig ausgebildet werden, vorzüglicher Geschmak an denen herrscht, die von leichterer Art sind und bloß zur Zierde gereichen. Diese Opfer der Wollust bekommen, auf Befehl des Prinzen, täglich Unterricht in der Musik, und zwar von einem Mohren, der sich eine kurze Zeit in London und Italien aufgehalten und sich dort eine oberflächliche Kenntniß von dieser Kunst erworben hat. Ich fand Gelegenheit, bei einer Musikstunde gegenwärtig zu seyn; indeß kann ich eben nicht sagen, daß meine Ohren viel Vergnügen dabei gehabt hätten. Es war ein Vokal- und Instrumentalkoncert; die Instrumente, deren man sich bediente, bestanden in der Mandoline, einer Art von Geige mit zwei Saiten, und einer kleinen Trommel.

Der Hauptendzwek bei ihrer Musik schien Lärm zu seyn. Man bemerkte nicht die geringste Aufmerksamkeit auf Melodie, Abwechselung und Geschmak; es war ein unaufhörliches Geleier eines melancholisch wilden Liedes.

Der vorzüglichste Zeitvertreib in diesem traurigen Aufenthalte sind die gesellschaftlichen Zusammenkünfte. Ich habe bei meinen Besuchen im Harem die Frauenzimmer niemals auf andere Art beschäftigt gefunden, als daß sie in einem Kreise an der Erde saßen und sich mit einander unterredeten. Da Jüdinnen alles für sie nähen, und Sklaven oder Domestiken (deren sie mehr oder weniger haben, je nachdem sie bei dem Prinzen in Gunst stehen) für ihre Küche und die Einrichtung ihrer Zimmer sorgen: so muß es ihnen wirklich schwer seyn, ihre Zeit hinzubringen, besonders da keine von ihnen lesen oder schreiben kann. Es ist in der That unmöglich, ohne das lebhafteste Gefühl des Mitleidens die unglückliche Lage dieser Frauenzimmer zu überdenken. Da ihnen der zur Erhaltung der Gesundheit und des Lebens so nothwendige Genuß der frischen Luft und der Bewegung versagt ist; und da sie weiter keine Gesellschaft haben, als an den Genossen ihrer Leiden, eine Gesellschaft, der die meisten noch immer die Einsamkeit vorziehen: so kann man sie nur als die niedrigsten aller Sklavinnen ansehen, als Sklavinnen von den Lastern und Launen eines frechen Tyrannen, der selbst von seinen Weibern eine solche, nahe an Anbetung gränzende Unterwürfigkeit und Verehrung verlangt, wie Gott und die Natur sie einem Sterblichen zu erweisen verbieten.

Nach Verlauf der dritten Woche, zeigte sich wieder eine merkliche Besserung in der Krankheit des Prinzen. Er fing an, sehr große Schrift unterscheiden zu können, und sagte mir, er habe eigenhändig einen Brief an den Kaiser geschrieben und ihn darin benachrichtigt, daß es sich durch meinen Beistand mit seiner Krankheit bessere. Zugleich versicherte er, daß sein Vater mich ansehnlich belohnen würde, wenn ich die Kur zu Stande brächte.

Um diese Zeit war auch unser Umgang recht vertraulich. Er ließ mich ohne alle Zurückhaltung vor sich, sobald ich kam, ja oft selbst dann, wenn seine Frauenzimmer bei ihm waren; und hiermit gab er mir denn, wie man mir sagte, einen Beweis von Zutrauen, womit er vorher noch Niemanden beehrt hatte. Er ließ mich ihren Puls fühlen, und nöthigte eine von ihnen, die besonders fett und unbehülflich war, sich durch mich etwas von eben demselben Mittel, dessen ich mich bei seinem Auge bediente, in das ihrige tröpfeln zu lassen, wobei sie von zwei anderen Damen auf dem Boden fest gehalten ward. Es verursachte ihr einen kurzen, aber heftigen Schmerz, worüber der Prinz und die anderen Damen in ein gewaltiges Gelächter ausbrachen; das arme Frauenzimmer aber erklärte, um Sr. Königlichen Hoheit ihre Ehrerbietung zu bezeugen, den Schmerz für eine sehr angenehme Empfindung.

Bei andern Gelegenheiten behielt er mich zwei, ja wohl drei Stunden bei sich, und erkundigte sich nach den Sitten der Europäer, besonders der Engländer, nach ihrer Religion, ihrer Regierungsverfassung, und ihren Gesetzen. Zuweilen machte er Anmerkungen über das, was ich ihm sagte, äußerte ernstliches Verlangen, von diesen Dingen unterrichtet zu seyn, und schien die Unterhaltung sehr anziehend zu finden; mannichmal aber, wenn er nicht bei guter Laune war, entließ er mich, sobald ich ihm den Puls gefühlt und die nöthigen Arzneimittel gereicht hatte, selbst ohne mich niedersitzen zu lassen und mir einige weitere Fragen zu erlauben. — Doch der Leser wird wahrscheinlich begierig seyn, die Person und den Charakter dieses Prinzen näher kennen zu lernen; und vielleicht kann ich seine Neugierde an keinem schicklicheren Orte meiner Erzählung befriedigen, als hier.

Muley Absulem ist von mittlerer Größe, ziemlich korpulent, und etwa fünf und dreißig Jahre alt. Seine Gesichtszüge sind durch die starken Fehler an seinen Augen äußerst entstellt; das eine ist nehmlich durch den Staar völlig verdunkelt, und das andere durch den heftigen Krampf ganz auf eine Seite hin gezogen. Nimmt man nun noch hinzu, daß er von Natur sehr große und hervorragende Augen, schlechte Zähne, und eine krankgelbe Gesichtsfarbe hat: so werde ich wohl nicht sagen dürfen, daß er irgend einen Anspruch auf Schönheit machen kann. Seine Kleidung war nicht von der gewöhnlichen Mohrischen verschieden, welche ich nachher beschreiben werde; außer, daß er einen seidnen Quast auf seinem Turban hatte, was hier zu Lande eine Auszeichnung der Königlichen Personen ist. Als ich ihn zum erstenmale sah, war er mit einem weiten, aus rothem wollenen Zeuge gemachten und mit Pelzwerk verbrämten Oberkleide bedekt, welches bei den Mohren ein Kaftan heißt. Die einzige Verschiedenheit der Kleidung liegt hier in der größeren oder geringeren Güte des Zeuges. Ich habe zuweilen gemeine Mohren gesehen, die viel reicher gekleidet waren, als der Prinz oder der Kaiser selbst. Das Gefolge des Prinzen besteht vorzüglich aus Soldaten, deren er eine sehr große Menge hat, ferner aus Edelknaben, die gewöhnlich um ihn sind, schwarzen Verschnittenen und wenigen schwarzen Sklaven.

Muley Absulem hat weniger Strenge und Grausamkeit in seinem Charakter, als die meisten andern Mohrischen Prinzen; aber zugleich auch weniger Schlauheit, Scharfsicht und Thätigkeit; Eigenschaften, die dem Regenten eines so uncivilisirten Volkes so nothwendig sind. Er ist, deutlicher zu reden, von Natur sanft und indolent, überläßt sich ganz seinen Leidenschaften, wenn er ohne viele Mühe Genuß davon haben kann, und strebt sehr wenig nach Ruhm.

Sonst war er gewohnt, im größten Uebermaaße starken Branntwein zu trinken; aber jetzt enthält er sich dessen gänzlich, und seine Hauptleidenschaft ist die Liebe zu den Weibern, die alle seine Aufmerksamkeit und Zeit an sich zieht. Ich bemerkte, daß er seinen Damen weit mehr nachsah, als die Mohren sonst zu thun pflegen. Sie unterhielten sich in seiner Gegenwart so ungezwungen mit einander, als wenn sie für sich allein gewesen wären.

Aus diesem Abrisse von dem Charakter des Prinzen wird man leicht die Ursachen einsehen, weshalb der Wunsch seines Vaters, ihn zum Nachfolger zu haben, unerfüllt geblieben ist. Er war freilich reich, aber ein großer Theil seines Vermögens wurde nach und nach in Befriedigungen seiner Wollust verschleudert; und bei dem gänzlichen Mangel an Energie im Charakter konnte er sich in einem Lande, wo man Grausamkeit und große Thätigkeit als das einzige Auszeichnende eines Oberherrn ansieht, keine Freunde versichern.

Die Vorzüge der erblichen Thronfolge lernt man nur in denen Monarchieen kennen, wo sie nicht Statt findet. Obgleich in Marokko, wo ebenfalls keine regelmäßige Thronfolge bestimmt ist, der Kaiser die Formalität begeht, seinen Nachfolger zu ernennen; so verdrängt doch das Schwert das Recht, und der Prinz, der sich die meisten Freunde, und folglich auch die stärkste Armee, verschaffen kann, gelangt zum Throne. Dieser Umstand hat für das Land oft die traurigsten Folgen gehabt und jene blutigen Revolutionen veranlaßt, die von Zeit zu Zeit das Reich Marokko erschüttert und verwüstet haben. Der verstorbene Kaiser Sidi Mahomet hatte keine Mitbewerber; und daher regierte er friedlicher, als irgend einer von seinen Vorgängern. Ob aber sein Nachfolger, da einige Brüder mit ihm gleichen Anspruch auf den Thron machen, eben so glücklich seyn wird, muß die Zeit entscheiden.

Sechstes Kapitel.

Beschreibung von Tarudant. — Gegend von Bled de Non. — Viehmärkte. — Außerordentliche Besserung des Prinzen. — Große Höflichkeit zweier Mohren. — Sonderbarer Vorfall. — Der Prinz erhält Befehl, nach Mekka zu wallfahrten. — Der Verfasser verwendet sich für die gefangenen Engländer. — Unerwarteter Befehl, nach Marokko zu kommen.

Da es hier zu Lande gar nicht Sitte ist, selbst nur nach der nächsten Straße zu Fuße zu gehen, und da meine Wohnung von der Prinzlichen etwas entfernt war, so schenkten Se. Hoheit mir ein Pferd, von dem ich aber eben nicht rühmen kann, daß es das beste im Lande gewesen wäre. Doch, da ich mich einmal zu diesem Dienste anheischig gemacht hatte, so sah ich wohl ein, daß mir nichts übrig blieb, als mich in meine Lage so gut ich konnte zu finden. Wenn daher der Kranke meine persönliche Gegenwart nicht verlangte, so machte ich oft Gebrauch von meiner Rossinante, theils um Leibesbewegung zu haben, theils um meine Neugierde dadurch, daß ich alles Sehenswerthe besuchte, zu befriedigen. Die vorzüglichsten Bemerkungen, die ich bei diesen Streifereien habe machen können, sind im Folgenden enthalten, und ich schmeichle mir, daß sie wenigstens im Allgemeinen einen Begriff von der Stadt und der umliegenden Gegend geben werden.

Tarudant, jetzt die Hauptstadt der Provinz Suz, und ehemals, als das Reich noch in einige kleine Staaten getheilt war, die Hauptstadt eines Königreiches, liegt in einer schönen, aber ungebauten Ebene, etwa zwanzig Meilen von der Südseite des Atlas, und kann als die Grenzstadt von diesem Theile der Kaiserlichen Besitzungen angesehen werden. Der Kaiser macht freilich Anspruch auf die Oberherrschaft über die Wüste Sahara und das Gebiet Bled de Non. Aber seine Macht über diesen Theil des Landes besteht beinahe nur im Namen, da sie gänzlich von den Launen und Neigungen der Araber abhängt, die darin wohnen und, wegen ihrer Entfernung vom Sitze der Regierung, mehr unter der Herrschaft ihrer eigenen Oberhäupter sind. Sie erkennen den Kaiser für ihren Oberherrn, so wie für das Haupt ihrer Kirche, und zahlen ihm, als solchem, zuweilen Tribut; doch übrigens bekümmern sie sich gar nicht um seine besonderen Verfügungen, und er hat auf ihre innere Regierung nicht den mindesten Einfluß.

Diese Leute bestehen aus verschiedenen Stämmen der Araber, die, ohne feste Wohnplätze zu haben, in Zelten wohnen. Sie wandern über das Land hin, um zu plündern, und man glaubt sogar, daß sie ihre Raubzüge bis nach Nigritien erstrecken und von da Neger entführen. Zwar bekennen sie sich zu der Muhamedanischen Religion, vermischen diese aber sehr mit Götzendienst; und in den Wüsten, wo sie kein Wasser zum Waschen haben können, nehmen sie statt dessen Sand. Wie sie die unglücklichen Seefahrer, die an ihrer Küste Schiffbruch leiden, behandeln, werde ich nachher zu beschreiben Gelegenheit haben.

Die Mauern von Tarudant, die jetzt halb in Ruinen liegen, sind von sehr großem Umfange, und schließen weit mehr Raum ein, als von den Gebäuden besetzt ist. Die Häuser werden aus Erde und Lehm gemacht, die man in einem hölzernen Kasten fest zusammenschlägt und an der Sonne trocknen läßt. Sie haben nur an der Erde Zimmer. Da jedes Haus mit einem Garten und einer Mauer umgeben ist, so sollte man den Ort eher für einen stark bevölkerten Fleck Landes, oder für eine Anzahl von Weilern, als für eine Stadt, halten. In dieser Vorstellung wird man noch durch die Menge von hohen Palmen oder Dattelbäumen bestärkt, die zwischen den Häusern stehen, darüber hervorragen, und zusammen dem Ort ein sehr ländliches Ansehen geben. Die Zimmer sind meistens alle klein, unbequem, und vorzüglich von der niedrigeren Klasse der

Handarbeiter bewohnt, da sich wenige Mohren von Ansehen zu Tarudant aufhalten. Freilich bringt der Prinz, wenn er hieher kommt, alle seine Diener und Freunde mit; aber sie wohnen gewöhnlich im Schlosse, so daß man sie keinesweges zu den Einwohnern der Stadt rechnen kann. Da die Häuser so unregelmäßig und zerstreuet liegen, so läßt sich über die Zahl von ihnen und den Einwohnern gar nichts muthmaßen; indeß da der Umfang von Tarudant beträchtlich ist, so kann man es, in Vergleich mit den meisten andern Marokkanischen Städten, immer eine wichtige und volkreiche Stadt nennen.

Die vorzüglichsten Manufakturen zu Tarudant sind die, welche feine Haiks verfertigen, und das Kupfer verarbeiten, das ein benachbartes Bergwerk in großem Ueberflusse liefert. Man hat hier regelmäßig zweimal in der Woche Markt, wohin man alle Arten von Vieh und Lebensmitteln bringt. Wer Pferde und Maulesel zu verkaufen hat, bezahlt Männer, die sie den Leuten vorreiten, von ihrer besten Seite zeigen und nachher den Meistbietenden feil stellen müssen. Wenn bei diesen Versteigerungen den Eigenthümern nicht ein annehmlicher Preis geboten wird, so brauchen sie die Thiere nicht zu verkaufen. Diese Sitte verhütet viele von denen Betrügereien, die auf Europäischen Viehmärkten so häufig vorgehen. Dadurch, daß das Vieh versteigert wird, bekommen die, welche wirklich gutes Vieh zum Verkauf haben, es gewöhnlich gut bezahlt; und die Käufer, die wegen ihrer Unwissenheit leicht betrogen werden könnten, erhalten doch durch den Preis, den Andere bieten, einen Begriff von dem wirklichen Werthe des Thieres.

Die Judenstadt ist ein elender Ort, der etwa eine Viertelmeile von der wirklichen Stadt entfernt liegt. Die Einwohner sind in der niedrigsten Armuth und Unterwürfigkeit, und müssen, wenn sie in die Mohrenstadt kommen, barfuß gehen. Das sehr große Schloß, welches auf der Hälfte des Weges zwischen Tarudant und Dar Beyda, der Residenz des Prinzen, liegt, ist mit einem ganz hübschen Garten umgeben, den ein Franzose angelegt hat. Es besteht aus drei Theilen: einem für den Prinzen, einem für seine Weiber (oder dem Harem) *), und einem dritten für alle die, welche bei dem Prinzen in Diensten sind.

Weil die Besserung des Prinzen von Tage zu Tage merklicher ward, so glaubte ich, den Versuch machen zu dürfen, ob er an einer großen Uhr, die ich bei mir hatte, die Tageszeit unterscheiden könnte. Dies gelang ihm sehr gut, und er hatte Urtheilskraft genug zu bemerken, daß die Uhr alt und zum Theil zerbrochen war. Daher bat er mich, eine sehr schöne goldene anzunehmen, und sie statt der andren zu tragen. Die feine Art, womit Se. Hoheit mir dieses Geschenk machten, gab mir einen schmeichelhafteren Begriff von seinem Charakter, als sein nachheriges Betragen gegen mich ihn bestätigt hat. Man muß indeß bedenken, daß ich ihm damals eben Gutes erwiesen hatte, daß die Reise, die er nachher unternehmen mußte, mich außer Stand setzte, ihm irgend wieder Dienste zu leisten, und daß also für einen ungebildeten, unkultivirten Menschen kein Bewegungsgrund mehr da war, sich fernerhin freigebig und gütig gegen mich zu zeigen.

Während meiner Besuche bei dem Prinzen traf ich gelegentlich zwei Mohren an, von denen einer eine Zeitlang in Italien, der andere aber in England gewesen war und ein wenig Englisch sprechen konnte. Ich erwähne dieser Männer nicht nur aus Gefühl der Dankbarkeit, sondern auch, um zu zeigen, daß man nur durch Ausbildung des Verstandes und Umgang mit verfeinerten und civilisirten Menschen fähig gemacht wird, unedle Vorurtheile zu besiegen. Bloß aus Antrieb des Wohlwollens, — denn ich hatte keine Gelegenheit gehabt, ihnen irgend eine Gefällig-

*) Gewöhnlich glauben die Europäer, der zur Wohnung der Weiber bestimmte Ort heiße das Seraglio. Dies ist aber ganz irrig. Seraglio (Serail, Serai) bedeutet eigentlich einen Pallast; die Wohnungen der Weiber aber werden Harem genannt. A. d. U.

keit zu erweisen — faßten sie in Kurzem eine solche Freundschaft zu mir, daß sie, wenn ich auch ihr nächster Verwandter gewesen wäre, mir keine stärkeren Beweise davon hätten geben können. Sie äußerten nicht nur ihr Bedauern darüber, mich in einem Lande zu sehen, wo ich beständigen Beleidigungen ausgesetzt, und wo die Lebensart, wie sie aus eigener Erfahrung wüßten, von meiner gewohnten so sehr verschieden wäre; sondern sie nahmen mich auch mit nach ihren Häusern, führten mich bei ihren Frauen ein, und verlangten von ihnen, daß sie für mich eben so sorgen sollten, als wenn ich zu ihrer Familie gehörte. Noch mehr; sie drangen in mich, daß ich einen von ihnen andre Zimmer, die er etwa von dem Prinzen bekommen könnte, beziehen lassen und dagegen die ihrigen annehmen sollte. Ich konnte aber diesen freundschaftlichen Vorschlag nicht eingehen: denn ich erwartete wirklich mit jedem Tage, die Zimmer in Besitz nehmen zu können, die der Prinz mir versprochen hatte; und außerdem würde ich mich auch nie ihrer Freundschaft so haben aufdringen wollen, um in diese Bitte zu willigen. Aber dazu zwangen sie mich, daß ich beständig Thee und Zucker und viele andere Sachen, die wegen ihrer Seltenheit zu Tarubant sehr theuer sind, von ihnen annehmen mußte. Daß ich an Geld keinen Mangel litt, wußten sie, da ich dies von Herrn Hutchison's Agenten bekam; aber immer zwangen sie mich freundschaftlich, von den kleinen Seltenheiten, die sie häufig dem Prinzen schickten, meinen Theil zu nehmen. Wenn diese beiden schätzbaren Männer aller Vorzüge einer edlen Erziehung genossen hätten — welch eine Zierde würden sie für die Gesellschaft, und wie sehr ihrem Vaterlande nützlich geworden seyn!.

Einmal, da ich von einem meiner Besuche bei dem Prinzen wieder nach Hause ritt, und durch den sehr hohen Thorweg, der nach der Stadt führt, gekommen war, hörte ich plötzlich viele Stimmen; Tibib, Tibib (Doktor, Doktor!) rufen. Als ich mich umwandte, sah ich Muley Omar, einen Sohn des verstorbenen Kaisers, und Halbbruder des Muley Absulem, in großer Pracht, und zu beiden Seiten mit einer Menge von Dienern umgeben, mitten auf der Mauer über dem Thorwege sitzen. Ich ritt sogleich zu ihm hinauf, und fand an ihm einen ganz hübschen jungen Mann, von etwa zwei und zwanzig Jahren. Seine Gesichtsfarbe war ziemlich schwarz, und in seinen Zügen lag ein starker Ausdruck von Gutherzigkeit. Nachdem ich ihn auf die gewöhnliche Weise begrüßt, und ihm auf die Frage geantwortet hatte, ob mir das Pferd gefiele, das sein Bruder mir geschenkt hätte, nahm ich Abschied von ihm. Uebrigens konnte ich nicht begreifen, warum ein Mann von solchem Ansehen sich einen so seltsamen Platz gewählt hätte. Als ich aber ein wenig weiter geritten war, sah ich etwa hundert Mohren zu Pferde, die in vollem Galopp jagten, und ohne Ordnung auf einander feuerten. Nun merkte ich, daß der Prinz sich über den Thorweg gesetzt hatte, um dies Scheingefecht, das man zu seiner Belustigung hielt, mit anzusehen.

Da ich mich bei Tage eher beschäftigen konnte, als des Abends, so gewöhnte ich mich, bald zu Bette zu gehen und früh wieder aufzustehen. Eines Abends, als ich etwa drei Stunden geschlafen haben mochte, ward ich durch einen Lärm aufgeschreckt, den ich Anfangs Dieben zuschrieb, die sich ins Haus geschlichen hätten. Seit Kurzem hatten die Araber eine Menge Diebstähle zu Tarudant begangen. Sie pflegten, da die Häuser gewöhnlich bloß aus Thon aufgeführt sind, nur ein Loch in der Wand zu machen, wodurch sie hineinschlüpften, ohne Jemanden von der Familie durch das geringste Geräusch aufzuwecken. Dies, glaubte ich, wäre hier der Fall, und der Lärm käme davon her, daß ein Stück von der Wand eingestürzt seyn möchte.

Ich sprang sogleich auf, und eilte nach der Thür. Mein Dolmetscher, der vor mir aufgestanden war, hatte sie schon geöffnet, und ich fand nun meine sämmtlichen Nachbarn in bloßen Hemden, mit Lichtern in der Hand, und in der größten Bestürzung. Sie standen da, als ob sie nicht wüßten, wo sie wären; und ohne ein Wort sprechen zu können. Der Lärm hatte bei ihnen eben die Furcht erregt, wie bei mir, und sie waren gerade auf den Fleck gekommen, wo ich sie sah, ohne sich entschließen zu können, weiter nach der Ursache des Lärmes zu suchen.

Obgleich mein Dolmetscher sich nicht viel besser benahm, als die anderen, so faßte er doch endlich so viel Muth, daß er sich der Stelle näherte, woher der Lärm gekommen war. Da fand er denn, daß von dem als ein Viereck (so daß in der Mitte ein Hof blieb) gebaueten Hause eine ganze Seite eingestürzt war, und zwei Juden, die darin schliefen, unter dem Schutte begraben hatte. Ich kam ihnen sogleich zu Hülfe; man brachte sie in mein Zimmer, wo ich ihren Zustand genau untersuchte, und sie sprachlos fand, aber nur vor Schrecken. Natürlich machte dieser Zufall, wodurch auch in einer Wand meines Zimmers ein Riß entstanden war, mich noch begieriger, meine Wohnung zu verändern, da ich, wer weiß wie bald, in dieselbe Lage hätte gerathen können, wie die beiden Juden, die mein Dolmetscher und ich so eben unter dem Schutte herausgezogen hatten; aber mit allem meinem Antreiben konnte ich die Maurer des Prinzen nicht dahin bringen, so geschwind zu arbeiten, daß ich von der mir bestimmten Wohnung noch hätte Gebrauch machen können.

Zu den vielen Unannehmlichkeiten, die ich in Tarudant erfuhr, gehörten auch die häufigen Beleidigungen, die man mir auf den Straßen zufügte. Ich hätte freilich bei dem Prinzen leicht Hülfe dagegen finden können; aber die Menge neuer Gesichter, die mir täglich vorkamen, machte mir es unmöglich, dieses Mittel zu gebrauchen. Als ich eines Tages zu dem Prinzen ritt, begegnete mir ein häßlicher Mohr, der in dem geheiligten Charakter eines

Scherif*) Recht zu haben glaubte, mich zu beleidigen. Er rannte mit seinem Maulesel sehr plump auf mich zu, entweder um mir einen starken Stoß zu geben, oder mein Pferd scheu zu machen. Da ich ihn sogleich über die Unanständigkeit seines brutalen Betragens zur Rede stellte, antwortete er mir: ich könnte zum Teufel gehen; er wäre ein Scherif. Nun fand ich es nöthig, ihm zu erklären: ich wäre der Wundarzt seines Prinzen, und dieser würde, als Statthalter der Provinz, da ich unmittelbar unter seinem Schutze stände, sich wenig darum bekümmern, ob er ein Scherif sey, sondern ihn so bestrafen, wie seine Aufführung es verdiente; ich ginge itzt gerade zu Sr. Hoheit, und würde, da ich seinen Namen recht gut wüßte, mich über ihn beschweren. Der hochmüthige Scherif wendete hierauf sogleich seinen Maulesel um, und bot mir mit eben so viel Niederträchtigkeit, wie er vorher Stolz gezeigt hatte, jede Vergütung an, die ich verlangte. Er wollte sich selbst vor mir auf die Knie werfen, wenn ich ihm nur sein Vergehen verziehe; denn er zitterte bei dem Gedanken, daß seine Verwegenheit dem Prinzen bekannt werden würde. Ich nahm sogleich seine Unterwerfung an, aber mit der Erinnerung, daß er, wenn er gleich ein Scherif sey, sich künftig hüten solle, die Gastfreundschaft durch Beleidigung eines Fremden zu verletzen.

Am Ende der vierten Woche benachrichtigte mich der Prinz, daß er von dem Kaiser Befehl bekommen habe, sich zu einer Wallfahrt nach Mekka anzuschicken; er sey aber Willens, mich mit nach Marokko zu nehmen und da bei seinem Vater einzuführen; dann sollte ich mit ihm nach Fez und Mequinez reisen, und dort einen Trupp Soldaten bekommen, der mich nach Tanger geleitete. „Auf diese Weise", fügten St. Hoheit hinzu, „wirst Du Gelegenheit haben, Deinen Brüdern den Christen zu

---

*) Scherifs sind Leute, die von Muhamed abzustammen vorgeben und sehr hochgeachtet werden. A. d. V.

erzählen, was für eine Menge von schönen Oertern Du in diesem Lande gesehen hast." Doch sollte seine Abreise von Tarudant erst nach einigen Wochen vor sich gehen, damit der Plan zu seiner Heilung, mit dessen Ausführung ich mich jetzt beschäftigte, nicht vereitelt würde.

Ich hatte schon zu wiederholten malen, wenn ich bei dem Prinzen war, in unserer Unterredung ihn dringend gebeten, den Kapitain Irving, Befehlshaber des gescheiterten Guineaschiffes, seinem Versprechen gemäß, aus der Gefangenschaft zu befreien, und immer die stärksten Versicherungen bekommen, daß meine Bitte erfüllt werden sollte; aber bis jetzt war noch nichts geschehen. Daher machte ich nunmehr einen andern Plan, wovon ich mir einen besseren Erfolg versprach, weil er auf den Vortheil des Prinzen hinauslief. Ich sagte ihm nehmlich: der Kapitain Irving sey ein Arzt, und, wie ich wüßte, ein Mann von großer Geschicklichkeit; (er war auch wirklich zu diesem Stande erzogen). Sein Rath sey mir höchst nothwendig, um die Kur zu befördern und zu erleichtern; ich wünschte daher, daß er sogleich geholt werden möchte. Obgleich der Prinz mit mir völlig zufrieden war, so freuete ihn doch diese neue Idee, und er erhielt bald von dem Kaiser die Erlaubniß, den Kapitain nach Tarudant kommen zu lassen.

Da in Tarudant kein Europäer war, mit dem ich hätte umgehen können, und da ich unter Mauren von der schlechtesten Art lebte, die mich bald mit ihrem Geschrei um Hülfe, und bald mit ihrer Frechheit beunruhigten: so wird man leicht begreifen, daß ich meine Zeit nicht auf die angenehmste Weise hinbrachte. Indeß dienten meine Besuche bei dem Prinzen, und die sichtbare große Besserung seiner Gesundheit einigermaßen, meinen Muth aufrecht zu erhalten und mich zu vergnügen, so daß ich mich in Stand gesetzt sah, meine Lage mit Geduld zu ertragen.

Als fünf Wochen verflossen waren, während welcher Zeit der Prinz mir immer über die Hülfe, die ich ihm verschaffte, die größte Zufriedenheit bezeugte, kam ein Befehl vom Kaiser, daß ich mich sogleich nach Marokko begeben sollte. Man kann leicht denken, daß ich diesen Befehl nicht ohne großes Erstaunen und Verdruß erfuhr. Hätte der Prinz, während ich ihn besuchte, einen üblen Zufall bekommen, so würde ich, bei der bekannten Denkart der Nation, einen solchen Befehl haben erwarten müssen; aber daß man mich von dem Kranken zu einer Zeit entfernte, wo er seinem Vater immer Nachrichten von seiner Besserung zuschickte, war ein Geheimniß, welches ich mir nicht enträthseln konnte. Ich drang zu wiederholtenmalen in den Prinzen, daß er mir den Grund von diesem auffallenden Betragen des Hofes erklären möchte; aber er konnte oder wollte mir nicht die geringste Erläuterung darüber geben.

Da ich wohl wußte, wie vergeblich und ungereimt es seyn würde, in diesem so sehr despotischen Staate dem ausdrücklichen Befehle des Kaisers nicht gehorchen zu wollen; und da ich an den itzt so günstigen Gesundheitszustand des Prinzen dachte: so fing ich nach vielem Ueberlegen der Sache endlich an zu hoffen, daß mir die Reise wohl eher nützlich, als schädlich werden könnte. So gern schmeichelt uns bei jeder Gelegenheit unsere Einbildungskraft! Die Folge wird hinlänglich zeigen, wie sehr mir diese Hoffnungen fehlschlugen. — Eine goldene Uhr, ein mittelmäßiges Pferd, und einige wenige harte Thaler, die man mir gegen meinen Willen aufdrang, waren die prächtigen, fürstlichen Belohnungen dafür, daß ich eine Reise von fünfhundert (Engl.) Meilen gemacht und einem undankbaren Despoten unablässige Sorgfalt bewiesen hatte!

Siebentes Kapitel.

Reise von Tarudant nach Marokko über das Atlasgebirge. — Begleitung. — Gefährlicher Weg über den Atlas. — Beschreibung des Atlas. — Naturprodukte. — Thiere. — Schöne Thäler. — Sitten und Gewohnheiten der Breber (Berberen). — Malerische Aussichten auf den Gebirgen.

Am 30sten November, zwischen sieben und acht Uhr Morgens, nahm ich Abschied von dem Prinzen, nachdem ich ihn vorher gebeten hatte, mit dem Gebrauche meiner Arzneien fortzufahren. Ich verließ Tarudant unter der Aufsicht eines Alkaide und zweier Soldaten von der Negerreiterei, die dem Kaiser das jährliche Geschenk des Prinzen, sechs Pferde und drei Kisten mit Geld, überbrachten. Diese, mein Dolmetscher, ein Jude, der zugleich Koch und Bedienter bei mir war, und ein Mauleseltreiber, der mein Gepäck besorgen mußte, machten meine Begleitung aus.

Zwischen zwölf und Ein Uhr Nachmittags kamen wir am Fuße des Atlas, etwa zwanzig Meilen von Tarudant, an, und schlugen ein sehr hübsches Zelt, das der Prinz für mich besorgt hatte, neben einigen Mohrischen Hütten auf. Das Land, durch welches wir auf unserm Wege hieher reisten, war eine waldige und unbebaute Ebene.

Am folgenden Morgen um sechs Uhr legten wir das Zelt zusammen und fingen sogleich an, den Atlas hinanzusteigen. Beinahe vier Stunden lang hatten wir anhaltend einen beschwerlichen und ermüdenden Weg, weil der Pfad eng, felsig und steil war. Wegen seiner jähen und winklichten Drehungen benennen die Mohren ihn mit einem Arabischen Namen, der so viel heißt, wie Kameelnacken.

An vielen Orten, besonders in den höheren Gegenden des Gebirges, hatten wir, außer der Unbequemlichkeit eines felsigen Weges, der nur für Einen Maulesel breit genug war, an Einer Seite, ja zuweilen, wo das Gebirge nur aus einem engen Felsenrücken bestand, an beiden, noch den furchtbaren Anblick eines jähen Abgrundes. Ich bemerkte mit Erstaunen, wie leicht und sicher unsere Maulesel auf den rauhen Pfaden hinauf- und hinunterstiegen, ohne daß wir abzusitzen nöthig hatten. Um zwei Uhr Nachmittags fingen wir an wieder hinunterzusteigen, und gelangten zu einem kleinen Dorfe, in dessen Mitte wir unser Zelt aufschlugen.

Am folgenden Morgen, ein wenig vor sechs Uhr, setzten wir unsere Reise fort, und kamen um fünf Uhr Abends zu dem Ende des Gebirges, wo wir diese Nacht schliefen. Der erste Theil dieser Tagereise ging einen furchtbar steilen und felsigen Pfad hinunter in ein schönes Thal zwischen zwei sehr hohen Bergen, das sich dann sogleich höchst erhaben und malerisch in die Ebenen von Marokko öffnet.

Es würde mir freilich angenehm gewesen seyn, wenn ich meinen Aufenthalt in diesen, an interessanten Gegenständen so reichen Gebirgen etwas hätte verlängern können. Indeß will ich meinen Lesern die wenigen Bemerkungen, die ich bei dem Wege über daßelbe zu machen Gelegenheit fand, ohne weitere Schutzrede vorlegen.

Der Atlas ist eine Kette von hohen, mit tiefen Thälern durchschnittenen Gebirgen, die sich von der Ostgegend der Bärbarei nach der westlichen erstrecken, und sie in zwei Hälften theilen. Die nach Westen zu, heißen, weil sie höher sind, der größere Atlas; und die nach Osten, der kleinere Atlas. Diese Gebirge, besonders die unweit Marokko, haben eine solche Höhe, daß ihre Gipfel beständig mit Schnee bedeckt sind, ungeachtet sie so weit gegen Süden liegen. Als Muley Absulem im nächsten Januar denselben Weg machte, den ich im December kam, schneiete es die ganze Zeit über; und wir konnten damals von Marokko aus keinen Theil des Gebirges entdecken, der nicht ganz weiß gewesen wäre.

Die Luft ist in der Nähe des Gipfels so kalt, daß sie oft alles thierische Leben zerstört. Ich habe gewisse Nachricht, daß einige Breber (Berbern), die es unternahmen den höchsten Theil des Gebirges zu ersteigen, sogleich auf der Stelle todt niederfielen, indeß Andere, die sich zu eben dem Unternehmen verpflichtet hatten, in der größten Eile zurückkehren mußten *).

Da der December zu botanischen Nachsuchungen nicht die beste Jahrszeit ist, so fand ich wenige Pflanzen auf diesem Gebirge, den Argabaum ausgenommen, über den ich oben, wo ich von den Naturprodukten des Landes im Allgemeinen sprach, schon einige Bemerkungen gemacht habe; doch weiß ich aus sichern Nachrichten, daß es im Frühling auf dem Gebirge eine unzählbare Menge von merkwürdigen Pflanzen giebt. Ich kann wirklich mit vielem Grunde glauben, daß der Naturforscher hier ein größeres Feld für seine Untersuchungen finden würde, als beinahe in jeder anderen Gegend der Erde, und daß sowohl die Heilkunde, als die Botanik durch eine zweckmäßige Reise über den Atlas sehr gewinnen könnten **).

Im Innern der Gebirge sind, wie ich vorher bemerkt habe, viele Eisengänge, und die Mauren glauben auch, es sey Gold darin; aber dies ist niemals sicher ausgemacht worden. Man hat mir auch erzählt, es gebe an einigen Orten Vulkane; das theile ich aber, da ich sie nicht selbst

*) Es ist ausgemacht, daß kein Theil des Atlas die Höhe der Cordilleren erreicht; ja, der höchste Berg darin kann, wie ich zu glauben Ursache habe, sich wohl kaum mit dem *Montblanc* messen. Die Berbern übertreiben also in ihren Erzählungen. Z.

**) Niemand hat die Pflanzen der Barbarei und des Atlas so genau angegeben, wie Poiret (*Voyage en Barbarie*, T. II. p. 71—274). Doch ist es zu bedauren, daß man neben den Linneischen Namen fast nie die Benennungen in der Landessprache findet; und diese konnte der Verfasser gewiß bei mehreren Pflanzen, obgleich nicht bei allen, erfahren. — Es wäre gegen die meisten Leser unbillig, wenn ich Poiret's Werk abschreiben, oder auch seine Flora nur ausziehen wollte; daher verweise ich die Liebhaber der Botanik auf ihn selbst. Z.

gesehen habe, als eine bloße Sage mit. Indeß kann ich nicht umhin, zu wiederholen, daß es in dem Inneren dieser unbekannten Gebirge sehr wahrscheinlich viele merkwürdige und schätzbare Mineralien giebt, welche auszuforschen die Mohren aber viel zu träge sind.

Von thierischen Produkten hat der Atlas Ueberfluß an Löwen, Tigern*), Wölfen, wilden Schweinen und ungeheuren Schlangen. Aber wenn nicht die Noth in sehr strengen Wintern diese Thiere in die Thäler oder in die von Menschen bewohnten Gegenden treibt, so bleiben sie gewöhnlich in dem unzugänglichsten Theile der Gebirge. Indeß giebt es zuweilen Ausnahmen. Während meines Aufenthaltes zu Tarudant ward ein Tiger dicht vor der Stadt getödtet, und man hat viele Beispiele, daß sie weit über die Gränzen der Gebirge hinaus schwärmen. Das Mittel, wodurch die Einwohner sich zur Nachtzeit vor ihren Angriffen sichern, besteht darin, daß sie viele und große Holzfeuer anzünden, zu denen die wilden Thiere sich selten hinan wagen. Als ich über das Gebirge reiste, traf ich weiter keine Raubthiere an, außer einige sehr große Adler**).

In den oberen Gegenden sah man an einigen Orten nichts, als eine ungeheure Masse rauher, unfruchtbarer Felsen, deren unermeßlich hohe, senkrechte Wände Jähen bildeten, welche die Seele mit unaussprechlichem Schauder füllten. An anderen Orten kamen wir durch dicke und große Wälder von Argabäumen, die, wenn sie gleich als

*) Der Tiger (*Felis Tigris, LINN.*) findet sich in Afrika, so weit wir es jetzt kennen, nirgends. Dies saat auch Poiret ausdrücklich. Hingegen lebt in dem nördlichen Afrika der Panther, den der Verfasser ohne Zweifel mit dem Tiger verwechselt. — Von bedeutenden Raubthieren in Marokko nennt Poiret außerdem noch: die Unze (*Felis uncia*), den Karakal (*F. Caracal*), den Serwal (*F. Serval*), den Luchs (*F. Lynx*) — von dessen Daseyn in diesen Ländern ich indeß nicht völlig überzeugt bin, ob es gleich wohl möglich wäre —; ferner die Hyäne und die wilde Katze. Daß der Leopard sich in der Barbarei finde, leugnet Herr Poiret gänzlich. Z.

**) Man muß sich wundern, daß unser Verfasser der Strauße und Flamingos nicht erwähnt, die doch in Marokko nicht selten sind. Z.

die einzigen Vegetabilien auf diesen Gebirgen, eine angenehme Abwechselung gaben, doch das Ansehen allgemeiner Unfruchtbarkeit sehr wenig verminderten.

Die Thäler zeigten uns indeß einen ganz verschiedenen Anblick. Hier sahen wir viele Dörfer, Gärten und umzäunte Felder, die, auch jetzt im December, mit reitzendem Grün bedeckt und mit Obstbäumen aller Art angefüllt waren. Felder mit Getreide, das zu dieser Jahrszeit im größten Ueberflusse wuchs, wechselten mit Pflanzungen von Oliven- und Orangenbäumen ab, die einer Menge verschiedener Arten von Singevögeln zum Aufenthalte dienten. An einigen Orten sprangen kleine Quellen oben aus den Felsen und Bergen hervor, und vereinigten sich nachher in einen fortlaufenden Strom, der das Thal reichlich bewässerte. Diese Scenen gewährten nach den Beschwerlichkeiten und Gefahren, die wir in den höheren Gegenden der Gebirge ausgestanden hatten, dem Geiste die angenehmste Erquickung.

Die Dörfer bestehen aus Hütten, die von Erde und Lehm roh aufgeführt und mit einer Mauer umgeben sind. Es giebt ihrer sehr viele, und sie werden von einem Volke bewohnt, welches den Namen der Breber (Berberen) führt. Diese Leute, die ursprünglichen Bewohner des Landes, unterscheiden sich gänzlich von den Arabern und Mohren. Sie flohen, da die Araber das Land eroberten, in die Gebirge, wo sie seitdem immer geblieben sind und ihre Unabhängigkeit größtentheils erhalten haben. Jedes Dorf steht unter der Anführung eines Scheik, den sie aber nicht, wie die Araber in den Lägern, von sonst jemand ernennen lassen, sondern selbst wählen.

Die Breber (Berberen) sind starke Menschen, von kriegerischem Ansehen, ausharrend, und an Widerwärtigkeiten und Strapazen gewöhnt. Selten entfernen sie sich weit von ihrem Wohnorte. Sie scheeren ihren Vorderkopf; aber von der Scheitel an bis in den Nacken lassen sie das Haar wachsen. Sie tragen weder Hemden, noch Bein-

Kleider, und sind bloß mit einen wollenen Kleide ohne Aermel bedeckt, das sie mitten um den Leib gürten; doch habe ich auch einige wenige den Haik tragen sehen. Ihr Hauptvergnügen besteht in dem Gebrauch ihrer Gewehre; sie sind vortrefliche Schützen, und wissen ihre Flinten sehr geschickt herumzudrehen, sie hoch in die Luft zu werfen und dann wieder zu fangen. Diese Gewehre sind ihnen so schätzbar, daß sie oft sechzig bis achtzig Dukaten ausgeben, um sie mit Silber und Elfenbein verzieren zu lassen.

Ihre Beschäftigungen bestehen hauptsächlich im Anbau der Thäler, in der Aufsicht über ihr Vieh, und in der Jagd wilder Thiere, deren Häute ein sehr beträchtlicher Handelsartikel sind. Sie haben, wie die Araber, regelmäßig ihre Märkte, wo sie ihr Vieh u. s. w. verkaufen, und dagegen Geld oder irgend einen andern Artikel wieder bekommen. In ihren Sitten und ihrer Religion sind sie den Mohren großentheils nahe getreten; aber ihre ursprüngliche Sprache behalten sie noch immer bei, und die Mohren müssen oft einen Dolmetscher gebrauchen, um sich mit ihnen unterreden zu können.

Außer denen, die in den Thälern Hütten bewohnen — und ihrer sind sehr viele — leben noch Andere in den obern Gegenden des Gebirges in Höhlen, so daß die Anzahl des ganzen Volkes sehr beträchtlich seyn muß. Obgleich die Breber in den Gränzen des Reiches Marokko einen beträchtlichen Strich besitzen, so haben sie sich doch, weil sie so sicher wohnen, oft sehr widerspänstig gegen die Monarchen des Landes bewiesen und ihnen zuweilen Tribut gezahlt, zuweilen aber verweigert, je nachdem ihre Laune es ihnen eingab. Vor nicht langer Zeit entstand unter ihnen ein allgemeiner Aufruhr, so daß der Kaiser eine starke Armee abschicken mußte, um sie zu bändigen. Damit richtete er aber weiter nichts aus, als daß sie sich zerstreueten; übrigens konnte er sie weder besiegen, noch seinen Hauptzweck erreichen, nehmlich sie zur Bezahlung des Tributes zwingen, den er verlangte. Die Beschaffenheit des Gebirges erlaubt auch wirklich einer großen Armee keine Operationen; denn die Gebirgsbewohner, welche die unzugänglichsten Oerter hinaufzuklimmen gewohnt sind, flüchten sich bald aus dem Wirkungskreise solcher Feinde, die niemals so etwas versucht haben*).

Außer den Brebern (Berberen) wohnen in den Thälern viele Juden, und zwar in abgesonderten Wohnungen oder Dörfern. Sie beschäftigen sich mit den niedrigsten Handarbeiten, deren die Breber bedürfen. Ich glaube wirklich, daß es keine Gegend in der Welt giebt, wo die Juden so über das ganze Land verstreuet sind, oder wo sie in einer solchen Bedrückung leben, wie in der Bärbärei.

Als ich einst an einem Orte in diesen Thälern eben in mein Zelt gegangen war, um die Nacht darin zuzubringen, hörte ich Töne von einem Instrumente, das große Aehnlichkeit mit der Sackpfeife hatte und eine wilde, melancholische Weise spielte. Ich war begierig, die Beschaffenheit desselben kennen zu lernen, schickte zu der Person, die es spielte, und bekam es sogleich zu Kaufe. Es bestand aus einem gemeinen, etwa acht Zoll langen und ganz hohlen Rohr, ohne irgend einen Stöpsel, mit sechs Löchern vorn,

*) Die Berbern haben ihren Namen, wie man glaubt, entweder von dem Arabischen Ber Beria, ein ödes wüstes Land, (wie die Araber die Gegend bei ihrer Ankunft daran fanden) oder von Barbari, der bei den Griechen gewöhnlichen Benennung aller fremden Völker. Doch ist jene Etymologie viel wahrscheinlicher. Von den Mauren werden die ursprünglichen Einwohner des Landes theils Berbern, theils Schilpa genannt. Sie sind größtentheils unabhängig. Nur die, welche in der Gegend von Agader wohnen, stehen besonders unter den Mauren; die übrigen haben ihre eignen kleinen Könige, welche sie Amrgar nennen. Sie besitzen innerhalb der Gebirge Atlas große viereckige Häuser, die oft mit einem oder auch wohl mit zwei Thürmen versehen sind. In einem solchen Hause wohnt eine ganze Familie. — In ihrer Religion sind die Berbern Muhammedaner, aber sehr unwissend und zugleich schwärmerisch. Daher machten sie sonst immer einen Zug gegen die Portugiesen in Mazagan, um durch Niederschießen einiger Christen sich das Paradies zu erwerben. Sie haben eine besondere, von der Maurischen ganz verschiedene Sprache, welche Leo Afrikanus *Aamiset* nennt. 3.

und einem hinten für den Daumen, zwischen denen zur Verzierung eine schmale Metallplatte befestigt war. Noch hatte man einen gemeinen Strick daran befestigt, damit man es um den Hals hängen könnte. Das Instrument war wirklich der Flöte, deren die alten Hirten sich bedienten, so ähnlich, daß ich gewiß glaube, diese Beschreibung wird in der Seele einiger Leser manche romantische Bilder aus den Zeiten der klassischen Schriftsteller erneuern.

Es ist keinesweges ganz leicht, die verschiedenen Gefühle zu beschreiben, die man bei der Reise über diese wunderbaren Gebirge empfindet. Ihre unermeßliche Höhe, die gefährlichen Jähen, die Thäler, die wegen ihrer Tiefe Abgründe scheinen — dies Alles zusammen erregt ein Gefühl des Erstaunens und Grausens, das man eher haben, als beschreiben kann. Auf der andern Seite bildeten die gränzenlose Mannichfaltigkeit der Aussichten von den Gipfeln der Berge, die vielen Heerden von Schafen und Ziegen, die an fast senkrechten Felsen kletterten, und die gänzliche Unfruchtbarkeit der Gebirge, die gegen das liebliche Grün der gleich darunter befindlichen Thäler absticht — dieses alles, sage ich, bildete zusammen ein Schauspiel, das reizend und anziehend genug war, um die Beschwerlichkeiten aufzuwiegen, die wir übrigens erdulden mußten.

Achtes Kapitel.

Ankunft zu Marokko. — Schwierigkeit, Audienz zu erhalten. — Beschreibung der Hauptstadt. — Gebäude. — Haus des ersten Ministers. — Das Schloß. — Die Judenstadt. — Zustand der Juden in der Barbarei. — Nachricht von Jakob Attal, dem Jüdischen Sekretair des verstorbenen Kaisers. — Sitten der Juden in der Barbarei. — Jüdinnen. — Kleidung. — Ehen. — Hang zu Liebesintriguen bei den Judenweibern. — Beschreibung von dem Pallaste des Kaisers.

Am 3ten December, zwischen fünf und sechs Uhr Morgens, setzten wir unsere Reise fort, und erreichten bald eine schöne Ebene, die ganz bis nach Marokko hin fortläuft; und hier kamen wir am folgenden Nachmittage an, nachdem wir überhaupt einen Weg von etwa hundert und fünf und zwanzig (Englischen) Meilen gemacht hatten.

Ich ließ es bei der Ankunft mein erstes Augenmerk seyn, mich einer bequemen Wohnung in der Judenstadt zu versichern. Als ich diese zu meiner Zufriedenheit gefunden und bezogen hatte, erwartete ich mit Begierde jeden Augenblick, zu dem Kaiser gerufen zu werden. Indeß, ob ich gleich Se. Mohrische Majestät zu wiederholtenmalen von meiner Ankunft benachrichtigen ließ, so blieb ich doch zu meinem großen Erstaunen einen ganzen Monath in diesem Zustande der Ungewißheit und Erwartung, ohne daß ich eine Audienz erhalten konnte, oder von der Ursache unterrichtet wurde, weswegen ich Tarudant hatte verlassen müssen.

Die vielen Anekdoten, die zu meinem Nachtheil in der Stadt umherliefen, erregten in mir eine beständige Unruhe, die immer mehr anwuchs, je mehr Zeit nach meiner Ankunft verfloß. Durch einen von des Kaisers vertrauten Freunden erfuhr ich: Se. Majestät hätten gehört, ich sey jung; ich brauche gegen Augenkrankheiten innerliche Mittel: ein Verfahren, das Sie ganz neu und unerklärlich fänden; Europäische Arzneien wären immer stark und heftig, und des Prinzen Gesundheit würde, wenn man mich länger bei ihm gelassen hätte, völlig zu Grunde gerichtet worden seyn. Ein Anderer ging so weit, daß er mir sagte, der Kaiser argwöhne, meine Landsleute hätten mich gebraucht, seinen Sohn zu vergiften.

Nach vielen verwickelten Nachforschungen über die Wahrheit dieser Behauptungen, entdeckte ich endlich, daß meine Reise nach Tarudant eine Sache war, die der Prinz insgeheim mit dem Konsul ausgemacht hatte. Der Kaiser, der damals nicht im besten Vernehmen mit dem Englischen Hofe stand, und schon allen Verkehr zwischen seinen Besitzungen und der Garnison von Gibraltar aufgehoben, äußerte große Unzufriedenheit darüber, daß ohne sein Wissen ein Engländer in das Land gerufen worden war, um seinem Sohne als Arzt Dienste zu leisten; und sein Mohrischer Arzt hatte, um mir zu schaden, ihn überredet, die Europäischen Arzneien wären zu stark für den Körper des Prinzen, und sein Sohn befände sich, so lange er unter meiner Behandlung bliebe, wirklich in der äußersten Gefahr. Alle diese Gründe vermochten so viel über den Kaiser, daß er mich nicht nur sogleich von dem Prinzen zu entfernen beschloß, sondern auch befahl, einige von meinen Arzneien in der Stille nach Marokko zu schicken, wo sein Arzt sie genau untersuchen sollte. Die Ursache, weshalb man mich nicht mit einer Audienz begnadigte, lag darin, daß der Kaiser erst gänzlich von dem Gesundheitszustande des Prinzen unterrichtet seyn wollte, ehe er mich vor sich ließe, damit er mich nach Befinden der Umstände günstig oder kalt aufnehmen könnte.

Zu einiger Erleichterung bei der Unruhe, welche dieser Zustand der Ungewißheit mir verursachte, war meine Lage übrigens jetzt weit angenehmer, als zu Tarudant. Ich wohnte im Hause einer sehr ansehnlichen Familie, ein Stockwerk hoch, in einem geräumigen, saubern und abgelegenen Zimmer. Ein Genueser von gutem Herkommen, der in des Kaſers Dienſten ſtand, verſchaffte mir einen Tiſch, zwei Stühle, zwei Schüſſeln, einige Teller, einige Meſſer und Gabeln, und ein paar Weingläſer. Dazu bot ein Jude, der eine Zeitlang bei einem Europäer gelebt hatte, mir ſeine Dienſte als Koch an, und ward mir durch ſeine Geſchicklichkeit ſehr nützlich. Lebensmittel aller Art waren hier in Ueberfluß, gut und wohlfeil. Für das Pfund Rind- und Hammelfleiſch bezahlte ich nur zwei Pence Engl.; für ſchöne Hühner das Stück ſechs Pence; und Tauben wurden das Paar zu drei Halbpence verkauft. Hätte ich hierbei Gelegenheit gehabt, eine angenehme, kleine Geſellſchaft zu beſuchen, ſo wäre meine Lage ſehr erträglich geweſen; aber in dieſem Stücke war ich hier um nichts beſſer daran, als in Tarudant.

Der Genueſer, aus deſſen Hauſe ich einen Theil meiner Möbels entlehnt hatte, befand ſich zu Mogadore. Die einzigen Europäer, die ſich damals zu Marokko aufhielten, waren, außer einigen wenigen Spaniſchen Kunſtarbeitern in des Kaiſers Dienſten, und den geſcheiterten Engliſchen Seeleuten, ein Franzöſiſcher Officier nebſt einigen Seeleuten ſeiner Nation, die bei einer ähnlichen Gelegenheit in Gefangenſchaft gerathen waren, und drei Spaniſche Mönche. Von dieſen Perſonen konnte ich mir bloß den Franzöſiſchen Officier und die Mönche zum Umgange wählen.

Mit jenem unterhielt ich mich, da ich Franzöſiſch ſprach, ſehr gut, und fand an ihm einen ſehr angenehmen Geſellſchafter. Er hatte die Reiſe am Bord eines Schiffes gemacht, das für die Franzöſiſchen Beſitzungen an der Küſte von Guinea beſtimmt war. Von da wollte er zu ſeinem Regimente gehen, litt aber, den Kanariſchen Inſeln gegenüber, an der Afrikaniſchen Küſte Schiffbruch. Dies Unglück, nebſt den Widerwärtigkeiten, die darauf folgten, als er von den Arabern in die Sklaverei geſchleppt ward, und ſeine geringe Hoffnung bald ausgelöſt zu werden, hatten einen tiefen Eindruck auf ſeine Seele gemacht, ſo daß er zuweilen Anfälle von Melancholie bekam. Indeß konnte man den Kaiſer keinesweges beſchuldigen, daß er irgend einen von den Gefangenen übel behandelte; im Gegentheil gestand er ihnen täglich eine kleine Summe Geldes zu, und erlaubte ihnen, frei umherzugehen. Doch war ihnen ihr gezwungener Aufenthalt in dem Lande, ohne unmittelbare Aussicht zur Rückkehr in ihr Vaterland, ein hinreichender Grund, sich als Sklaven zu betrachten.

Weil die Spanischen Mönche, die ein kleines Kloster in der Judenstadt haben, und ursprünglich zur Auslösung der Gefangenen hieher gesetzt sind, unentgeldlich Arzneien unter die Armen austheilten, so betrachteten sie sich, als wenn sie mit mir zu einerlei Stande gehörten, und nahmen mich sehr gastfreundschaftlich auf. Da ich aber ihre Sprache nicht verstand, und mich also nur durch meinen Dolmetscher, der das Spanische sprach, mit ihnen unterhalten konnte, so war freilich unser Umgang sehr eingeschränkt. Ich kann übrigens nicht umhin, hier meine Betrübniß über das Schicksal dieser würdigen Männer an den Tag zu legen, da sie die Bestimmung haben, ihre Lebenszeit an einem Orte hinzubringen, wo sie alles Umganges mit gesitteten Menschen beraubt, und den Launen und Grobheiten des Kaisers sowohl, als der Niedrigsten von seinen Unterthanen, unaufhörlich ausgesetzt sind. Sie schienen mir Männer, die sich sehr durch Lesen und Beobachten unterrichtet und gebildet hatten; und sie verwendeten ihre Zeit sehr rühmlich auf die Pflichten ihres Standes, Andachtsübungen, Austheilen von Arzneien an die Armen, auf Studieren, und auf solche unschuldige Erholungen, wie der eingeschränkte Umgang zu Marokko sie erlaubt.

Um mir die Unruhe, in der ich bei meiner langen Ungewißheit nothwendig seyn mußte, zu vertreiben, ging ich täglich in verschiedenen Gegenden von Marokko umher; aber auch dies Vergnügen ward mir durch die häufigen Beleidigungen, die ich auf den Straßen erfuhr, sehr verbittert.

Die Stadt Marokko liegt etwa hundert und zwanzig Meilen nordwärts von Tarudant, neunzig oſtwärts von Mogadore, und etwa dreihundert und funfzig ſüdwärts von Tanger, in einem ſchönen Thale, welches gegen Süden und Oſten von dem ungefähr zwanzig Meilen entfernten Atlas, gegen Norden aber von einer andern Gebirgskette gebildet wird. Die Gegend nahe um die Stadt iſt eine fruchtbare Ebene, mit mannichfaltigen Partien von Palmbäumen und Geſträuchen, und von einer Menge kleiner Ströme bewäſſert, die vom Atlas herunterkommen. Die Gärten des Kaiſers, welche etwa fünf Meilen ſüdwärts von der Stadt liegen und große, mit Mauern umgebene, Pflanzungen von Olivenbäumen ſind, tragen viel zur Schönheit der Gegend bei.

Obgleich Marokko eine von den Hauptſtädten des Reiches iſt — denn es giebt deren drei, Marokko, Mequinez und Fez: — ſo hat es doch weiter nichts Merkwürdiges, als ſeine Größe und den königlichen Pallaſt. Es iſt mit vorzüglich ſtarken, und aus Tabby gemachten Mauern umgeben, deren Umkreis etwa acht (Engliſche) Meilen beträgt. Dieſe ſind nicht mit Kanonen verſehen, aber mit viereckigen Thürmen gedeckt; auch läuft rings umher ein weiter und tiefer Graben. Die Stadt hat eine Menge Eingänge, (große doppelte Bogen von Tabby im Gothiſchen Style) deren Thore jeden Abend regelmäßig auf gewiſſe Stunden verſchloſſen werden. — Da die Muhammedaniſche Religion die Vielweiberei erlaubt, und dieſe, wie man glaubt, Einfluß auf die Bevölkerung hat: ſo würde es ſchwer ſeyn, über die Zahl der Einwohner in dieſer Stadt eine der Wahrheit nahe kommende Berechnung anzuſtellen.

Die Moskeen — außer dem Pallaſte die einzigen merkwürdigen öffentlichen Gebäude in Marokko — ſind mehr zahlreich, als prächtig. Eine davon iſt mit einem ſehr hohen, viereckigen, aus gehauenen Steinen erbaueten Thurme geziert, der in einer beträchtlichen Entfernung von der Stadt gesehen werden kann. Die Straßen sind sehr enge, schmutzig und unregelmäßig, und viele Häuser theils unbewohnt, theils in Verfall. Die von anständigerem Aussehen sind aus Tabby erbauet und mit Gärten umgeben. Eins von den besten war das Haus des Effendi oder Premierministers. Es bestand aus zwei Stockwerken, und hatte sowohl oben als unten saubere Zimmer, die weit besser möblirt waren, als ich irgend eins hier zu Lande gesehen habe. Der Hof, in welchen die Zimmer an der Erde hinaus gingen, war sehr nett mit glasirten blauen und weißen Backsteinen gepflastert, und hatte in der Mitte einen schönen Springbrunnen. Die oberen Zimmer standen durch eine breite Galerie, welche ein bunt bemaltes Geländer hatte, mit einander in Verbindung. Die warmen und kalten Bäder waren sehr groß und hatten jede Bequemlichkeit, welche die Kunst gewähren kann. In den mit ziemlich gutem Geschmack angelegten Garten öffnete sich ein an das Haus stoßendes Zimmer, das einen breiten Bogeneingang, aber keine Thür hatte. Es war mit würfelichten Backsteinen sauber gepflastert, und die Wände an beiden Enden ganz mit Spiegeln bedeckt. Der Boden war in allen Zimmern mit schönen Teppichen belegt und die Wände mit großen und kostbaren Spiegeln verziert, zwischen denen Wand- und Taschenuhren in Glasschränken hingen. Die Decke bestand aus geschnitztem und mit bunten Farben bemaltem Holzwerke; kurz, Alles war im höheren Geschmacke der Mohrischen Pracht. Diese und wenige andere Häuser sind die einzigen anständigen Wohnungen in Marokko; die meisten übrigen zeigen dem Reisenden nur das Bild einer elenden und wüsten Stadt.

Die Elkaisseria ist ein besonderer Theil der Stadt, wo Zeuge und andere schätzbare Waaren feil geboten werden. Sie besteht aus einer Menge kleiner Läden, die in den Wänden der Häuser angebracht, etwa drei Fuß über dem Boden, und nur hoch genug sind, daß ein Mann mit untergeschlagenen Beinen so eben darin sitzen kann. Die Waaren und Schubläden sind so um ihn her, daß er bei dem Bedienen seiner Kunden, die immer draußen auf der Straße stehen, ihnen jeden verlangten Artikel herunterreichen kann, ohne aufstehen zu dürfen. Diese Läden, die man auch in allen andern Städten des Reiches findet, können ein treffendes Beispiel von der Trägheit der Mohren geben.

Es sind zu Marokko in verschiedenen Gegenden der Stadt drei Märkte, wo täglich allerlei Lebensmittel verkauft werden; und wöchentlich zwei Märkte, wo Vieh auf eben die Weise, wie in Tarudant, feil geboten wird.

Das Wasser bekommt die Stadt vermittelst hölzerner Röhren, die mit den benachbarten Strömen in Verbindung stehen, und sich in die Behälter ergießen, wovon die meisten in den Vorstädten, einige wenige aber mitten in der Stadt, angelegt sind.

Das Schloß ist ein großes, verfallenes Gebäude, dessen äußere Mauern einen Raum von etwa drei Engl. Meilen einschließen. Es hat eine Moskee, die von Muley Abdallah, dem Vater des verstorbenen Kaisers, erbauet worden ist. Auf der Spitze derselben befinden sich drei große Kugeln, von denen die Mohren sagen, daß sie aus bloßem Golde gemacht sind; wobei man sich denn freilich auf ihr Wort verlassen muß, da es Niemanden erlaubt wird, hinaufzusteigen. Dieses Schloß ist beinahe eine Stadt für sich; es enthält eine Menge Einwohner, die alle zu irgend einem Geschäfte im Dienste des Kaisers stehen, und über die ein besonderer, von dem Gouverneur der Stadt ganz unabhängiger Alkaide gesetzt ist.

Auswärts am Schlosse, zwischen der Mohren- und Judenstadt, sieht man einige kleine, abgesonderte Pavillons, die mit Gärten von Orangebäumen umgeben, und für die Söhne oder Brüder des Kaisers, wenn sie gelegentlich nach Marokko kommen, zu Wohnungen bestimmt sind. Wegen ihrer Bedeckung von farbigen Backsteinen nehmen sie sich in einer kleinen Entfernung ziemlich hübsch aus; aber wenn man ihnen näher kommt, oder hineingeht, verliert sich dieser Eindruck sehr bald.

Die Juden, die hier ziemlich zahlreich sind, haben eine Stadt für sich, die mit einer Mauer umgeben ist und unter der Aufsicht eines, vom Kaiser gesetzten Alkaide steht. Sie hat zwei große Thore, die jeden Abend regelmäßig um neun Uhr geschlossen werden, nach welcher Zeit denn bis zum Morgen kein Mensch herein= oder hinausgelassen wird. Die Juden haben auch einen eigenen Markt. Wenn sie in die Mohren=Stadt, in das Schloß, oder in den Pallast gehen, müssen sie immer barfuß seyn, wie zu Tarudant.

Alle Juden im Reiche müssen dem Kaiser jährlich eine gewisse Summe zahlen, die sich nach ihrer Anzahl richtet, und schon für sich, die willführlichen Erpressungen unge=rechnet, ein sehr beträchtliches Einkommen ausmacht. Un=ter dem verstorbenen Kaiser waren die Juden zu Marok=ko von dieser Taxe frei; aber statt dessen zwang er sie, Waaren von ihm zu nehmen, die sie dann, so gut sie konn=ten, verkaufen, ihm aber den Werth fünffach bezahlen mußten. Auf diese Weise litten sie denn weit mehr, als wenn sie die jährliche Taxe entrichtet hätten.

Allenthalben im Reiche giebt es mehr oder weniger Juden. Sie stammen von denen ab, die, als man sie aus Spanien und Portugall verjagte, in der Bärbärei ei=nen Zufluchtsort suchten. Man findet sie nicht bloß in den Städten, sondern im ganzen Lande, selbst, wie ich schon bemerkt habe, in dem Gebirge Atlas.

Diese unglücklichen Leute werden allenthalben, wo sie sich aufhalten, wie Wesen anderer Art behandelt, aber nirgends so grausam und unverdienter Weise unterdrückt, wie in der Bärbärei, obgleich das ganze Land von ihrem Fleiße und ihrem Erfindungsgeist abhängt und die darin wohnende Nation ohne ihre Hülfe kaum subsistiren könnte. Sie sind hier die einzigen mechanischen Arbeiter, und führen

alle

alle Geld- und Handelsſachen, das Einſammeln der Zölle
ausgenommen. Doch vertrauet man ihnen das Geldmün-
zen an, wovon ich ſelbſt Augenzeuge geweſen bin *).

Die Mohren beweiſen mehr Menſchlichkeit gegen ihre
Thiere, als gegen die Juden. Ich habe oft geſehen, daß
dieſe unglücklichen Leute ſo unbarmherzig geſchlagen wurden, daß ſie faſt todt liegen blieben; und doch können ſie
nicht die geringſte Hülfe finden, da die Gerichtsperſonen
immer mit der ſträflichſten Partheilichkeit verfahren, ſobald
ein Mohr und ein Jude die ſtreitenden Theile ſind. Was
ſie indeß durch dieſe Unterdrückung verlieren, wiſſen ſie
durch größere Schlauheit und Geſchicklichkeit reichlich zu
erſetzen, wodurch ſie die Mohren oft übervortheilen; wie
ich denn überhaupt die Juden in der Bárbárei gerade nicht
wegen ihrer Redlichkeit und ihrer guten Grundſätze rühmen kann.

Jakob Attal, ein Jude, Sekretair und Günſtling
des verſtorbenen Kaiſers, hatte auf ſeinen königlichen Herrn
mehr Einfluß, und richtete durch ſeine Schlauheit und Ränke
mehr Unheil an, als die ſämmtlichen anderen Miniſter zu-
ſammen genommen. Dieſer junge, aus Tunis gebürtige
Mann, der die Engliſche, Spaniſche, Italiäniſche, Fran-
zöſiſche und Arabiſche Sprache ziemlich gut verſtand, war
ein thätiger unternehmender Kopf, und hatte ſich mit der
Sinnesart der Mohren, beſonders mit Sidi Mahomet's ſeiner, ſo bekannt gemacht, daß er alles über ihn
vermochte. Da er wußte, daß gränzenloſe Geldſucht die
herrſchende Leidenſchaft ſeines Herrn war, ſo überlieferte
er ihm nicht nur die Hälfte ſeines eigenen Gewinnes, ſon-
dern verſah ihn auch von denen, welche Reichthum beſa-

---

*) Es cirkuliren in dieſem Lande Dublonen und harte Thaler;
aber die ihm eigenen Münzen ſind, Dukaten in Golde;
Unzen, etwa fünf Pence Engl. an Werth und Blanquils,
fünf Farthings gleich, beides Silbermünzen; Fluces, von
Kupfer, wovon vier und zwanzig einen Blanquil gelten.
Auf allen Münzen des Kaiſers ſteht auf der einen Seite ſein Na-
me mit Arabiſchen Buchſtaben; und auf der andern Tag und
Ort, wo ſie geprägt ſind. A. d. V.

ßen, sowohl mit den frühesten und besten Nachrichten, als auch zugleich mit einem Plane, wie man es ihnen abnehmen könnte. So griff er den Kaiser an seiner schwächsten Seite an, und versicherte sich seiner Freundschaft; aber freilich durch Mittel, die ihn, sobald der Kaiser starb, der Empfindlichkeit und Rache von Tausenden aussetzten, wie es sich seitdem traurig genug gezeigt hat. Doch muß ich diesem jungen Manne die Gerechtigkeit widerfahren lassen, daß er während seiner ganzen Administration, vielleicht in einigen Fällen selbst zu seinem Nachtheile, den Engländern einen ausschließlichen Vorzug gab. Die Mohren bemerkten dies auch so gut, daß sie ihn den Englischen Ambassadeur nannten.

In den meisten Gegenden des Reiches wohnen die Juden ganz abgesondert von den Mohren; und ob man sie gleich in andrem Betracht unterdrückt, so gestattet man ihnen doch freie Religionsübung. Viele sind indeß, um der harten Behandlung, die sie täglich erfahren, zu entgehen, zur Muhamedanischen Religion übergetreten. Hierdurch erlangen sie freilich alle Vorrechte der Mauren, verlieren aber in den Augen beider Partheien an wahrer Achtung.

In den meisten Seehäfen, besonders zu Tetuan und Tanger, sprechen die Juden erträglich Spanisch; aber in Marokko, Tarudant und allen inländischen Städten bloß Arabisch und etwas Hebräisch. In ihren Sitten richten sie sich fast ganz nach den Mohren; außer in ihren gottesdienstlichen Ceremonien, an denen sie weit abergläubischer hangen, als die Europäischen Juden.

Sie scheeren ihr Haar dicht am Kopfe ab, tragen aber lange Bärte. Ihre Kleidung unterscheidet sich sehr wenig von der Maurischen, die ich nachher beschreiben werde; nur muß sie immer schwarz seyn. Daher tragen sie eine schwarze Mütze, schwarze Pantoffeln, und statt des Maurischen Haiks, den Alberoce, einen Mantel von schwarzer Wolle, der die Unterkleider bedeckt. Ohne ausdrücklichen Befehl des Kaisers dürfen sie nicht aus dem Lande gehen; auch ist es ihnen nicht erlaubt, ein Schwert zu tragen, oder Pferde zu reiten, wohl aber Maulesel. Dies kommt von der unter den Mauren herrschenden Meinung, das Pferd sey ein zu edles Thier, als daß es solchen Ungläubigen, wie die Juden, dienen dürfe.

Die Kleidung der Jüdischen Weiber besteht in einem feinen leinenen Hemde, mit großen, weiten Aermeln, die beinahe bis auf den Boden hangen. Ueber dem Hemde tragen sie einen Kaftan, ein weites Kleid aus wollenem Zeuge oder Sammet von allerlei Farben, das bis an die Hüften geht und den ganzen Leib bedeckt, außer den Hals und die Brust, die sie bloß tragen. Bei den Jüdinnen in Marokko ist der Saum mit Gold besetzt. Außerdem tragen sie Geralditos, Röcke aus feinem grünen Tuche, deren Säume zuweilen mit Gold gestickt sind. Diese werden um den Leib befestigt, und zwar mit einem breiten Gürtel von Gold und Seide, dessen Enden sie hinten auf eine natürliche und leichte Art hinunterhangen lassen. Dies ist ihre Hauskleidung; wenn sie aber ausgehen, werfen sie den Haik darüber. Die Unverheiratheten lassen das Haar hinten in einigen Flechten herunterhangen. Außerdem tragen sie einen Kranz von gewirkter Seide, den sie sehr reizend und zierend um den Kopf zu legen wissen und hinten in einen Bogen binden. Dieser Kopfputz steht ihnen sehr wohl, und zeichnet sie von den verheiratheten Frauenzimmern aus; denn diese bedecken den Kopf mit einem rothen seidenen Tuche, das sie hinten zusammenbinden, und worüber sie ein seidenes Band legen, dessen Enden auf die Schultern herunterhangen. Strümpfe tragen die Jüdischen Frauenzimmer nicht, aber rothe Pantoffeln, die recht sauber mit Gold gestickt sind. Unten an den Ohren haben sie sehr große goldene Ohrringe, und oben drei kleine, mit Perlen oder kostbaren Steinen besetzte. Ihr Hals ist ganz mit Korallenschnüren bedeckt, und ihre Finger voll kleiner goldener und silberner Ringe. Um die Gelenke der Hände und Füße tragen sie Bänder von Silber; und die Reichen lassen hinten vom Gürtel goldene und silberne Ketten herunterhangen.

Ihre Heirathen feiern sie schon einige Zeit vor der Trauung mit vielen Festlichkeiten, wobei sich die Braut und alle ihre Verwandtinnen das Gesicht weiß und roth, die Hände und Füße aber mit einem Kraute, welches Henna*) genannt wird, gelb bemalen. Sie ritzen sich mit der Nadel eine Menge Figuren, und reiben dann dies Kraut, das sie mit Wasser zu einem Teige gemacht haben, hinein, wodurch sich die Zeichnungen auf den Händen und Füßen lange Zeit erhalten. Wenn ein Jude gestorben ist, versammeln sich, vor und nach dem Begräbnisse, alle seine Verwandtinnen mit andern dazu gemietheten Weibern im Zimmer des Todten, und beklagen einige Tage lang seinen Verlust mit dem schrecklichsten Geschrei und Geheul, und zereißen sich Haar und Gesicht. Die Jüdinnen sind hier allgemein

---

*) Die Henna, *Alhenna*, oder die unbewehrte Lawsonia (*Lawsonia inermis*, LINN.), ein Strauch, etwa von zehn Fuß Höhe, ist nicht bloß in Marokko, wie überhaupt in der ganzen Barbarei und in Aegypten, einheimisch, sondern auch in mehreren wärmern Ländern der alten Welt, z. B. in Syrien, Malabar, Ceilan u. s. w. Sie hat acht Staubfäden, und nur ein Pistill, vier Blumenblätter und eine vierfächerichte Saamenkapsel. Linné giebt die zweite Art, die stachlichte Lawsonia (*Lawsonia spinosa*) als sehr nahe mit ihr verwandt an. Hasselquist sagt, die Araber nennten die letztere *Chenna*. Auch soll sie, eben so wie die erstere, zum Färben dienen. Es wird mit den Blättern ein bedeutender Handel getrieben. Höst erzählt, daß die Frauenzimmer in Marokko die Blätter der Henna mit frischem Kuhmist kochen. Mit diesem Gemische bestreichen sie dann Hände, Nägel, Knöchel und Füße, lassen es trocknen, reiben es ab, und behalten dann an den bestrichenen Stellen acht Tage lang eine gelbe Farbe. Die Weiber gießen den Saft der Henna auch auf den Kopf, und lassen ihn willkührlich in das Gesicht hinunter laufen, wodurch es denn für einen Europäer abscheulich, für sie selbst aber sehr schön geschminkt wird. Bellon beschreibt das Verfahren mit diesem Färben etwas anders. Ihm zufolge macht man von den zerriebenen Blättern mit Wasser einen Teig, den man sich nach einem Bade auf die angezeigten Theile des Körpers bindet, wodurch sie denn auf einige Zeit gelb gefärbt werden. Einige färben mit der Henna auch den Pferden die Mähnen und Füße. Die Wurzel soll roth färben. J.

sehr schön und vorzüglich weiß. Sie heirathen sehr jung und werden im Hause oft mit eben der Härte behandelt, wie die Weiber der Mauren; aber ihr Gesicht brauchen sie auf der Straße nicht zu verbergen. Die Männer und Weiber essen, wie bei den Mohren, abgesondert. Die unverheiratheten Frauenzimmer dürfen nur bei besondern Gelegenheiten ausgehen, und dann immer mit bedecktem Gesichte.

Man findet bei dem weiblichen Geschlechte, sobald wir es tyrannisiren und ungebührlich einschränken, immer Hang zu Liebesintriguen; und dieser Hang muß dann wieder zur Entschuldigung für die Fortdauer des Zwanges dienen. So wird die Wirkung wieder zur Ursache; und wenn die Weiber aufhören, selbst die Wächterinnen ihrer Ehre zu seyn, so gewinnen sie durch Bewahrung derselben nicht mehr an Achtung, an der sie auch durch den Verlust der Ehre in ihren eigenen Augen nicht viel verlieren. Die Juden entschuldigen ihre Strenge mit den ausschweifenden Neigungen und dem listigen Charakter ihrer Weiber; auch sagen sie, durch ein einziges Vergehen könne ein Mädchen sich auf immer ein Hinderniß zu einer gesetzmäßigen Verbindung in den Weg legen. Da bei ihren Frauen dieser Grund nicht gelten kann, so erlauben sie diesen auch, frei auszugehen. Ja, viele Ehemänner sind aus Eigennutz nur zu bereit, sie nicht an einer Lebensart zu hindern, die in andern Ländern ihnen unfehlbar wohlverdiente Verachtung zuziehen würde.

Der Pallast in Marokko ist ein altes Gebäude, und mit einer viereckigen Mauer umgeben, die durch ihre Höhe die andern Gebäude fast ganz verbirgt. Die vorzüglichsten Thore desselben bestehen aus Gothischen, von gehauenen Steinen aufgeführten Bogen, die in verschiedene offne und geräumige Höfe führen, durch welche man erst gehen muß, ehe man zu einem der Häuser kommen kann. Der verstorbene Kaiser brauchte diese Höfe, wenn er öffentliche Geschäfte verhandelte, oder seine Truppen übte.

Der bewohnbare Theil des Pallastes besteht in verschiedenen, unregelmäßig viereckigen, aus Tabby gemachten und überweißten Pavillons. Einige davon sind mit einander verbunden, andere ganz abgesondert, und die meisten werden nach den verschiedenen Städten des Reiches benannt. Den vorzüglichsten Pavillon nennen die Mauren Douhar; und er kann eher, als die andern, das Seraglio oder der Pallast heißen, da er die Wohnung des Kaisers und den Harem enthält, die zusammen ein Gebäude von beträchtlicher Größe ausmachen. Die anderen Pavillons sind bloß zum Vergnügen oder zu gewissen Geschäften bestimmt, und alle ganz von dem Douhar abgesondert.

Der Mogadore=Pavillon, der von des verstorbenen Kaisers Vorliebe für diese Stadt seinen Namen hat, kann bei weitem den größten Anspruch auf Pracht und Größe machen. Er ist das Werk Sidi Mahomet's, hoch und viereckig, aus gehauenen Steinen erbauet, hübsch mit Fenstern verziert, und mit glasirten Ziegelsteinen von verschiedenen Farben gedeckt. Ueberhaupt macht seine Zierlichkeit und Sauberkeit, im Kontrast mit dem Kunstlosen und Unregelmäßigen der anderen Gebäude, einen sehr auffallenden Eindruck. Inwendig findet man, außer einigen anderen Zimmern, ein großes, worin der Boden mit blauen und weißen Fliesen gewürfelt, die Decke mit sauber ausgeschnitztem und bemaltem Holzwerke bedeckt, die Wände mit Stukko übersetzt, und jede Wand mannichfaltig mit Spiegeln und Uhren geziert ist, welche symmetrisch in Glaskasten stehen. Für diesen Pavillon hatte der verstorbene Kaiser eine ausschließliche Vorliebe, und begab sich oft dahin, sowohl zum Arbeiten, als zur Erholung.

Der Kaiser hat in seinen Zimmern gewöhnlich weit weniger Möbles, als die Mohren von geringerem Stande. Hübsche Tapeten, eine mit feinen Linnen überzogene Matratze auf dem Boden, ein Ruhebett und ein Paar Europäische Bettstellen — das ist das Vorzüglichste, was sie enthalten. Die Gärten im Pallaste, deren es mehrere giebt, sind sehr angenehm. Man findet darin Orangen- und Olivenbäume, mannichfaltig gestellt und geordnet, und kleine Wasserströme, Springbrunnen und Teiche dazwischen. Die Gärten außerhalb des Pallastes sind weiter nichts, als große Striche Landes mit Mauern umgeben, ohne Ordnung mit Olivenbäumen bepflanzt, und mit vier quadratförmigen Spazierplätzen versehen.

Daß ich hier den Pallast beschreibe, ist eine Abweichung von der chronologischen Ordnung meiner Erzählung; denn die Ereignisse, wodurch ich mit dieser geheiligten Wohnung der Mohrischen Fürsten bekannt ward, erfolgten später, als meine Besuche in allen übrigen Gegenden der Hauptstadt.

Neuntes Kapitel.

Einführung bei dem Kaiser. — Unterredung mit Sr. Maurischen Majestät. — Nachricht von dem verstorbenen Kaiser Sidi Mahomet. — Sein Charakter — sein äußerst großer Geiz — sein elender Zustand. — Anekdoten von dem jetzigen Kaiser. — Anekdoten von Sidi Mahomet — seine Heuchelei und Betrügerei — seine Mildthätigkeit. — Kleinmüthiges Betragen der Europäischen Mächte. — Hofceremonien zu Marokko. — Erpressungen von Fremden. — Nachricht von den vorzüglichsten Staatsbedienten. — Charakter des verstorbenen Premierministers. — Einkünfte von Marokko. — Reichthum des verstorbenen Kaisers, der geringer war, als man gewöhnlich glaubt. — Armee des Kaisers. — Befehlshaber derselben. — Seine Seemacht. — Innere Regierung des Reiches. — Baschas. — Alkaiden. — Ell Haffum. — Kadi. — Art die Justiz zu verwalten. — Peinliche Strafen.

Nachdem ein Monath verflossen war, ohne daß ich Aussicht bekam, eine Audienz zu erhalten, stieg meine Aengstlichkeit zu einem solchen Grade, daß endlich meine Gesundheit aufs äußerste angegriffen ward. Für alle meine Aufmerksamkeit gegen die meisten Bedienten des Kaisers, die alle wieder ihrer Seits Gelegenheit hatten, mir zu dienen, glaubte ich endlich mit Recht eine kleine Erwiederung erwarten zu können. Aber sie betrugen sich — ganz mit der Betrüglichkeit, welche die Bewohner der Bárbárei *) von jeher ausgezeichnet hat — nur in meiner Gegenwart als meine wärmsten Freunde, und versicherten, sie würden ihren Einfluß bei dem Kaiser verwenden und ihn zu überreden suchen, daß er mich vor sich ließe. Unter der Menge war auch ein Mohr, Sidi Brahim, an den der Prinz mir gute Empfehlungsschreiben mitgegeben, und dem ich während einer langwierigen, in seiner Familie herrschenden Krankheit die unermüdetste Aufmerksamkeit bezeigt hatte. Er war von dem Prinzen angewiesen, mich sogleich nach meiner Ankunft bei dem Kaiser einzuführen und mir alle die Höflichkeiten zu erweisen, auf die ich nach einer solchen Empfehlung rechnen konnte. Alles das, glaubte ich, gäbe mir hinlängliches Recht zu der Erwartung, daß Sidi Brahim, sowohl aus Pflicht gegen seinen Prinzen, als aus Dankbarkeit, sich so gegen mich betragen würde, wie es sich bei so großen Verbindlichkeiten geziemte. Aber ich irrte mich sehr. So lange seine Familie unter meiner Sorgfalt war, begegnete er mir aufmerksam und gütig; als er aber meines Rathes nicht mehr bedurfte, erkaltete seine Freundschaft allmählich, so daß er endlich, wenn wir einander antrafen, sich meiner kaum zu erinnern schien. Doch, als ich mehr darüber nachdachte — was konnte ich von einem Manne erwarten, dem, ob er gleich jetzt sehr in Gnaden stand, sein Souverain einst, zur Strafe wegen seiner weltkundigen Verbrechen, den größten Theil des Bartes mit der Wurzel hatte ausreißen lassen?

Als mir die Hoffnung zu diesem Kanale fehlschlug, nahm ich meine Zuflucht zu einigen andern kaiserlichen

*) *Punica fides.* A. d. V.

Bedienten, denen ich Gefälligkeiten erwiesen, und die vielleicht noch größern Einfluß auf den Kaiser hatten, als selbst Sidi Brahim. Unter diesen waren der erste Minister und einer der vornehmsten Talbs des Kaisers. Aber sie behandelten mich eben so, wie Sidi Brahim; und wäre ich nicht zufällig zu einem der vornehmsten kaiserlichen Juden gerufen worden, um seiner Frau beizustehen, so hätte ich wahrscheinlich noch einige Wochen länger in demselben Zustande von ängstlicher Ungewißheit bleiben müssen. Dieser Mann verwandte sich zur Dankbarkeit für den Beistand, den ich seiner Frau geleistet, auf meine Bitte für mich bei dem Kaiser, und hatte Geschicklichkeit und Einfluß genug, ihn zu überreden, daß er mir gleich den nächsten Tag zur Audienz bestimmte.

An diesem zu meiner Einführung bei Hofe angesetzten Tage kamen Mittags gegen zwölf Uhr drei Negersoldaten, mit dicken Keulen in den Händen, zu meiner Wohnung, um mich nach dem Pallaste zu begleiten. Sie sagten mir, daß sie Befehl hätten, augenblicklich mit mir zurückzukommen, und mit ihrem Kopfe dafür hafteten, wenn sie die Ausführung dieses Befehles einen Augenblick verzögerten. Da ich mir nicht träumen ließ, daß mein Jüdischer Freund — denn so muß ich ihn wirklich nennen — meine Wünsche so unverzüglich befriedigt haben sollte, so war ich keinesweges auf die Audienz vorbereitet; und ich bat sie, nur einige Augenblicke zu warten, bis ich mich in Stand setzen könnte, in einer anständigen Kleidung vor dem Kaiser zu erscheinen. Aber, anstatt meine Bitte zu gewähren, wurden die Soldaten vielmehr ganz ungeduldig, und sagten: ich müßte entweder sogleich mit ihnen kommen, oder sie würden zurückgehen und den Sultan benachrichtigen, daß ich mich geweigert hätte, seinen Befehlen zu gehorchen. Nun war ich genöthigt, mich sogleich auf den Weg zu machen; und wirklich liefen wir alle in der größten Eile zum Schlosse. Als wir ankamen, ward ich zu einem von den Audienzmeistern geführt, der mir sagte, ich möchte nur draußen vor dem Schlosse warten, bis ich hereingerufen würde.

Da die Soldaten mich so schnell mit sich fortgenommen hatten, so erwartete ich, sogleich vor den Kaiser gelassen zu werden. Darin irrte ich mich aber sehr; denn man ließ mich auf dem Flecke, wohin man mich zuerst brachte, von zwölf Uhr Mittags bis fünf Uhr Abends stehen, so daß ich volle Zeit hatte, zu überdenken, was für eine Art von Menschen ich wohl an dem Kaiser finden, wie er mich aufnehmen, und was ich auf die Fragen, die er mir etwa vorlegen möchte, antworten könnte. Bei meinem Verhältnisse zu dem Prinzen, dem ich als Arzt gedient hatte, und bei dem Gedanken an die boshaften Gerüchte von meinem Betragen dabei, die in Marokko umherliefen, kam ich, wie der Leser leicht denken kann, auf eine Menge von Muthmaßungen über das wahrscheinliche Resultat dieser Audienz. Doch nachher setzte ich mein ganzes Vertrauen auf die Besserung des Prinzen, die ohne Zweifel bei dem Kaiser, wenn sie ihm ganz bekannt war, zu meinem Vortheil wirken mußte. Diese Vorstellung befreiete mich zuletzt gänzlich von der Menge ängstlicher Gedanken, die mich bei dem ersten Eintritt in den Pallast beunruhigten, so daß ich, als der Bote kam, um mich bei dem Kaiser einzuführen, ganz so ruhig und gesammelt war, als ob ich gar nicht Ursache hätte, mich zu fürchten.

Ich ward nun mit der größten Eile aus dem Hofe, wohin man mich zuerst gebracht hatte, durch zwei oder drei andere bis zu dem Thore geführt, welches sich in den Hof öffnete, wo der Kaiser mich erwartete. Hier hielt der Audienzmeister mich einige Zeit auf, weil ich ihm das Geschenk verweigerte, das Europäer dem Kaiser zu machen pflegen, wenn er sie mit einer Audienz beehrt. Man hatte mich freilich vorläufig damit bekannt gemacht, daß Niemand, der nicht ein hübsches Geschenk mit sich bringe, vor Sr. Majestät erscheinen dürfe; aber ich glaubte, meine

Lage sey in jeder Hinsicht so ganz von der Lage anderer Fremden, welche diesen Hof besuchten, verschieden, daß ich dem Ceremonienmeister sagte: wenn er fortführe, mir den Eingang zu verweigern, so würde ich sogleich wieder nach Hause gehen.

Da der Maur sah, daß ich fest entschlossen war, seine Forderung nicht zu bewilligen, und da er wußte, daß der Kaiser auf mich wartete: so scheute er sich, meine Einführung einen Augenblick länger zu verzögern. Ich ward daher in der größten Geschwindigkeit vor Se. Majestät gebracht, und angewiesen, mich und meinen Dolmetscher so zu stellen, daß er mich sehen könnte, ohne mich übrigens seiner Person zu sehr zu nähern.

Der Mohr, der mich einführte, warf sich, sobald er dem Kaiser vor die Augen kam, auf die Erde, küßte sie, und rief auf Arabisch mit der größten Unterthänigkeit aus: „Gott erhalte den Sultan!„ Der Kaiser befahl ihm, sich zu nähern, und vorzubringen, was er zu sagen hätte. Er berichtete Sr. Majestät, daß er, Ihrem Befehle zufolge, den Englischen Arzt vor Sie gebracht hätte; und dann zog er sich, nach einer sehr tiefen Verbeugung, zurück. Der Kaiser verlangte sogleich, daß ich und mein Dolmetscher uns ihm nähern sollten; aber nachdem wir bis auf zehn Schritte an ihn heran gegangen waren, kamen zwei Soldaten auf uns zu, zupften uns am Rocke, und thaten uns zu wissen, daß wir uns nicht herausnehmen müßten, ihm noch näher zu treten.

Ich fand den Monarchen auf einem seiner offenen Höfe in einer Europäischen Post=Chaise sitzen, vor welche ein Maulesel, mit einem Führer auf jeder Seite, in eine Gabel gespannt war. Hinter dem Fuhrwerke standen Soldaten zu Fuß, einige Neger und Mauren in zwei Divisionen, die zusammen einen halben Mond bildeten. Einige von den Soldaten waren bloß mit dicken Keulen bewaffnet; andere aber hatten Flinten, die sie senkrecht dicht an den Leib hielten.

Nachdem der Kaiser mich ganz genau, mit der größten Aufmerksamkeit und nicht geringem Stolz in der Miene, vom Kopf bis zum Fuße betrachtet hatte, fragte er den Dolmetscher mit sehr rauher Stimme: ob ich der christliche Doktor wäre, der dem Muley Absulem gedient hätte? Ich ließ ihm antworten, der sey ich. — „Wie kamst Du ins Land? wurdest Du auf Befehl Deines Königs geschickt? oder von wem sonst?" — Um meinem Besuche mehr Wichtigkeit zu geben, antwortete ich: Auf Befehl der Regierung. — „Wo hast Du Deine Kunst gelernt, und wie heißt der Mann, der sie Dich lehrte?" — Ich unterrichtete Se. Majestät davon. — „Weswegen sind die Französischen Wundärzte besser, als die Englischen? und welche hältst Du für die besten?„ — Ich antwortete: Die Französischen sind sehr geschickt; aber man muß einräumen, daß die Englischen im Ganzen über ihnen stehen, weil sie wissenschaftlicher erzogen werden. Der Kaiser merkte nun an, daß einmal ein Französischer Wundarzt ins Land gekommen wäre, und in seiner Praxis verschiedene Leute getödtet hätte.

Darauf fragte Se. Majestät ganz mürrisch: „Warum hast Du dem Muley Absulem das Theetrinken untersagt?„ — Ich erwiderte; Muley Absulem hat sehr schwache Nerven, und Thee schadet dem Nervensystem. — „Wenn aber der Thee so ungesund ist, warum trinken ihn die Engländer so viel?" — Es ist wahr, antwortete ich, sie trinken ihn zweimal des Tages; aber keinen so starken wie die Mohren. Auch gießen sie gemeiniglich Milch dazu, was seine schädlichen Wirkungen verringert. Allein wenn die Mohren einmal anfangen, trinken sie ihn sehr stark, in Menge und sehr oft ohne Milch. — „Du hast Recht," sagte der Kaiser; „ich weiß, daß zuweilen die Hände davon zittern." Nach dieser Unterredung brachte man mir etwa zwölferlei aus verschiedenen Kräutern destillirte Wasser, die ich kosten mußte, um dem Kaiser zu sagen, wie sie beschaffen, welche heiß, welche kalt wären u. s. w.

Nun ließen Se. Majestät sich herab, vertraulicher und freundlicher in Ihrer Rede zu werden, machten mich auf den Schnee des Atlasgebirges aufmerksam, nach welcher Seite sich das Fuhrwerk sogleich hinwandte, und verlangten zu wissen, ob es dergleichen auch in unserem Lande gäbe. Ich antwortete ihm: wir hätten zur Winterszeit häufig und in großer Menge Schnee; in England wäre ein weit kälteres Klima, als in Marokko. Darauf bemerkte der Kaiser: wenn jemand es wagte, auf den Gipfel des Gebirges zu gehen, so müßte er vor Kälte sterben; jenseits des Gebirges aber sey eine sehr schöne, ebene und fruchtbare Gegend, welche Tafilet genannt werde.

Da ich sah, daß der Kaiser nun bei guter Laune war, so ergriff ich die Gelegenheit, zu erwähnen, wie empfindlich die boshaften Gerüchte, die seit einiger Zeit zu meinem Nachtheile umhergingen, mein Ehrgefühl verwundet hätten; sie wären von der Art, daß ich sehr wünschen müßte, man möchte meinen Charakter dadurch ins Reine bringen, daß eine ordentliche Untersuchung sowohl über den jetzigen Gesundheitszustand des Prinzen, als über die Beschaffenheit der Arzneien, die ich ihm gegeben hätte, angestellt würde. Der Kaiser erwiderte: er habe bereits seinem Mohrischen Arzte befohlen, meine Arzneien ganz genau zu untersuchen; und dieser hätte erklärt, daß er nichts Unschickliches darunter finden könne. Indeß ist es ganz klar, daß der Kaiser irgend einen Argwohn geschöpft haben mußte, da er heimlich nach den Arzneien geschickt hatte, um sie genau untersuchen zu lassen. Deswegen mußte ich es für einen sehr glücklichen Umstand halten, daß des Prinzen Gesundheit so günstig war.

Nach einer ziemlich langen Unterredung, deren vorzüglichste Gegenstände ich kurz anzugeben gesucht habe, befahl der Kaiser, da es schon spät am Abend war, einem seiner Diener, mich nach Hause zu seinem Juden zu bringen, und ihm zu sagen, daß er mir alle mögliche Sorgfalt beweisen sollte. Er setzte noch hinzu: ich wäre ein guter Mann und Muley Abſulem's Arzt; auch wolle er mich zu meiner vollkommenen Zufriedenheit wieder in mein Vaterland zurückkehren laſſen. Hierauf befahl er, ihn wegzufahren.

Da ich mich nun als losgeſprochen von den mir gemachten Beſchuldigungen anſah, und durch des Kaiſers Verſprechungen in der Audienz aufgerichtet war; ſo ging ich freilich mit weit leichterem Herzen zurück, als ich mich rühmen kann, bei meiner Ankunft gehabt zu haben. Ich wartete jetzt nur noch auf die Ankunft des Prinzen zu Marokko, der, wie ich glaubte, den Kaiſer in ſeinen guten Geſinnungen gegen mich beſtärken, und meine Lage ſo angenehm machen ſollte, wie ich es nur erwarten könnte. Mit ſolchen lebhafte Hoffnungen mögen wir uns ja immer gern ſchmeicheln, wenn wir mit Schwirigkeiten zu kämpfen gehabt haben, und ſich dann nur die kleinſte Ausſicht zur Rettung öffnet!

Abends ward mein Zimmer mit einer Menge von Dienern des Kaiſers angefüllt. Sie kamen, um mir zu der Ehre Glück zu wünſchen, die mir durch den Anblick ihres königlichen Herrn zu Theil geworden war, und zugleich die Geſchenke zu fordern, die ihnen, wie ſie ſagten, bei ſolchen Gelegenheiten alle Europäer zu machen pflegten. Ich mußte mich freilich einigermaßen zu ihren Forderungen bequemen, da ich kein anderes Mittel ſah, mich von ihrer unverſchämten Ueberläſtigkeit zu befreien.

Ich fand an dem Kaiſer Sidi Mahomet einen langen, hagern Greis, beinahe von achtzig Jahren, und mit einer krankgelben Farbe. Da er ein langes Geſicht hatte und mit einem Auge ſchielte, auch eine mürriſche Miene ihm zur Gewohnheit geworden war: ſo lag in ſeinem erſten Anblick für einen Fremden viel Abſchreckendes. Aber dieſer Eindruck ward bald durch ſeine Leutſeligkeit in der Unterhaltung gehoben; denn er lenkte ſie immer nur auf Gegenſtände, von denen er glaubte, daß ſie für die Perſon, mit der er ſprach, am ſchicklichſten wären. Zugleich zeigte er großes Verlangen, sowohl sich zu unterrichten, als die Geschicklichkeiten Anderer kennen zu lernen. Einige Jahre vorher hatte er den Gebrauch seiner Füße in so weit verloren, daß er nicht mehr gehen konnte. Dies rührte wahrscheinlich davon her, daß er sie zu wenig brauchte, weil er immer entweder zu Pferde oder im Wagen zu seyn pflegte. Als ich ihn sah, waren seine Augenbrauen und sein Bart, die, wie man mir sagte, zuvor sehr schwarz gewesen, ganz weiß geworden, und seine Stimme sehr schwach. Seine Kleidung war der gewöhnlichen Maurischen vollkommen gleich, und nur in der Feinheit der Zeuge verschieden, so daß er sich vor seinen Unterthanen bloß durch das stärkere Gefolge, durch das Fahren in einem Wagen, oder, wenn er ritt, durch den vor ihm her getragenen Sonnenschirm auszeichnete.

Sidi Mahomet scheint, nach seinem Verhalten während seiner Regierung im Allgemeinen und nach seinen Unterredungen zu urtheilen, viele natürliche Talente gehabt zu haben, durch die er, wenn sie durch Erziehung ausgebildet worden wären, ein großer Monarch hätte werden können. Aber wegen dieses Mangels an Erziehung, und wegen des Aberglaubens und unedlen Geistes in seiner Religion, war er fähig geworden, sich oft zu Grausamkeiten hinreißen zu lassen; und der Besitz einer unumschränkten Macht gab seinem Charakter die unerträgliche Kaprize, welche die Mohrischen Fürsten immer ausgezeichnet und verhaßt gemacht hat.

Da er von Jugend auf geizig war, so richtete er seine ganze Aufmerksamkeit darauf, Geld anzuhäufen; und bloß aus diesem Bewegungsgrunde handelte er in Rücksicht der Europäischen Kaufleute so, daß er ihnen mehr Aufmunterung geben zu wollen schien, als irgend einer seiner Vorgänger. Er bedrückte sie aber auch, wie bekannt, bei Gelegenheit so mit schweren Auflagen, daß sie ihre Schiffe leer wieder nach Hause schicken mußten. In der Hoffnung, seine Schätze noch zu vergrößern, ward Sidi Mahomet selbst Kaufmann, nahm von den Europäern Waaren, und zwang die Juden, ihm fünffach den Werth derselben zu bezahlen, so daß er sich jedes nur ersinnlichen Mittels, reich zu werden, bediente. Da er bis zu einem solchen Grade geizig und von Natur sehr feig war, so ließ er sein Hauptaugenmerk den Frieden seyn; denn er sah wohl ein, daß Krieg ihn weder bereichern, noch sonst in irgend einer Rücksicht zu seinem Vergnügen etwas beitragen würde.

Man findet in seiner Regierung freilich weit weniger Beispiele von Grausamkeit, als bei irgend einem seiner Vorgänger; aber in frechen Angriffen auf das Privatvermögen der Unterthanen übertraf er sie gewiß alle. Er war immer von Leuten umgeben, die, um sich bei ihm einzuschmeicheln, zu jeder Zeit Nachrichten von reichen Leuten in Bereitschaft hatten. Dann verfuhr er gewöhnlich auf folgende Art: Er erfand irgend einen Grund, sie verhaften zu lassen; half ihm dies nicht zur Befriedigung seiner Wünsche, so ließ er sie in Eisen schmieden, an den Boden ketten, und mit der äußersten Grausamkeit behandeln, bis die unglücklichen Schlachtopfer endlich, von Peinigungen und Mißhandlungen ermattet, ihm ihr ganzes Vermögen überlieferten. Dafür bekamen sie denn nichts, als ihre Freiheit, Gelegenheit sich wieder ihr Brot zu erwerben, und vielleicht noch einmal die Beute des räuberischen Monarchen zu werden. Selbst die von seinen Söhnen, die in Freundschaft mit ihm lebten, machten ihm beständig Geschenke, als wenn sie dasselbe Schicksal fürchteten. Es ging einmal, nachdem ich das Land verlassen hatte, ein starkes Gerücht, daß mein Kranker, Muley Absulem, der einzige Sohn, gegen den der verstorbene Kaiser viele Zuneigung bewies, von seinem Vater seiner Reichthümer, die man wirklich für sehr beträchtlich hielt, größtentheils beraubt worden wäre.

Laster findet man niemals allein; und mit Geiz und Feigheit stehen Argwohn und Eifersucht in der natürlichsten Verbindung. Da Sidi Mahomet wohl wußte, wie

wenig

wenig er die Liebe seines Volkes verdiene; und da er neuerlich erfuhr, daß er sie gänzlich verloren hätte, so war er
in beständiger Furcht vor Meuchelmord und Vergiftung.
Auf diese Art führte er ein höchst trauriges Leben, und
diente den Despoten zum Beispiele und zum lebendigen Beweise, daß jenes Gemälde, welches ein sarkastischer Geschicht-
schreiber uns von einem Römischen Tyrannen aufgestellt
hat, gar nicht übertrieben ist. Er that selten einen Schritt
aus seinem Pallaste, ohne von einem zahlreichen Trupp
Soldaten umgeben zu seyn; und selbst gegen diese hatte
er beständig Argwohn. Zur Nachtzeit waren immer sechs
große Jagdhunde in seinem Zimmer; denn er traute un-
vernünftigen Geschöpfen mehr, als Menschen, und hielt
jene für zuverläßigere Wächter, als seine Soldaten. Seine
Speisen wurden vor seinen Augen zubereitet und gekostet;
und ob er gleich Niemand mit sich essen ließ, so waren doch
einige von seinen Söhnen oder Ministern in demselben Zimmer, die dann etwas von seiner Schüssel bekamen. Um das
Elend dieses unglücklichen Greises voll zu machen, lebte er in
beständiger Furcht, von seinem ältesten Sohne, Muley Jazid (dem jetzigen Kaiser) besiegt zu werden, der, wegen
übler Behandlung von seinem Vater, den Hof heimlich
verlassen und sich in eine Heiligenkapelle, nahe bei Tetuan, geflüchtet hatte.

Dieser Prinz, dessen Großmutter (Mutter) eine Englän-
derin war*), hatte sich durch Edelmuth und große Talente die
allgemeine Hochachtung des ganzen Landes erworben. Ob er
gleich damals arm, und nur von vier Dienern begleitet war,
so besaß er doch großen Einfluß. Er hätte nur einen Schritt
thun, und sagen dürfen, es fehle ihm an Geld und Trup-

---

*) Muley Jazid, oder, wie unser Verfasser den Namen nach
Englischer Orthographie schreibt, Yazid, ist 1750 geboren.
Seine Mutter war die Lella Scherbetta, die Tochter eines Englischen Renegaten. Er soll sehr weiß und schön von
Gestalt seyn. Von seinem Vater ward er wohl besonders deswegen gehaßt, weil er mit einer von dessen Frauen zu vertraut
geworden war. 3.

pen: so würde er in Kurzem an der Spitze einer Arme gewesen seyn, die den Kaiser bald hätte überwältigen müssen. Aber aus Pflichtgefühl, vielleicht auch aus Politik, wollte er diesen Schritt nicht gern thun. Er wußte nehmlich, daß sein Vater nicht lange mehr leben, und daß nach dessen Tode ihm der Thron gewiß zu Theil werden würde. Doch, dessen ungeachtet konnte der Kaiser niemals seine Besorgniß unterdrücken; er schickte, als ich zu Marokko war, eine Armee von fünftausend Schwarzen mit dem Befehle ab, sich an der Heiligenkapelle zu vergreifen und den Prinzen wegzuführen. Aber man gehorchte diesem Befehle nicht, weil der Anführer sich nicht hinlänglich auf die Soldaten verlassen konnte; und der Prinz blieb ungestört in der Kapelle, bis sein Vater starb.

Um die Klugheit und den Scharfsinn Muley Jazid's zu zeigen, muß ich mir die Erlaubniß erbitten, einen Vorfall zu erzählen, der sich kurz vor dieser Zeit zugetragen hatte. Der Kaiser gab den Leuten, unter deren Aufsicht jene Kapelle stand, ausdrücklichen Befehl, den Prinzen mit Gewalt herauszutreiben; auch versicherte er: wenn sie es nicht thäten, so wollte er Soldaten schikken und in der Nachbarschaft der Kapelle Männer, Weiber und Kinder dem Schwert überliefern. Die Leute waren zwar dem Prinzen ergeben; aber der Befehl setzte sie in Furcht. Sie meldeten dem Prinzen treulich des Kaisers Willensmeinung, und setzten hinzu: da ihr Leben auf dem Spiele stände, so erwarteten sie von ihm, daß er sich entfernen würde. Zugleich empfahlen sie ihm eine andere, nicht weit von dieser entlegene Kapelle, wo er gleichfalls eine Zuflucht finden könnte. Der Prinz ist einer der besten Reiter im Lande, und besaß ein Pferd, das er ganz in seiner Gewalt hatte. Er versprach sogleich abzugehen, und bestieg zu dem Ende sein Pferd. Aber, wie groß war ihr Erstaunen, als sie sahen, daß das Pferd nicht von der Stelle wollte, ungeachtet der Prinz Peitsche und Sporn gebrauchte, um es dazu zu bringen. Und nun rief der Prinz aus: „Ihr sehet deutlich, es ist Gottes Wille, daß ich hier bleiben soll; und daher wird keine andere Macht mich von hier weg bringen." Dies that solche Wirkung auf die abergläubischen Leute, daß sie lieber sich der Rache des Kaisers aussetzen, als dem entgegen handeln wollten, was so augenscheinlich Gottes Wille war.

Was die andern Charakterzüge des Kaisers betrift, so scheinen seine Laster erst aus seiner unbeschränkten Macht, die das menschliche Herz so sehr verderbt, ihren Ursprung genommen zu haben; denn er war der allerunumschränkteste Monarch, der über Leben und Eigenthum seiner Unterthanen nach Willkühr zu gebieten hatte. Wem könnte man unter solchen Umständen trauen! ja, wer würde sich selbst trauen! Kann man sich wundern, wenn man einen Menschen in dieser Lage sich einer ungezähmten Rachsucht überlassen sieht? Dahin muß man sein Verfahren gegen einen armen Juden rechnen, der unvorsichtiger Weise etwas zu des Kaisers Nachtheile geschrieben hatte. Er ließ ihn wegen dieses leichten Vergehens lebendig viertheilen, in Stücken hauen und sein Fleisch den Hunden vorwerfen.

Eben so betrug sich Sidi Mahomet bei einer andern Gelegenheit gegen einen Mohren von einigem Ansehen. Dieser, ein sehr reicher Mann, gab bei der Verheirathung seines Sohnes ein großes Fest. Der Kaiser, der gerade in der Nachbarschaft war, wußte wohl, daß Pracht ein starker Beweis von Reichthum ist, und beschloß, bei der Feierlichkeit gegenwärtig zu seyn, damit er sich genau von den Umständen des Mohren unterrichten könnte. Deswegen verbarg er sich in der Kleidung eines gemeinen Mannes, und ging in das Haus, wo Alle in der größten Fröhlichkeit, und vielleicht auch ausgelassen waren. Da der Ceremonienmeister einen, dem Aeußeren nach geringen Mann sich so dreist in das Zimmer eindrängen sah, so wies er ihn hinaus; und als der Fremde sich weigerte, gab er ihm einen Stoß mit dem Fuße, und trieb ihn mit Gewalt aus dem Hause. Man bekümmerte sich nachher gar nicht weiter um diesen Vorfall, und würde wahrscheinlich nie wieder daran gedacht haben, wenn nicht kurz nachher der Herr des Hauses zu seinem größten Erstaunen den Befehl erhalten hätte, unverzüglich nach Marokko zu kommen. Man führte ihn zu dem Kaiser, und dieser fragte ihn, ob er sich der Umstände erinnerte, die ich so eben erzählt habe. Als er dies bejahete, erwiderte der Kaiser: „Wisse denn, ich war der Mohr, den du so schimpflich behandelt hast; und um dich zu überführen, daß ich es nicht vergessen habe, sollen der Fuß und die Hand, die mich beleidigten, vernichtet werden." — Ich habe dies unglückliche Opfer der Tyrannei mit Einem Arme und Einem Beine auf den Straßen umhergehen sehen.

Sidi Mahomet war sich seiner Macht und Würde genug bewußt, und hielt jeden in der demüthigsten Entfernung von seiner Person, so daß niemand es wagte, sich ihm ohne seine Erlaubniß zu nähern, oder mit ihm zu sprechen. Er fühlte auch sehr wohl, zu welchen Ausschweifungen ungezähmte Leidenschaft ihn hinreißen könnte; daher befahl er, wenn er merkte, daß seine Seele nicht in Ruhe war, daß jedermann ohne Unterschied sich entfernen sollte. Man wird leicht glauben, daß keine Schwierigkeiten gemacht wurden, diesem Befehle des Monarchen zu gehorchen; denn jeder wußte nur zu gut, daß dann Alles, selbst der Verlust des Lebens, zu befürchten stand, wenn man ihm länger vor Augen blieb.

Die einzigen Personen, welche beträchtlichen Einfluß auf ihn hatten, waren seine Weiber; und durch diesen Kanal konnte man am besten etwas bei ihm ausrichten.

So viel von den Fehlern, die aus der willkührlichen Gewalt entspringen. Seinen betrügerischen, heuchlerischen und falschen Chatakter aber kann man nicht unmittelbar aus dieser Quelle ableiten, man müßte ihn denn als eine nothwendige Folge der Erziehung an einem despotischen Hofe betrachten. — Um die Handlungen zu bemänteln, von denen Sidi Mahomet vorhersah, daß sie

Mißbilligung und Widerwillen erregen mußten, suchte er seine Unterthanen zu überreden, daß Bewegungsgründe der Religion und der Gerechtigkeit ihn dazu vermöchten; und um dies noch mehr zu bestätigen, trat er selbst in die Brüderschaft der Heiligen, und widmete allen, seiner Religion eigenen abergläubischen Meinungen und Gebräuchen die größte Aufmerksamkeit. Für den unwissenden Theil des Volkes paßte sich dies Betragen sehr gut; der aufgeklärtere aber mußte merken, daß der Kaiser mehr auf die Ceremonien, als auf die Grundsätze seiner Religion hielt, da er sich kein Gewissen daraus machte, diese, so oft es ihm nur vortheilhaft war, zu verletzen. Was er heute versprach, schlug er morgen ab, so daß man sich auf sein Wort nie verlassen konnte. Ueberdies besaß er auch noch ein großes Maaß von jener niedrigen List, welche solche Personen, deren Gesinnungen und Empfindungen nicht durch die Wissenschaften verfeinert sind, gemeiniglich zu haben pflegen. Vielleicht fand er sie indeß nicht undienlich, um ein Volk, wie die Mohren, zu regieren; und niemand kannte ihren Charakter und ihre Art besser, als er. Er wußte wohl, daß durch unzeitige Vertraulichkeit sehr oft die Ehrerbietung verloren geht; deswegen hielt er sich in der stolzesten Entfernung von seinen Unterthanen, und zeigte sich ihnen nur selten. Hierdurch behielt er immer sein Ansehen; und sein Betragen, so wie seine Eigenschaften, wurden in den undurchdringlichen, furchtbaren Nebel gehüllt, der die Serails der Orientalischen Monarchen umgiebt.

Daß während seiner langen Regierung so wenig Rebellionen gewesen sind, ist ein entscheidender Beweis, daß er seine Unterthanen zu regieren verstand. Sobald in irgend einer Provinz Neigung zu einem Aufruhr merklich ward, schickte er sogleich ein Korps Truppen dahin, das die ganze unzufriedene Provinz plündern und die Aufrührer gefangen nehmen mußte. Diese brachte man dann ohne Verzug vor das Gericht, und bestrafte sie dem Grade ihres Verbrechens gemäß. Einige wurden zum

Tode verdammt, Andren Hände und Füße abgehauen, und die, das wenigste verbrochen hatten, bekamen die Bastonade. Er hielt in verschiedenen Distrikten Leute, welche auf die Bewegungen seiner Unterthanen Acht haben und ihn von jedem Zeichen einer Empörung benachrichtigen mußten. So konnte er durch zeitige Gegenanstalten die Rebellion in der Geburt ersticken.

In seinem Betragen gegen fremde Mächte zeigte Sidi Mahomet dieselbe Geringschätzung für Gerechtigkeit und Redlichkeit, dieselbe Verschlagenheit und List. Er versprach bereitwillig jede Forderung, sobald er vorhersah, daß man ihm seine Bewilligung gut bezahlen würde; es müßten aber wahrlich ansehnliche Geschenke gewesen seyn, die ihn hätten bewegen können, sein Versprechen zu halten. Um sich und seine Staatsbediente zu bereichern, zog er die Unterhandlungen in die Länge; ja, er vermied es immer so viel er nur konnte, sie dadurch, daß er das Gesuch entweder gewährte oder abschlug, zu Ende zu bringen.

Wenn fremde Mächte ihm den Tribut nicht bezahlten, den er gefordert hatte, so drohete er sogleich auf die nachdrücklichste Art, Feindseligkeiten anzufangen. Doch hiermit war es ihm niemals Ernst; denn er fürchtete sich mehr vor seinen Feinden, als diese es vor ihm nöthig hatten. Fand er nun, daß sie mit ihm darüber nicht in Streit leben wollten, so erhöhete er seine Forderungen dem gemäß.

Um sein Ansehen zu vergrößern, bemühete er sich, seine Unterthanen zu überreden, er wäre sehr geschickt in Dingen, von denen sie gar nichts verständen; und um den Schein der Geschicklichkeit zu behalten, wählte er, wenn er Europäern Audienz gab und der Fremde ein Kaufmann war, die Manufakturen, den auswärtigen Handel u. s. w. zum Gegenstande des Gespräches; war es eine Militärperson, so unterhielt er sich mit ihr von Festungen, Angriffen u. dgl.; und einem Seemanne krizelte er auf einem Stückchen Papier eine Karte von seinen Küsten und

Häfen vor. Zwar sagte er über diese Gegenstände selten etwas zur Sache Gehöriges; da aber die Fremden gemeiniglich nur in der Absicht, eine Gnade von ihm zu erhalten, Audienz bei ihm suchten, und da es nie Sitte gewesen ist, Königen zu widersprechen: so stimmten sie immer seiner Meinung bei, oder gaben wenigstens vor, daß sie seine ausgebreiteten Kenntnisse bewunderten. Dies entsprach den Absichten des Kaisers völlig, da es seinen Unterthanen eine große Meinung von seinem Verstande beibrachte, und da er durch die Antworten der Fremden auf seine Fragen oft einige gründliche Belehrung erhielt.

Sidi Mahomet widmete dem Militair mehr Aufmerksamkeit, als der Schifffahrt, ob er gleich, wenn irgend eine Macht sich weigerte, ihm eine Fregatte auszubessern, dies als einen hinlänglichen Bewegungsgrund ansah, ihr mit Krieg zu drohen. Er hielt sich für völlig geschickt in der Fortifikationskunst; seine Kenntnisse darin erstreckten sich aber bloß auf wenige verlorne Winke, die er von den am Hofe gewesenen Europäern aufgefangen hatte.

In seinem Hofe und in seinem Persönlichen affektirte Sidi Mahomet große Simplicität, indem selbst seine eigenen Söhne nicht anders, als in schlichter Mohrischer Kleidung, vor ihm erscheinen durften. Sie mußten dann ihre Mütze oder ihren Turban abnehmen, — dies thut der Mohr schon nicht anders, als wenn er zu Bette geht — statt des Haik den Sulam, einen weißen oder blauen wollenen Mantel, anhaben, dessen Vordertheil über die Schultern schlagen, und sobald sie dem Kaiser vor die Augen kamen, sich vorwärts auf die Erde hinstrecken, diese küssen und dabei ausrufen: „Gott segne den Kaiser!" Dann befahl er ihnen, sich zu nähern und mit ihm zu reden.

Zwar betrug er sich im Ganzen stolz; aber doch weiß man, daß er sich bisweilen herabließ, und bei Gelegenheit Vergnügen daran fand, sich mit seinen Hofleuten über mancherlei Gegenstände zu unterhalten. Sie durften dann aber nicht ihre eigene Meinung vorbringen, sondern ihm bloß über das, was er sagte, ihren Beifall bezeugen. Oft sprach er mit ihnen über Religion, und hielt sich für sehr darin unterrichtet. Bisweilen bemühete er sich, ihnen verschiedene Stücke aus dem Koran zu erklären, wobei er die Schönheiten desselben zeigte, und seinen Zuhörern die intolerantesten Vorurtheile gegen die Christen beibrachte.

Die Mischung von Gutem und Bösem, die im menschlichen Charakter so gewöhnlich ist, fand man auch bei Sidi Mahomet. Aber ungeachtet dessen, was ich von seinem Geize, seiner Falschheit und seinem ungereimten Anspruche auf Religion gesagt habe, giebt es doch einige Umstände, die dazu dienen, unsern Unwillen gegen ihn zu verringern. Gerechtigkeit und Aufrichtigkeit fordern, daß ich auch diese angebe. Man gesteht allgemein zu, daß, wenn er auch bei einer Vergleichung mit Fürsten freier und gebildeter Nationen verlieren muß, er doch, mit seinen despotischen Vorgängern verglichen, von weit menschlicherem Charakter gewesen ist. Selten, oder nie, verübte er muthwilliger Weise Grausamkeiten. Gewiß sprach er zuweilen zu rasch das Urtheil über Verbrecher; aber man weiß, daß er oft die bitterste Reue darüber bezeugt hat. Seiner Bemühung, die üblen Folgen seiner Leidenschaften zu verhüten, haben wir schon erwähnt.

Bei der Verwaltung der Gerechtigkeit war er im Ganzen sehr unpartheiisch; nur durfte sein eigenes Interesse dabei nicht unmittelbar ins Spiel kommen, weil dann freilich jede andere Empfindung nachstehen mußte. Es läßt sich indeß nicht leugnen, daß, obgleich er selbst die Gesetze offenbar übertrat, er sie doch in so fern achtete, daß er keinem Andern erlaubte, sein Beispiel zu befolgen. Bei allem seinem außerordentlichen Geize, gab er, wie schon angeführt worden ist, in einigen traurigen Fällen von allgemeinem Elend doch freigebig seine Schätze her, um den Unglücklichen dadurch Erleichterung zu verschaffen; und die Menge von armen Leuten, die ich selbst mit meinen

Augen täglich in seinem Pallaste speisen sah, beweist völlig, daß es ihm nicht ganz an Mildthätigkeit fehlte. Die Europäer gingen mit mehr Muth zu ihm, und der Handel ward unter seiner Regierung weniger gestört, als jemals vorher.

So war dieser Monarch eine sonderbare Mischung von Güte und Intoleranz, von Geiz und Mildthätigkeit, von Grausamkeit und Mitleiden. Vielleicht kann man nur in einem despotischen Staate einen so vermischten Charakter finden; denn der Zwang, den im civilisirten Leben die Gesetze auflegen, wird zur Gewohnheit: excentrisches Wesen, oder seltsame Launen, wozu Umstände, Lage, Gesundheitszustand, oder vielleicht auch Verschiedenheiten des Klima, den Menschen geneigt machen, trift man in Europäischen Staaten entweder gar nicht mehr, oder doch in geringerem Grade, an. Es ist sehr heilsam, wenn uns Zwang angethan wird, uns vom Bösesthun abzuhalten. Der Mensch ist nicht zu unbeschränkter Macht geboren. Sein Blick ist so begränzt, seine Neigungen sind so veränderlich, seine Leidenschaften so gewaltsam und tyrannisch, daß selbst der Weiseste gewiß keine unbedingte Macht wünschen, und selbst der Beste, wenn man sie ihm anvertrauete, sie wahrscheinlich mißbrauchen würde.

Von dem Betragen des vorigen Kaisers gegen fremde Höfe habe ich schon geredet, so wie auch von seinem Mittel, ihnen Geld abzupressen, da er sie nehmlich mit einem Kriege bedrohete, wovor er sich eigentlich vielleicht selbst fürchtete. Ich glaube, daß nun auch einige Bemerkungen, wie sie sich gegen ihn benahmen, hier nicht am unrechten Orte stehen werden.

Der erste und natürlichste Gedanke, der sich hier aufdrängt, ist der, daß nur die größte Nachlässigkeit oder gar nicht zu entschuldigende Unwissenheit die meisten Europäischen Mächte verleiten konnte, gewissermaßen einem Fürsten zinsbar zu seyn, der weder eine Armee hatte, noch etwas, was den Namen einer Flotte verdiente, und dessen

Volk sich vielleicht unter allen am wenigsten zu Unternehmungen schickt.

Was hatten sie denn von ihr zu fürchten? Seine ganze Flotte bestand aus einigen wenigen kleinen, übel geführten und schlecht bemannten Fregatten und Ruderbooten, welche alle zusammen von zwei oder drei gut ausgerüsteten Europäischen Fregatten in einem Tage hätten können vernichtet werden*). Die Eingänge in die Häfen, wo er seine Schiffe hatte, Tanger und Larache ausgenommen, überschwemmt, wie ich schon bemerkt habe, alle immerfort so viel Sand, daß in kurzer Zeit nur Fischerboote und die allerkleinsten Kähne werden hinein kommen können. Von den Städten ist keine regelmäßig befestigt, außer Mogadore; dies kann aber kaum ein halbes Dutzend Leute aufweisen, die nur im Geringsten mit Kanonen umzugehen wissen. Und eine so verächtliche Macht gab der ganzen Küste von Spanien und Portugall Gesetze; ja, man kann gewissermaßen sagen, daß sie den Eingang in das mittelländische Meer beherrscht**)!

*) Im Jahr 1771 bestand die Kaperflotte aus elf Fahrzeugen. Hierzu kamen im folgenden Jahre noch neun andere neue Kaper, größtentheils Galiotten von zwei Kanonen. Dies war, sagt Höst, wohl die stärkste Flotte, die man jemals in Marokko gesehen hatte. Diese Schiffe werden in Salec und Tetuan größtentheils von Renegaten erbaut. Man braucht dazu Eichenholz von Fez, und den schon oben beschriebenen Baum Araa, der zuweilen stark genug wird. Aber Planken, Masten, Segel, Thauwerk, Theer und Eisenwerk kommen aus Europa. Diese Raubschiffe haben an ihrem Hintertheile ein besonderes Zeichen, nehmlich die Form von zwei Pantoffeln, welche die Pantoffeln Muhameds andeuten sollen. Nur der König (oder Kaiser) bauet Schiffe, und ernennt die Kapitaine. Ein solcher Kapitain oder Reis, hat aber am Bord nicht das Recht über Leben und Tod. Uebrigens sind diese Leute im Ganzen nur schlechte Seefahrer, und wagen sich selten weit über die Meerenge von Gibraltar hinaus. 3.

**) Ein vortreflicher Staatsmann, Gesandter von einer der hier genannten Mächte an einen auswärtigen Hof, hat bereits vor mehreren Jahren seinem Hofe einen sehr vernünftigen Plan vorgelegt, wie man mit einigen wenigen Kriegesfregatten den Seeräubereien dieser Barbaren auf immer ein Ende machen könnte. Aber bis jetzt ist dieses vernünftige Projekt, so wie viele andre, leider noch nicht angenommen worden. 3.

Man könnte antworten: es sey eine zu unbedeutende Macht, um Aufmerksamkeit zu verdienen. Warum wurden denn aber ungeheure Geschenke verschwendet, um sie sich gewogen zu erhalten? Wer sich einbildete, sich hierdurch des Kaisers Freundschaft zuzusichern, irrte sehr; im Gegentheil nährte er gerade dadurch dessen unersättlichen Geiz. Schenkte man ihm heute Eine Fregatte, so forderte er morgen zwei; und je mehr man seinen Forderungen nachgab, desto mehr wuchsen seine ungeordneten Begierden.

Wer mit Mohren umgegangen ist, weiß, daß man ihnen erst sein Uebergewicht zeigen muß, wenn man sich ihrer Freundschaft versichern will, und daß dann ein unbedeutendes Geschenk in ihren Augen dreifachen Werth hat. In diesem Charakter war der verstorbene Kaiser dem geringsten Mohren gleich. Anstatt sich um eine Allianz mit ihm zu bemühen, wäre es vielmehr klüger gewesen, einmal Krieg mit ihm zu führen. Wenn er nur ein Paar Städte verloren hätte, und besonders Mogadore, welches er sehr liebte, weil es unter seiner besondern Begünstigung entstanden war: so würde er bald freundlich und nachgebend geworden seyn.

Die Hauptbelustigung des vorigen Kaisers bestand in seinen letzten Jahren darin, seine Soldaten mit Musketen nach Tärtschen (Schilden) schießen zu sehen, wobei er denn denen, die gut trafen, ein kleines Stück Geld zur Belohnung gab. Auch ging er bisweilen auf die Falkenjagd; aber die meiste Zeit widmete er im Ganzen seinen Weibern.

Fremde nahm der Kaiser auf einigen von den offnen Plätzen innerhalb des Pallastes zu Wagen oder zu Pferde an. Auf diese Art verrichtete er auch alle Staatsgeschäfte. In früheren Zeiten pflegte man die Fremden bei solchen Gelegenheiten gemeiniglich in eins von seinen Zimmern zu lassen. Dann mußten sie sich in die Landessitte fügen und, wenn sie vor ihn kämen, die Schuhe ausziehen. Da aber wenige Jahre vorher einige beherzte Europäer sich geweigert hatten, ihm diese Ehrerbietung zu bezeigen, so gab er ihnen nachher immer in einem von den Schloßhöfen Audienz. Bloß die Spanischen Mönche zu Marokko waren von dieser Regel ausgenommen. Diese durften nehmlich mit den Schuhen in sein Zimmer kommen, weil man ihm gesagt hatte, sie zögen sie vor sonst niemand, als vor Gott, aus.

Ehe ein Fremder, er mochte Europäer oder Mohr seyn, bei Sr. Maurischen Majestät Audienz erhielt, machte er immer einem der Minister ein Geschenk, wodurch er ihn zu bewegen suchte, seinem Herrn zu sagen, daß ein Fremder sich um diese Ehre bemühete. Dies erste Geschenk, ob es gleich ansehnlich war, schlug nicht immer an; oft mußte man sich, um eine baldige Audienz zu bekommen, an zwei, drei Minister wenden, oder selbst einer von den Sultaninnen, welche alle ein solches Kompliment immer gar nicht ungnädig aufnahmen, ein Geschenk zuschikken. Diese letzte Art war in der That die sicherste.

Hatte der Fremde seinen Wunsch so weit erreicht, so war er nun dem unterworfen, daß er längere oder kürzere Zeit aufgehalten ward, ehe der eigensinnige Monarch einen Tag zur Audienz bestimmte. Doch selbst wenn er dies gethan hatte, ließ er ihn oft mit gewaltiger Eile nach dem Pallaste holen; aber wenn dann jener hier mehrere Stunden unter freiem Himmel gestanden hatte, so ließ der Kaiser sich entschuldigen, daß er ihn heute nicht vor sich lassen könnte; und dies angenehme Verfahren ward in vielen Fällen drei bis viermal wiederholt. Die Langsamkeit, Unregelmäßigkeit und Insolenz des Marokkanischen Hofes geht in der That über alle Vorstellung, und wer daselbst Geschäfte hat, muß die ganze Philosophie und Geduld eines Stoikers besitzen, wenn er nicht seinen Verstand verlieren will.

Niemand, er mochte Mohr oder Christ seyn, durfte vor den Kaiser kommen, ohne ein ansehnliches Geschenk

durch Marokko.

mitzubringen, dessen Werth sich nach der Größe der Gnade richten mußte, die man von ihm erbitten wollte. Des Kaisers eigene Söhne waren, wenn sie nach einer Abwesenheit ihren ersten Besuch wieder ablegten, von diesem Gebrauche nicht ausgenommen. — Doch, die Freigebigkeit des Supplikanten darf hiermit nicht zu Ende gehen; denn nach der Audienz haben noch der Ceremonienmeister mit seinen Leuten und alle Thürhüter des Pallastes, deren ziemlich viele sind, ein Recht auf gewisse Accidenzien, und man wird sie nicht eher los, als bis man sie ihnen gegeben hat. Da sie von ihrem großmächtigsten Herrn keine Besoldung bekommen, so sind diese Accidenzien in der That das einzige Mittel, wodurch sie ihr Leben erhalten können *).

*) Für diejenigen, die etwa Gelegenheit bekommen möchten, in Geschäften den Marokkanischen Hof zu besuchen, habe ich mit großer Müh' eine Nachricht von den Accidenzien erhalten, welche Europäische Kaufleute den kaiserlichen Bedienten geben müssen. Konsuls und Gesandte fremder Höfe geben verhältnißmäßig mehr.

Audienzsporteln.

Dem Kaiser ein Geschenk, dessen Werth sich nach der Größe der Gnade richtet, die man von ihm erwartet. — Dem Ceremonienmeister für die öffentlichen Audienzen, wobei er die Fremden dem Kaiser vorstellt, auch ein verhältnißmäßiges Geschenk.

	Unzen
Demjenigen, der beim Kaiser in dem Machoire (Matschoor? einem offenen Theile des Pallastes) aufwartet	20
Seinem Büchsenspänner	20
Seinem Stallmeister	20
Seinem Theekocher	10
Seinem Lanzenträger	10
Dem Träger des Sonnenschirms	5
Dem Aufseher über des Kaisers Sättel	10
Des Kaisers Kutscher	5
Dem Aufseher über des Kaisers Sporn	5
— — — — Zelte	10
— — — — Pantoffeln	5
Dem, der dem Kaiser das Trinkwasser reicht	5
Dem Sesselträger	5
Dem, welcher dem Kaiser die Fliegen abwehrt	5
Seinem Schwertträger	5
Seinem Uhrträger	5
Den Thürhütern im Machoire für zehn Thüren	40
Den kaiserlichen Gärtnern	10
Für jede Bestellung zur Audienz	10
Summe	205

Hatte man nun sein Geschäft bei Hofe geendigt, so fand man gewöhnlich eben so viele Schwierigkeiten bei der Abfertigung, als bei Erlangung der Audienz. Der vorige Kaiser war nicht allein von Natur, sondern oft auch absichtlich, aus politischen Gründen, sehr vergeßlich. Er wußte sehr gut, daß, je länger die Fremden zu Marokko blieben, seine Diener desto mehr von ihnen bereichert würden; und da das Geld, obgleich durch einen Umweg, zuletzt doch in seine eigne Kasse kam, so pflegte er oft zu vergessen, daß Fremde ihre Abfertigung erwarteten. Auf der andern Seite waren die Minister, ungeachtet sie durch ansehnliche Geschenke angespornt wurden, sehr langsam im Erinnern, und so hat man viele Beispiele, daß Fremde bloß durch diesen Umstand fünf bis sechs Wochen zu Marokko aufgehalten worden sind.

Was den Hof zu Marokko betrift, so verdiente er in den letzten Jahren kaum diesen Namen. Als der Kaiser noch jung, seine Seelenkräfte noch ungeschwächt und sein Körper noch in voller Stärke war, vertrauete er seinen Ministern einen großen Theil der Staatsgeschäfte an; in den letzten Jahren seines Lebens aber, da sein Körper und sein Geist durch harte Arbeiten und das Alter stumpf wurden, nahm er, entweder aus Argwohn, oder aus Verstandesschwäche, die Zügel der Regierung selbst in die Hände. Die Minister und Geheimschreiber waren nicht kühn genug, die Fehler ihres Oberherrn zu rügen, und

---

Wie ich schon oben bemerkt habe, ist eine Unze eine Silbermünze, beinahe fünf Englische Pence an Werth. A. d. V. Herr Höst giebt in seinen schätzbaren Nachrichten über Marokko S. 152. fast eine gleiche Bestimmung dieser Unkosten; wenn man nehmlich die Mark bei ihm für eine halbe Unze bei unserm Verfasser setzt. Den Werth des Geschenkes für den Kaiser selbst giebt Herr Höst wenigstens zu 1000 Dukaten an, da man in vorigen Zeiten mit ein Paar Hundert zufrieden war. Der entehrende Tribut, den die Europäischen Mächte dem dürftigen Despoten von Marokko darbringen, ist in der That beträchtlich. So gab Holland 10,000 Piaster; Venedig über 17,000; und Schweden gar 25,000. — Das Geschenk für die Einführer zu der Audienz beträgt zwei bis dreihundert Unzen.

mußten Schreiben oder Befehle erlassen, die fast jede Stunde widerrufen wurden, und also natürlicher Weise die größte Verwirrung verursachten. Der Marokkanische Hof ist zwar von jeher, selbst unter den günstigsten Umständen, seiner Unregelmäßigkeiten und Widersprüche wegen bekannt gewesen; doch kurze Zeit vor des verstorbenen Kaisers Tode konnte man fast gar nicht mehr sagen, daß eine Regierung existire.

Da noch keine besondere umständliche Nachricht von den Hofbedienten des vorigen Kaisers bekannt gemacht worden ist, so wird eine kurze Anzeige von ihnen wahrscheinlich nicht uninteressant sein, und ich will daher mit so wenigen Worten, als möglich, ihre verschiedenen Aemter angeben.

In dem Hofstaate des vorigen Kaisers waren: 1) Der erste Minister oder der Effendi, d. h. Freund *). Dieser mußte für Alles stehen, und während der Zeit, da die Regierung ordentlicher geführt ward, mußten alle Briefe und Befehle, ehe sie ab- und ausgefertigt wurden, von ihm unterzeichnet seyn. 2) Der Staatssekretär bei der Schatzkammer, welcher Posten mit dem Amte des Effendi verbunden war. Er hatte mit sechs Mohrischen und sieben Jüdischen Untersekretairs die Auszahlung der kaiserlichen Besoldungen im Ganzen. 3) Ein Oberstallmeister mit hundert und zwanzig Unterbedienten. 4) Ein Oberkammerherr mit siebzehn Assistenten, unter denen neun Söhne von Spanischen Renegaten, drei von Negern, und die übrigen Mohren waren. Gewöhnlich hatte der erste Minister zugleich diesen Posten. 5) Ein Großfalkenier (welches vielleicht die einzige erbliche Stelle im Lande ist) mit zwanzig Unterbedienten. 6) Ein Siegelbewahrer. 7) Zwei Oberhofmeister mit acht Unterbedienten. 8) Fünf Oberaufseher über alle Sachen des Kaisers. Der erste von ihnen

---

*) Der Verfasser irrt sich wahrscheinlich in dieser Erklärung des Titels Effendi, der wenigstens bei den Türken ganz etwas anders bedeutet; nehmlich einen Gelehrten.

war der Effendi. 9) Drei Ceremonienmeister für die öffentlichen Audienzen, mit vierzig Unterbedienten. 10) Ein allgemeiner Dolmetscher der Deutschen, Holländischen, Englischen, Französischen, Spanischen und Lateinischen Sprache; (ein Deutscher Renegat.) 11) Ein Sekretair der Spanischen und Italiänischen Sprache, (ein Genueser). 12) Zwei Oberaufseher über die Juwelen und das Gold- und Silber-Geräth. 13) Ein Oberbademeister. 14) Zwei Generalfeldzeugmeister. 15) Zwei Aufseher über des Kaisers Güter und Waarenlager. 16) Drei Aufseher über die Moskeen u. s. w. 17) Fünf Provisionmeister. 18) Zwei Bibliothekare. 19) Zwei Sterndeuter. 20) Vier Wagenmeister mit zwei Unterbedienten. 21) Zwölf Renegatensöhne, die noch keinen Bart gehabt haben durften, zum Ziehen der kleinen Wagen. 22) Drei Hauptgehülfen beim Gebete, mit siebzehn Stellvertretern, Söhnen von Großen des Reiches. 23) Drei Sonnenschirmträger mit neun Gehülfen. 24) Ein Säbelträger. 25) Zwei Beckenträger. 26) Zwei Lanzenträger. 27) Ein Uhrträger. 28) Fünf Alkaiden, die des Kaisers eigne Musketen trugen, mit funfzehn Unterbedienten. 29) Ein Fahnen- und Standartenträger. 30) Ein Arzt, ein Wundarzt und verschiedene Kaufleute, deren zu viele sind, als daß ich sie einzeln anführen könnte.

Wenn man diese Stellen am Marokkanischen Hofe betrachtet, so findet man, daß sie von denen in andren Staaten nicht so sehr verschieden sind, wie man nach der übrigen Unwissenheit dieses Volkes in Ansehung der Europäischen Sitten glauben sollte. Daß der Posten des Effendi und des ersten Sekretärs bei der Schatzkammer in Einer Person vereinigt sind, hat viele Aehnlichkeit mit dem Umstande in England, daß der erste Minister zugleich Kanzler der Exchequer und erster Lord Schatzmeister ist. Die Würden eines Staatssekretairs, Oberstallmeisters, Oberkammerherrn, Siegelbewahrers und Oberfalkeniers sind alle auch an Europäischen Höfen gewöhnlich; und viele andere haben fast eben die Aehnlichkeit. Der

Der vorzüglichste Unterschied zwischen dem Marokkanischen und den Europäischen Höfen besteht darin, daß die, welche an den letzteren dergleichen Posten bekleiden, eine sehr ansehnliche Einnahme davon haben, da die zu Morokko hingegen von ihrem Kaiser gar nichts bekommen. Sie leben bloß von Accidenzien, oder den Geschenken derer, die mit dem Hofe etwas zu verhandeln haben. Das giebt ihnen indeß bisweilen eine beträchtliche Einnahme, ob sie gleich immer dem Uebel ausgesetzt sind, daß die räuberische Hand ihres Oberherrn sie ihnen erst beschneidet; denn wo diese hinkommt, da raubt sie.

Der Effendi des vorigen Kaisers hatte ein solches Betragen und eine solche Feinheit der Sitten, daß jeder Europäische Hofmann Ehre davon gehabt hätte. Er empfing einen Fremden mit gefälligem Lächeln und einer ehrerbietigen Verbeugung, schüttelte ihm herzlich die Hand, erkundigte sich nach seinem Befinden, lud ihn zu sich ein, und bot ihm seine Dienste an. Da er reich war, so empfand er in des Kaisers Gegenwart immer außerordentliche Furcht, ob er ihm gleich, um ihn bei guter Laune zu erhalten, alle Jahr ein ansehnliches Geschenk machte. Hierin folgten einige Prinzen und viele Andere seinem Beispiele; denn sie wollten — und das war sehr vernünftig — lieber etwas Weniges mit Sicherheit genießen, als Gefahr laufen Alles zu verlieren.

In den letzten Jahren hatte der Kaiser keine bestimmten Kour-Tage, sondern setzte sie an, so wie Lust oder Bequemlichkeit es ihm eingaben. Dann mußten alle Prinzen, die zu Marokko waren, und Jeder, der unmittelbar in des Kaisers Diensten stand, ihm in dem Machoire, einem offenen Theile des Pallastes, seine Aufwartung machen. Hier stellten sie sich mit den Soldaten in Form eines halben Mondes, die Minister und die Fremden ihnen gegenüber, und der Kaiser zu Wagen oder zu Pferde in der Mitte. Bei dieser Gelegenheit wurden gemeiniglich die Staatsgeschäfte verhandelt, Fremde vorgelassen, Beschwerden vorgebracht,

Klagen angehört, (da sich Jeder, um Recht zu erhalten, an den Kaiser wenden darf) und Uebelthäter in seiner und des ganzen Hofes Gegenwart bestraft.

Die Einnahme des Kaisers bestand aus einem Zehnten von allen Nahrungsprodukten des Landes, wie der Koran es ihm zugesteht, aus einer jährlichen Abgabe der Juden, dem Ertrage seiner Zollhäuser und der Accise, und dem Tribute, den er, unter dem Nahmen Geschenke, von seinen Unterthanen, fremden Staaten und Europäischen Kaufleuten forderte. Diese letzteren Artikel waren die einträglichsten.

Der Mangel eines Systems, und die eigensinnigen Launen des vorigen Kaisers machen es gänzlich unmöglich, anzugeben, wie viel alle diese Rubriken der Einnahme zusammen jährlich betrugen. Die Abgaben wurden oft drei= oder viermal im Jahre verändert, und eben so ungewiß waren die Tribute. Daher hat man sehr gezweifelt und darüber gedacht, ob der vorige Kaiser Sidi Mahomet reich gewesen sey. Aus der größeren Aufmunterung des Handels unter seiner Regierung, aus den wenigen Kosten, die ihm sein Hofstaat machte, da Jeder sehr geringe oder gar keine Besoldung bekam, aus den ungemein harten Abgaben, die er mit Gewalt eintrieb, und aus der Menge freiwilliger Geschenke, die er bekam, schloß man sehr natürlich, er müsse ungemein reich gewesen seyn. Wenn man indeß auf der andern Seite bedenkt, wie viel ihm bekanntlich die Belagerungen von Melilla und Mazagan gekostet haben, und wenn man die ansehnlichen Geschenke hinzu rechnet, die er jährlich dem Türkischen Kaiser und den Scherifs von Mekka schickte, so sollte man doch wohl glauben, sein Reichthum sey nicht gar zu beträchtlich gewesen *).

*) Die jährlichen Einkünfte des Kaisers von Marokko rechnet Herr Höst auf eine Million Piaster (etwa 1,250,000 Reichsthaler). Von dieser Summe betrugen die Zölle in den Häfen 320,000 Piaster, die Geschenke 250,000. Das Uebrige kam von

Die Landmacht des Kaisers von Marokko besteht vorzüglich aus Negern, Nachkommen von denen, welche Muley Ischmael von Guinea in das Land brachte, und aus einigen wenigen Weißen. Alle zusammen machen eine stehende Armee von sechs und dreißig tausend Mann aus, von denen zwei Drittheile Reiterei sind. Diese stehenden Truppen können indeß, wenn die Umstände es nöthig machen, beträchtlich vermehrt werden, da jedermann als Soldat angesehen wird und, sobald man ihn auffordert, Dienste thun muß. Ungefähr sechstausend Mann machen des Kaisers Leibgarde aus, und sind immer um ihn; die übrigen liegen in den verschiedenen Städten des Reiches, und stehen unter dem Befehle der Baschas von den Provinzen. Sie bekommen alle vom Kaiser Mondirung und einen geringen Sold; doch ihre Haupteinnahme haben sie vom Plündern, wozu sie oft Gelegenheit finden.

Die Kleidung der Soldaten ist eben die, welche die übrigen Mauren tragen, und sie unterscheiden sich von den andern bloß durch ihre Ausrüstung. Diese besteht in einem Säbel, einer sehr langen Muskete, einer kleinen, rothen, ledernen Büchse zu den Kugeln, die vorn mit einer Art von Gürtel befestiget, und in einem Pulverhorn, das über die Schulter gehängt ist.

Die Armee steht unter dem Kommando eines Oberbefehlshabers, vier Haupt-Baschas und der Alkaiden, welche besondere Divisionen kommandiren. In Absicht der Alkaiden muß ich bemerken, daß dreierlei Personen

---

der Accise, den Strafgeldern, dem Schutzgelde der Juden u. s. w. — Die jährlichen Ausgaben des Kaisers schätzt Herr Höst auf 700,000 Piaster. Hiernach berechnet er den Betrag des von 1756 bis 1778 gesammelten Schatzes auf 13 Millionen Piaster, oder nach unsrem Gelde etwa auf 20 Millionen Thaler. Diese Gelder wurden in mehreren starken Gebäuden verwahrt, zu deren jedem man viele Schlüssel nöthig hatte. Nur der Kaiser oder die erste seiner Frauen, die große Frau Lella Kabira, hatte diese Schlüssel. Z.

diesen Titel haben. Diejenigen aber, von denen ich hier rede, sind Officiere, welche tausend, fünf hundert, fünf und zwanzig, ja selbst nur vier Mann in einer Division kommandiren *).

Die oben beschriebenen Neger=Truppen sind von Natur sehr wild, und können große Strapazen ertragen: Hunger und Durst und jede Beschwerlichkeit, die das Soldatenleben mit sich bringt. Sie scheinen zum Scharmuziren, oder zum Ermüden des Feindes sehr geschickt zu seyn; aber in einem regelmäßigen Angriffe würden sie bald geschlagen werden, da sie nichts von Disciplin wissen. In allen ihren Manöuvren bekümmern sie sich nicht um Ordnung und Regelmäßigkeit, sondern sehen eher aus wie eine Rotte Pöbel, als wie eine Armee.

Ob man gleich diese Truppen für die größte Stütze des Despotismus hält, so machen doch ihr Geiz und ihre Liebe zur Veränderung sie oft zu den gefährlichsten Feinden ihres Herrn. Es ist bekannt, daß sie öfters Aufruhr und Rebellion erregen; und ihr Uebermuth geht bisweilen so weit, daß sie fast die ganze Regierung umwerfen. Sie handeln bloß nach ihren Leidenschaften. Wer sie am besten bezahlt, und ihnen mit der größten Aufmerksamkeit begegnet, den unterstützen sie am bereitwilligsten. Schon dieser einzige Umstand macht es für den Kaiser rathsam, seine Unterthanen in so gänzlicher Armuth zu erhalten, wie es ihm nur möglich ist. Die Mohren sind in der That wegen ihres Mangels an aufrichtiger Zuneigung und wegen ihrer Veränderlichkeit sehr merkwürdig; und daher kann, besonders in diesem Kaiserthum, nur eine Kriegesmacht den despotischen Monarchen im Besitze seines Thrones sichern.

*) Höst nimmt nur 6000 Mann stehender Truppen an, welche Abkömmlinge der eingeführten Neger sind, und zu denen noch etwa 6000 Araber kommen. Dies gilt aber nur von Friedenszeiten; denn im Kriege kann der Kaiser leicht eine Anzahl von 100,000, freilich zum Theil undisciplinirten, Truppen aufbringen. J.

Unbekannt mit allen Grundsätzen einer vernünftigen Freiheit, mag dieses unselige Volk mit seinen Tyrannen kriegen, so viel es will; es kriegt bloß für ihren Nachfolger, und opfert Leben und Eigenthum für weiter nichts auf, als um Einen barbarischen Despoten mit dem anderen zu vertauschen.

Des Kaisers Seemacht besteht aus ungefähr funfzehn kleinen Fregatten, einigen wenigen Schebekken und zwischen zwanzig und dreißig Rudergaleeren. Alle diese Fahrzeuge kommandirt ein Admiral; da aber die Schiffe vorzüglich nur zur Seeräuberei gebraucht werden, so vereinigen sie sich selten in eine Flotte. Die Zahl der in Dienst stehenden Seeleute wird auf sechs tausend geschätzt.

Von dem schlechten Zustande der Marokkanischen Häfen, und der Wahrscheinlichkeit, daß sie immer noch schlechter werden, habe ich schon geredet. Augenscheinlich ist also von dem Kaiser zur See äußerst wenig zu fürchten, und ich bin geneigt zu glauben, daß er in einigen Jahren, obgleich ein beträchtlicher Theil seiner Besitzungen an der See liegt, doch weder Flotte noch Häfen mehr haben wird.

Als ich den Charakter des verstorbenen Kaisers schilderte, bemerkte ich, daß keine unumschränktere Regierung seyn kann, als die von Marokko. Leben und Eigenthum der Unterthanen hangen gänzlich von dem Willen und der Laune des Monarchen ab. Das Formelle von Ordnung und Gerechtigkeit wird indeß immer beibehalten, obgleich sehr wenig von ihrem Wesen geblieben ist.

Zur Regierung einer jeden Provinz bestimmt der Kaiser eine Person, die, wie ich schon gesagt habe, Bascha heißt*). Gemeiniglich ist es ein Mohr von einigem Ansehn,

---

*) Höst schreibt nach dem Arabischen: Baschia. Dieser ist ein Krieger und gemeiniglich ein General. Er steht in solchem Ansehen, daß der Kaiser ihm in seiner eigenen Gegenwart nie diesen Titel erlaubt, sondern ihm dann nur den Titel Kaid zugesteht. 3.

und oft ein Sohn des Kaisers. Er wird nach der Willkühr des Monarchen ein= oder abgesetzt, und hat beinahe unumschränkte Gewalt in der ganzen Provinz, die er beherrscht. Den Tod ausgenommen, kann er jede Strafe zuerkennen; Abgaben und Geldbußen auflegen, kurz, Jeden nach Belieben plündern; und wenn der Leser nicht über den Mißbrauch des Wortes lächeln wollte, so möchte ich fast sagen: es wäre ein Theil seiner Amtspflicht, das Publikum und Einzelne zu berauben. Hat er sich nun durch alle Arten von Plünderungen ein großes Vermögen gesammelt, so läßt der Kaiser es sich angelegen seyn, diesen Schatz in seine eigenen Kasten zu bringen. Dem gemäß wird irgend ein fahler Vorwand erfunden, den Bascha gefangen zu nehmen, und dieß sogleich ins Werk gesetzt. Nun beraubt der Kaiser ihn seines ganzen Vermögens, und giebt ihm nachher die Regierung der Provinz wieder, um dasselbe Spiel noch einmal wiederholen zu können. — Wie vortreflich kannte der unnachahmliche Shakespear den Menschen in jedem Stande und in jeder Lage.

„Rosenkranz. Haltet Ihr mich für einen Schwamm, Prinz?

Hamlet. Freilich, für einen Schwamm, der des Königs Blicke, Winke und Mienen einsaugt. Aber dergleichen Bediente thun dem Könige erst am Ende die besten Dienste. Er verwahrt sie, wie der Affe einen Apfel, in dem Winkel seines Mundes; zuerst in den Mund genommen, um zuletzt verschlungen zu werden. Wenn er das braucht, was ihr eingesogen habt, so darf er Euch nur auspressen, und Ihr, Schwamm, seyd wieder trocken*).“

Ueber jede Stadt setzt der Kaiser Gouverneure, welche unter dem Bascha stehen und Alkaiden (al Kaid) heißen; eben so über jedes Douhar, oder Lager, einen Beamten;

---

*) Nach Eschenburgs Uebersetzung. Bd. XII. S. 287.

welcher Scheik genannt wird und gleiche Autorität hat. Diese Beamten haben in ihren Distrikten eben die Macht, wie die Baschas in ihren Provinzen. Aber in der Rücksicht, daß sie nicht allein von des Kaisers, sondern auch von des Bascha's Tyrannei und Laune abhangen, ist ihre Lage noch schlimmer.

Der Alkaid, oder Gouverneur, bekleidet in der Stadt, worin er residirt, zugleich einen Militair- und einen Civilposten. Als Officier kommandirt er eine gewisse Anzahl Soldaten, die er zur allgemeinen Vertheidigung und Ruhe, zur Eintreibung der Abgaben, zur Bestrafung der Verbrecher und zum Absenden der Befehle und Berichte nach Hofe und auf das Land gebraucht. Als Civilbedienter hat er die ganze Gerichtsbarkeit über alle Kriminalsachen, die er willkührlich, nur nicht mit dem Tode, bestrafen kann.

Wenn man bloß den gefährlichen Umfang dieser beinahe unbegränzten Gewalt betrachtet, so läßt sich leicht einsehen, welcher Mißbrauch in einem Lande, wo man so wenig auf Gerechtigkeit und Ehre hält, davon gemacht werden muß. Für die unbedeutendsten Vergehungen verdammt der Alkaide den Verbrecher nicht allein zur grausamsten Bastonade und zum Gefängnisse, sondern auch noch dazu, daß derselbe ihm eine Summe Geldes bezahlen oder irgend etwas Anderes von gleichem Werthe schenken muß, mit dessen Erwerb der Gefangene vielleicht sein halbes Leben zugebracht hat. Es ereignet sich oft, daß falsche Anklagen ersonnen werden, um dem Beklagten sein Vermögen zu rauben. Dies ist aber nicht der einzige Nachtheil, der aus dem Mißbrauche der Gewalt entspringt; denn jemand mag das offenbarste Verbrechen begehen — kann er nur ein größeres Geschenk aufbringen, als der Ankläger dem Gouverneur gegeben hat: so bekommt er nicht allein Verzeihung, sondern es wird ihm auch, wenn er nur im mindesten klug ist, eine Kleinigkeit seyn, das ganze Verbrechen auf seinen Gegner zu wälzen. In der That erhält man hier zu Lande Gerechtigkeit, oder vielmehr ein Urtheil, am leichtesten, wenn man es kauft.

Unter dem Alkaid steht der Ell-Hakkum, oder Vicegouverneur, der in seinem Dienst mit einem ersten Schultheiß in England (principal bailiff oder constable) Aehnlichkeit hat.

Außer diesen Staatsbedienten befindet sich in jeder Stadt ein Kadi, der zugleich Civilrichter und Oberpriester ist; denn, wie bekannt, sind Civil- und Religionsanordnungen im Koran mit einander vereinigt. Erhebt sich daher zwischen Privatpersonen ein Streit über Recht, Schulden, Beschimpfungen und dgl., so wendet sich der, welcher sich für beleidigt hält, an den Kadi, und dieser entscheidet die Sache nach den Gesetzen des Korans. In seiner Abwesenheit ist jeder Talb, oder gewöhnliche Priester, bevollmächtigt, in seinem Nahmen zu entscheiden. Wollen sich die Partheien lieber an Rechtsgelehrte wenden, so müssen sie ihren Proceß schriftlich führen; sonst können sie aber ihre Sache mündlich verhandeln. Bei diesen Gelegenheiten darf der Kadi oder der Talb öffentlich keine Bezahlung nehmen; man weiß aber sehr wohl, daß nur zu oft Geschenke etwas bei ihnen ausrichten. — Der Mufti ist der erste unter den Kadis, und zugleich das Oberhaupt der Kirche.

Wenn eine Parthei bei einem Processe Recht zu haben glaubt, sich über den Ausspruch dieser Beamten zu beklagen, so kann sie an den Kaiser appelliren, der zur Verwaltung der Gerechtigkeit öffentliche Audienz giebt. Dieser Gebrauch würde die Uebel des Despotismus sehr vermindern, wenn der Kaiser immer unpartheiische Aussprüche thäte; aber Geschenke von Werth haben öfters auch auf den Oberherrn selbst mächtigen Einfluß. Aus diesem Grunde, und weil viele Provinzen von dem Sitze der Regierung so weit entfernt sind, ergreift das Volk selten dies letzte Mittel, Gerechtigkeit zu erhalten.

Die Art, Verbrecher zu bestrafen, hängt in diesem Lande gänzlich von dem Oberherrn ab. Unbedeutende Versehen werden gemeiniglich mit Gefängniß und der Bastonade bestraft. Bei der letzteren bekommt der Schuldige mit ledernen Riemen eine gewisse Anzahl Streiche auf den Rücken und die Beine: eine Strafe, die oft sehr grausam vollzogen wird. Für größere Verbrechen, besonders für Diebstahl, werden bisweilen beide Hände abgehauen; in andern Fällen auch ein Fuß und eine Hand. Als ich in Marokko war, mußten vier Männer, die eine Mordthat begangen hatten, beide Hände und Füße verlieren, und wurden nachher erschossen. Andre Verbrecher werden erstochen, mit Keulen todtgeschlagen, oder enthauptet. Bei einer andren Art von Strafe wirft man den Delinquenten so in die Höhe, daß er sogleich auf den Kopf stürzt. Um den vorigen Kaiser waren verschiedene Personen, welche durch Uebung die Geschicklichkeit erlangt hatten, Leute so in die Höhe zu werfen, daß sie nach Belieben sich den Kopf zerschmetterten, den Hals verdreheten, einen Arm, ein Bein oder beides brachen, oder auch niederfielen, ohne irgend einen wesentlichen Schaden zu leiden. Als ich zu Marokko war, litt ein Mann des Morgens die letzte dieser Strafen, und Nachmittages machte der Kaiser ihm ein ansehnliches Geschenk für den erlittenen Schmerz.

Um in wenigen Worten alles zu sagen: es giebt keine Art von Grausamkeit, die in Marokko nicht ausgeübt wird. Ich weiß wohl, daß bei dem uncivilisirten Zustande des Volkes harte und exemplarische Strafen nothwendig seyn mögen, um es unterwürfig zu erhalten; allein wenigstens müßte doch bestimmt werden, daß so grausame Strafen nur völlig überwiesenen Verbrechern zuerkannt werden dürften. Ich fürchte aber, daß in Marokko nur zu oft das Gegentheil hiervon der Fall seyn mag. Man erlaubt dem Beklagten selten, sich zu vertheidigen, sondern er wird sehr oft aus der Welt geschickt, ohne zu wissen, weshalb.

Diese Strafen werden immer in des Kaisers Gegenwart vollzogen. Die ehemaligen Monarchen des Landes waren selbst die Henker. Auch der vorige Kaiser vollzog als Prinz dieses Amt; aber bei seiner Thronbesteigung übergab er es seinen Neger-Soldaten. Ich bin nie bei einer solchen Exekution zugegen gewesen; man hat mir aber gesagt, daß Arme und Beine mit einem Messer und einer Säge von gewöhnlicher Art abgenommen, und die Stummel hernach in siedendes Pech getaucht werden; denn eine andre Art, Blutflüsse zu stillen, kennen die Mauren nicht.

Um zu zeigen, mit welchem kalten Blute die Mohren alle diese Dinge betrachten, will ich nur Ein Beispiel erzählen. Einer von des Kaisers Söhnen hatte es übernommen, seinem Vater eine Bittschrift zu übergeben, worin ich um meine Rückreise anhielt. Als ich zu ihm ging, um mich zu erkundigen, ob er mein Verlangen erfüllt hätte, sagte er mir: das letztemal, als er seinen Vater gesehen, habe sich keine Gelegenheit dazu gefunden, „weil derselbe zu sehr mit der Hinrichtung einiger Personen beschäftigt gewesen sey."

Zehntes Kapitel.

Muley Absulem's Ankunft zu Marokko. — Sein prächtiger Einzug. — Schicksal einiger Englischen Gefangenen. — Nachricht von den wilden Arabern. — Unterredung mit dem Prinzen. — Schmeichelhafte Hoffnungen. — Sie werden getäuscht. — Unwürdiges Betragen des Prinzen. — Seine Abreise nach Mekka. — Unangenehme Verlegenheit des Verfassers. — Sein Bemühen, Erlaubniß zur Abreise zu bekommen.

Ungefähr zehn Tage nach meiner Unterredung mit dem Kaiser kam Muley Absulem von Tarudant auf seinem Wege nach Mekka in Marokko an. Da er ein ausgezeichneter Liebling des Kaisers war, so hielt er einen so prächtigen Einzug in die Stadt, wie es gewiß sonst niemand von der kaiserlichen Familie gewagt haben würde. Sobald die Nachricht ankam, daß der Prinz sich der Stadt näherte, erhielten zwei von seinen Brüdern, Muley Slemma und Muley Ussine, die sich gerade zu Marokko befanden, ferner der Bascha und alle die Vornehmsten in der Stadt, Befehl, ihm entgegen zu reiten. Sie thaten dies mit großer Pracht, und trafen ihn ungefähr vier Meilen weit von der Stadt gelagert. Gleich nach dem Mittagsessen ging der Zug in folgender Ordnung vor sich: An der Spitze waren alle prinzliche Alkaiden, ungefähr zwölf an der Zahl, neben einander, und an jeder Seite von einem Standartenträger mit einer rothen Fahne, und einem Lanzenträger mit einer ungemein langen Lanze, gedeckt. Hinter ihnen folgte Muley Absulem, dem zur Rechten Muley Slemma und zur Linken Muley Ussine ritt. Nun kam der Bascha mit den vornehmsten Personen aus der Stadt. Den Nachtrab machte ein Korps von hundert Mann Reiterei, zur Hälfte Neger, zur Hälfte Mohren, die dicht neben einander ritten, und die Kolben ihrer Musketen auf dem Sattel ruhen hatten, so daß die Mündungen senkrecht aufgerichtet standen. So rückte der Prinz fort bis an die Mauern der Stadt. Hier erhielt er Befehl, zu warten, bis der Kaiser käme: eine Ehre, welche Sidi Mahomet noch Niemand erwiesen hatte. Bald nachher kam der Kaiser mit seinem Gefolge, das ungefähr aus funfzig Soldaten zu Pferde bestand. So wie er sich näherte, saß Muley Absulem ab, und küßte die Erde. Nun befahl ihm der Kaiser, aufzustehen und dicht an ihn zu treten. Dann legte er seine Hände auf des Prinzen Haupt, um ihn zu segnen, und hierauf umarmte er ihn mit aller Liebe eines zärtlichen Vaters. Als er endlich viele Fragen nach seines Sohnes Gesundheit gethan hatte, ritt er weg, und jeder begab sich nach seiner Wohnung. Sobald der Prinz innerhalb der Mauern seines Gartens angekommen war, gaben seine Truppen, wie es bei solchen Gelegenheiten Sitte ist, eine dreifache Salve mit ihren Musketen unordentlich durcheinander; und hiermit war die Feierlichkeit geendigt.

Man kann sich leicht vorstellen, daß ich keine Zeit verlor, dem Prinzen meine Aufwartung zu machen. Er empfing mich auf eine so schmeichelhafte Art, wie ich es nur immer wünschen konnte, und sagte mir: sein Gesicht hätte sich ferner nach und nach gebessert, und er fühlte sich auch übrigens vollkommen gesund. Ich nutzte diese Gelegenheit, ihm vorzustellen, wie unangenehm meine Lage in Rücksicht des Kaisers wäre; ich verließe mich darauf, setzte ich hinzu, daß er nun jeden etwanigen Zweifel über mich beben würde. Er versprach auch, mein Verlangen zu erfüllen. Als ich meinen zweiten Besuch bei ihm machte, sagte er mir: der Kaiser habe ihm erlaubt, seine Arzneien wieder zu gebrauchen, und er hätte, wie er gewiß wäre, genug Einfluß auf seinen Vater, um ihn zu überreden, daß er mir, als eine Belohnung für meine Dienste, die Englischen Gefangenen losgäbe.

Der Prinz hatte den Englischen Kapitain, den einzigen Engländer, der in der Sklaverei geblieben war —

denn der Neger war einige Zeit vorher gestorben — mit sich nach Marokko gebracht. Der Leser wird sich leicht vorstellen können, welche Freude ich fühlte, als ich meinem unglücklichen, allein in den Händen der Wilden gebliebenen Landsmann nun aus seiner Sklaverei befreiet sah, und, dem Versprechen des Prinzen zufolge, die frohe Aussicht hatte, daß man ihn sogleich wieder zu seinen Freunden und in sein Vaterland schicken würde. Doch dies Gefühl will empfunden, und nicht beschrieben seyn. Wenn aber dieser Umstand auf mich einen so starken Eindruck machte, was mußte er nicht auf den unglücklichen Officier wirken, der seit einigen Monathen von seinen Landsleuten, unter denen er einen nahen Anverwandten hatte, getrennt gewesen war, ohne zu wissen, ob sie todt oder lebendig wären; der neben den Plagen der Sklaverei noch ein schweres Fieber ausgestanden, ohne daß irgend ein menschliches Wesen ihn getröstet, oder ihm den in solchen Fällen so nothwendigen Beistand geleistet hätte? Unter diesen Umständen aus seiner harten Lage erlöst zu werden, von seiner Krankheit zu genesen, und zu Marokko alle seine Begleiter von dem Kaiser wohl versorgt anzutreffen — einen solchen Wechsel zu erfahren, hatte er schon alle Hoffnung aufgegeben.

Der Kapitain war ein geschickter junger Mann und ein angenehmer Gesellschafter. Er hatte sich, wie ich schon oben bemerkt habe, auf Heilkunde und Wundarzneikunst gelegt, und in beiden gute Anweisung genossen. Seine erste Ausflucht machte er als Wundarzt auf einem Guineafahrter. Als er indeß in diesem Posten verschiedenemale zur See gewesen war, und ihn nicht seinem Vortheile gemäß fand, erhielt er das Kommando eines kleinen zu eben dem Handel bestimmten Schiffes, und jetzt hatte er seine erste Reise als Kommandeur gemacht.

Gegen seine Neigung bekam er von seinen Rhedern Befehl, zwischen den Kanarischen Inseln und der Küste von Afrika durchzusegeln: ein Weg, den man immer für gefährlich hält. Als er sich dem von wilden Arabern bewohntem Orte näherte, wo ihn sein Unglück traf, gerieth er in eine reißende Strömung, die ihn gerade auf die Küste zu trieb; und da nun eine völlige Windstille entstand, so mußte er unvermeidlich stranden. Das Schiffsvolk setzte sogleich das Boot aus, brachte alles Geld, das am Bord war und etwa fünfhundert Thaler betrug, nebst einem guten Vorrath von Lebensmitteln und Wasser hinein, und kam damit wohlbehalten ans Land.

Der Theil der Küste, woran sie gescheitert waren, bestand bloß aus tiefem Sande. Da sie bei ihrem ersten Landen nichts entdeckten, was sie beunruhigen konnte, so wollten sie zu Fuß längs der Küste nordwärts fortgehen, bis sie Santa Cruz oder Mogadore erreichten, wo sie ihr Schicksal bekannt machen konnten. In dieser Absicht machten sie sich mit ihrem Gelde, Proviant und Wasser auf, und legten ohne Hindernisse zwei Tagereisen zurück. Nun bemerkten sie aber einen Trupp wilder Araber, die, mit großen Keulen und Messern bewaffnet, schnell auf sie zugingen. Sie ließen es jetzt ihre erste Sorge seyn, ihr Geld im Sande zu verscharren. Da jene ihnen weit an der Zahl überlegen waren, so sahen sie keine Möglichkeit, sich mit Glück zu vertheidigen, sondern erwarteten jeden Augenblick den Tod. Die Wilden hatten indeß eine andre Absicht mit ihnen. Sie wußten wohl, daß die Habseligkeiten der Unglücklichen ihnen sicher genug waren, und daß sie dieselben nicht erst zu tödten brauchten, um das Ihrige zu erhalten. Auch wußten sie, daß die Personen derselben, wenn sie feil geboten würden, ihren Werth hätten; und ihr letzter Entschluß war daher, sie als Sklaven zu Markte zu bringen.

Jeder von ihren nunmehrigen Herren glaubte, gleiches Recht an dem Fange zu haben, und daher konnten sie zuerst nicht einig werden, wie sie sich darin theilen wollten. Unterdessen wurden einige Engländer zu Boden geschlagen; andren schnitt man die Taschen ab, und riß ihnen die

Knöpfe vom Kleide. Zuletzt legten Mehrere Hand an sie, und führten sie nach ihren verschiedenen Wohnplätzen.

Da ich in Marokko Gelegenheit hatte, einige von diesen Wilden zu sehen, und da sie von denen Arabern, welchen ich auf meinen Reisen begegnet bin, in manchen Stücken verschieden sind, so bitte ich meine Leser um Erlaubniß, sie beschreiben zu dürfen. Ganz gegen die Sitte der Mauren, tragen sie langes Haar, das dunkelschwarz ist und wie die Borsten eines Stachelschweins vom Kopfe absteht. Sie haben eine dunkelbraune Gesichtsfarbe, sehr spitze Nasen, schwarze, starre Augen, und Minen, daß man sie für mondsüchtig oder stilltoll halten sollte. Ihr Körper ist stark und muskulös. Viele gehen ganz nackend; andre tragen bloß eine geringe Bedeckung um die Mitte des Leibes. — Doch ich kehre zu meiner Erzählung zurück.

Die Englischen Seeleute wurden nun in elende Hütten oder Zelte gebracht, wo sie verschiedene Tage hindurch weiter nichts zur Nahrung bekommen konnten, als Wacholderbeeren, Seewasser und bisweilen ein wenig Milch.

Von diesen Leuten wurden sie bald an andre verkauft, die sie dann sogleich zu Sklavendiensten brauchten. Sie mußten nehmlich in Schläuchen Wasser tragen und verschiedne andre Sklavenarbeiten verrichten, wobei es niemals ohne Schläge abging.

Als sie beinahe drei Monathe in diesem Zustande gewesen waren, machten sie ein Mittel ausfindig, einen Brief, worin sie ihre Lage schilderten, in die Hände des Vicekonsuls zu Mogadore zu bringen. Dieser schickte ihn dem Generalkonsul zu Tanger, und schrieb zugleich an Muley Absulem, dessen Provinz an die gränzte, worin Kapitain Irving und seine Leute Gefangene waren. Nach Verlauf von acht Monathen seit jenem unglücklichen Ereignisse, erhielt der Prinz von dem Kaiser die Erlaubniß, sie loszukaufen, und sie nach Marokko zu schicken, wo Se. Mohrische Majestät sie zu behalten rathsam fanden, bis sie von unserm Könige ausdrücklich verlangt würden, oder, mit andern Worten, bis er ein ansehnliches Geschenk bekäme.

Ungefähr vier Tage nach des Prinzen Ankunft bestätigten sich dem Anscheine nach die schmeichelhaften Versicherungen, die er mir wegen dieser Unglücklichen gegeben hatte. Er benachrichtigte mich nehmlich, es wäre in Ansehung seines Versprechens wegen der Englischen Gefangenen bei dem Kaiser alles nach Wunsch gegangen; in zwei oder drei Tagen würde er über Fez nach Mekka reisen; dann sollte er uns alle bis Salee mitnehmen, und dort würden Leute beordert werden, uns nach Tanger zu bringen.

Eine so angenehme Nachricht, und von so sichrer Hand, machte mir die erfreulichste Hoffnung, daß meine Reise sich noch zu meiner Zufriedenheit endigen würde. Ich flog fast zu dem Kapitain, um ihm dies zu melden; er war aber schon zu sehr an getäuschte Hoffnungen gewöhnt, als daß meine Nachricht lebhafte Erwartungen bei ihm hätte erregen sollen. Seine Lebensgeister schienen sich indeß doch dadurch wieder etwas mehr zu erholen.

Am Tage vor der Abreise des Prinzen ward mir gesagt, ich möchte die Zahl der Maulesel angeben, die zum Fortbringen meines Gepäckes nöthig wären. Zugleich kündigte man mir an, daß wir in zwei Tagen alle abreisen sollten. Aber zu meinem größten Erstaunen ward mir an demselben Abend zum erstenmal die Erlaubniß, den Prinzen zu sprechen, abgeschlagen; er ließ sich nehmlich mit Geschäften entschuldigen, und wünschte, daß ich ihn am andern Morgen besuchen möchte. Gleichwohl sah ich alle Anstalten zur Reise machen, und man hatte mir für ganz gewiß gesagt, daß der Prinz am nächsten Tage Marokko verlassen würde.

Dieser Umstand mußte mich nothwendig verdrießlich und unruhig machen. Den andern Morgen ganz früh begab ich mich daher wieder zu der Wohnung des Prinzen, um die

die Wahrheit von dem, was ich den Tag vorher gehört hatte, zu erfahren. Ich brauchte indeß nicht lange nachzuforschen, da das erste, was mir in die Augen fiel, die schon beladenen Bagage-Maulesel waren, und da man mir überdies sagte, daß der Prinz in einer Stunde abreisen würde.

Vergebens ließ ich den Prinzen verschiedentlich bitten, er möchte mir erlauben, mit ihm zu sprechen. Ich erhielt bloß zur Antwort: er wäre beschäftigt, und ich müßte ein wenig warten. Durch mein dringendes Anhalten ermüdet, kam endlich ein besonderer Freund Sr. Hoheit heraus, und sagte mir: der Prinz schickte mir zehn harte Thaler, und ließe mir befehlen, den Garten sogleich zu verlassen. Nur der Kaiser könnte mich wieder nach Hause zurückschicken.

Aufgebracht über diese unwürdige Behandlung, ließ ich dem Prinzen durch den Mohren sagen: Geld brauchte ich nicht. Ich wünschte bloß, daß er sein Versprechen erfüllte; und nur Gewalt sollte mich eher aus dem Garten bringen, als bis ich einige Aussicht hierzu hätte. Der Erfolg von dieser Botschaft war, daß eben der Mann mit noch zwei Thalern wiederkam, und dabei sagte: „der Prinz hätte für mich Alles gethan, was er nur gekonnt hätte. Wenn ich zu einem von des Kaisers Sekretären, den er mir nannte, zu gehen Willens wäre, so würde mir dieser des Kaisers Abfertigungsbrief geben, und ich könnte dann nach Hause reisen, auf welche Weise ich wollte; der Prinz aber hätte mit mir nichts mehr zu schaffen." Da ich fand, daß meine Bestellungen vergeblich waren, so beschloß ich, die Gelegenheit abzuwarten, wenn der Prinz heraus käme; und sobald er zu Pferde gestiegen war, trat ich gerade vor ihn hin. Allein selbst dieser letzte Versuch half eben so wenig, wie die vorhergehenden, und ich erfuhr die äußerste Grobheit und Undankbarkeit; denn ehe noch mein Dolmetscher nur einen einzigen Satz vorbringen konnte, gab der Prinz seinem Pferde die Sporn, ritt eilig von mir weg, und ließ mich in der unangenehmsten Lage, die man sich nur denken kann.

Wohin ich sah — nirgends fand ich eine tröstliche Aussicht. Ich war in das Land gekommen, um den kranken Prinzen zu kuriren, und er hatte mir die festeste Versicherung gegeben, daß ich, sobald er meiner Dienste nicht mehr bedürfte, wieder zurück geschickt werden sollte. Wie groß mußte nun nicht meine Kränkung seyn, da ich mich in einer schlimmeren Lage sah, als der Kranich in der Fabel! Denn anstatt für alles das Ungemach und die Beschwerlichkeiten, die ich um seinetwillen erduldet hatte, von ihm nur diese negative Gunst zu erhalten, war ich gänzlich verlassen, und in den Händen eines übermüthigen, treulosen Kaisers! Zweifel über Zweifel bemächtigten sich meiner Seele; und dies, nebst dem Gedanken, daß ich die Hoffnung der unglücklichen Seeleute so gänzlich getäuscht, ferner daß ich dem Konsul bei der Genesung des Prinzen die günstigsten Nachrichten geschrieben hatte — dies alles erschütterte mein Gefühl so stark, daß ich zwei bis drei Stunden nicht viel besser, als wahnsinnig, war.

Sobald ich mich einigermaßen wieder erholt, ging ich zu dem Manne, an den man mich wegen meines Abfertigungsschreibens gewiesen hatte. Man sagte mir, er wäre früh Morgens nach Fez abgereist; auch machte ich noch die angenehme Entdeckung, daß der Prinz selbst sich dieser Entschuldigung bedient hatte, um nicht von mir belästigt zu werden. Weil kein Fremder, den der Kaiser hat kommen lassen, sich eher vom Hofe wegbegeben darf, als bis er seinen Urlaub bekommt: so betrachtete ich mich nun in jeder Rücksicht als einen Gefangenen. Da jede Hoffnung zur Freilassung mir fehl geschlagen war, so ging ich nach Hause, und schickte sogleich Expresse an die Konsuln zu Tanger und Mogadore ab, benachrichtigte diese von meiner Lage, und bat sie ernstlich um ihre unmittelbare Verwendung. Zugleich ließ ich kein anderes Mittel, wodurch ich meine Beurlaubung hätte erhalten können, unbenutzt; aber Alles war vergeblich! Das beste, was ich ersinnen, oder wenigstens ins Werk setzen konnte, war, dem Kaiser durch einen von seinen Söhnen folgende Bittschrift überreichen zu lassen:

An Se. Kaiserliche Majestät von Marokko.
Großmächtigster Kaiser,

Mit aller der ehrfurchtsvollen Unterwerfung, die Ewr. Majestät hoher Würde gebührt, nehme ich mir die Freiheit, Ewr. Majestät zu berichten, daß der Gouverneur von Gibraltar, unter dem zu dienen ich die Ehre habe, mir besonderen Befehl gegeben hat, wenn Ewr. Majestät Sohn, der Prinz Muley Absulem, meiner Hülfe nicht mehr bedürfte, sogleich zu meinem Posten zurückzukehren. Da dies jetzt der Fall ist, so erwarte ich bloß, zu erfahren, ob ich die Ehre haben soll, Befehle von Ewr. Majestät nach Tanger, an Ewr. Majestät Sohn Muley Haffem, oder an den Britischen General-Konsul zu überbringen.

Ich habe die Ehre mit der größten Ehrfurcht zu seyn
Ewr. Majestät unterthänigster Diener
W. Lempriere.

Diesen Brief ließ ich ins Arabische übersetzen, und in die landesüblichen Komplimente einkleiden. Dann wickelte ich ihn in ein seidenes Tuch, der Art gemäß, wie den kaiserlichen Personen in der Bärbarei alle Briefe übergeben werden. Nun brachte ich ihn mit einem Geschenke von Irländischer Leinewand, ungefähr sechs Thaler an Werth, und ebenfalls in ein seidenes Tuch gewickelt, dem Muley Omar, den ich zu Tarudant gesehen hatte, und bat ihn, denselben bei der ersten Gelegenheit seinem Vater zu überreichen. Erst nahm der Prinz das Geschenk an, und dann sagte er: da wir schon alte Freunde wären, so hätte ich mich nicht damit zu bemühen gebraucht; ich könnte aber versichert seyn, daß er dies Geschäft in Kurzem zu meiner gänzlichen Zufriedenheit ausrichten würde. Der Erfolg davon war ein Versprechen des Kaisers, daß er mich sogleich nach Hause schicken wollte; aber auch hierbei zeigte er eben die Falschheit, die ich gewöhnlich erfahren hatte.

Da des Kaisers Geisteskräfte schon so sehr abnahmen, daß er sich nach einer Stunde eines Umstandes nicht mehr erinnerte, so mochte meine Abfertigung wohl durch seine Vergeßlichkeit eben so sehr, wie durch irgend eine andere Ursache, verzögert werden. Deswegen ließ ich es nun meine nächste Bemühung seyn, die ersten Minister durch Geschenke für mich zu gewinnen. Ich hoffte nehmlich, daß diese ihn stets daran erinnern sollten; allein meine Geschenke waren diesen räuberischen Leuten entweder nicht ansehnlich genug, oder sie mußten hoffen, daß ich sie wiederholen würde — genug, auch durch diesen Plan konnte ich nichts ausrichten.

Elftes Kapitel.

Abreise des Kapitains Irving. — Uebermuth des Pöbels gegen die Christen. — Sitten und Charakter der Mohren. — Erziehung der Prinzen. — Bildung und Kleidung der Mohren. — Häuser und Mobilien. — Gebräuche. — Kouriere. — Anekdoten zur Erläuterung der Maurischen Gebräuche. — Gegenstände der Unterhaltung zu Marokko. — Reitkunst. — Musik und Dichtkunst. — Religion. — Moskeen. — Sklaven. — Heirathen. — Leichenbegängnisse. — Renegaten. — Karavanen nach Mekka und Guinea.

Vierzehn Tage nach des Prinzen Abreise wurden alle Englische Gefangene nach Mogadore beordert, wo sie unter der Aufsicht eines angesehenen Herrn so lange bleiben sollten, bis unser Hof es für gut fände, sie abholen zu lassen. Da ich durch diesen Umstand die Gesellschaft des Kapitains verlor, dessen gesunder Verstand und angenehme Unterhaltung mir meine verdrießliche Lage um ein Großes erträglicher gemacht hatten: so that diese Veränderung, wie ich gestehen muß, eben nicht die vortheilhafteste Wirkung auf mich. Meine einzige Zuflucht in Absicht der Gesellschaft blieb nunmehr der schon oben erwähnte Französische Officier.

Wir waren in unsrem Umgange einer auf den andren eingeschränkt; aber es gab noch ein andres Hinderniß gegen unsren Zeitvertreib. Wir konnten nehmlich die Judenstadt nicht verlassen, ohne mit wiederholten Steinregen, Schimpfwörtern und allen Beleidigungen, welche Bigotterie und Brutalität nur ersinnen können, begrüßt zu werden. In jeder Nation ist der unwissende Haufe intolerant; aber einen tollkühnern, wildern Pöbel, als die Lazzaroni von Marokko, kann es wohl kaum geben. Er ist eine Mischung von den gemeinsten Stadtleuten, von Bergbewohnern und von wilden Arabern, die in der Hoffnung, sich durch Arbeit oder Diebstahl zu nähren, in die Stadt gewandert sind.

Der Charakter eines vermischten Stammes paßt in einem noch weiteren Sinne selbst auf die civilisirten Einwohner dieses Landes. Vorzüglich kann man in den Städten den Abkömmlingen der verschiedenen Stämme, von welchen sie entsprossen sind, immer nachspüren; nehmlich den eingebornen Mauren, ihren Türkischen Besiegern, und den Negern, welche auf die schon erwähnte Art in das Land gebracht worden sind.

Die Farbe der zwei ersteren Stämme ist gelblich weiß; und theils wegen dieses Umstandes, theils wegen ihrer wechselseitigen Heirathen unter einander, kann man nicht immer den Ursprung eines jeden Individuums bestimmen. Deshalb will ich beide unter dem allgemeinen Nahmen Mohren oder Mauren zusammenfassen. Die Neger machen zwar einen großen Theil von den Unterthanen des Kaisers aus; aber doch sind sie jetzt auf keine Weise so zahlreich, wie unter Muley Ischmael's Regierung, der sie erst in das Land brachte. Sie sind besser gebildet, als die Mohren; und da sie mehr Leben, Muth und Thätigkeit haben, so ist ihnen ein beträchtlicher Theil der vollziehenden Gewalt in der Regierung anvertrauet. Sie machen in der That den beträchtlichsten Theil von des Kaisers Armee aus, und werden gewöhnlich zum Kommando über Provinzen und Städte bestimmt. Dies erregt natürlich Eifersucht zwischen ihnen und den Mohren, da die Letzteren sie als Usurpatoren einer Gewalt betrachten, zu der sie gar kein Recht haben.

Die Neger sind blutdürstig, eigensinnig und rachsüchtig. Als Soldaten zeigen sie Feuer genug, wenn sie Anführer haben, denen sie gewogen sind. Ihre Anhänglichkeit beruhet aber auf der Freigebigkeit ihres Befehlshabers, und auf der Energie, Strenge und Grausamkeit in seinem Charakter. Wenn er in einem von diesen Stücken nachläßt, so entlaufen sie ihm, oder überliefern ihn den Feinden.

Außer den Negern, die des Kaisers Armee ausmachen, giebt es im Lande noch eine große Menge anderer, die bei Maurischen Privatpersonen entweder Sklaven waren, oder es noch sind. Jeder Mohr von Bedeutung hat nehmlich eine Anzahl von ihnen in Diensten. Zur Schande für Europa behandeln die Mohren ihre Sklaven menschlich, und lassen sie bloß nach ihren Gärten sehen und Hausarbeiten verrichten. Sie erlauben ihnen, sich unter einander zu verheirathen, und nach einer gewissen Anzahl Jahre schenken sie ihnen freiwillig das unschätzbarste Gut, die Freiheit. Die Neger nehmen bald den Muhamedanischen Glauben an, ob sie gleich bisweilen ein wenig von ihren abergläubischen Landesgebräuchen darunter mischen. In jedem andern Betracht ahmen sie in Kleidung und Sitten die Mohren nach, von denen ich nun dem Leser einen allgemeinen Begriff zu machen suchen will.

Um über den Charakter der Mohren billig und gerecht zu urtheilen, müssen wir bedenken, was der gänzliche Mangel an Erziehung nothwendig bewirken muß; ferner die Wirkungen der im strengsten Sinne willkührlichen Regierung und eines Klima's, das, in so fern ein Klima nur Einfluß haben kann, ganz dazu eingerichtet ist, fehlerhafte Leidenschaften zu erregen und zu reitzen, und doch zugleich durch seinen entkräftenden und erschlaffenden Einfluß die edleren Geistesfähigkeiten zu schwächen und niederzudrücken. Hierzu kommt noch der mannichfache Nachtheil, der aus dem Mangel an freier Gemeinschaft mit andern Völkern entspringt, und der Einfluß einer ungereimten und lieblosen Religion.

Bei solchen Umständen muß der Reisende sich nicht wundern, wenn er hier die meisten Fehler wilder Nationen auf Ueppigkeit und Trägheit gepfropft findet; wenn er Aberglauben, Geitz und Wollust, die Hauptzüge ihres Charakters, mit ihren natürlichen Begleitern, Betrug und Eifersucht, bemerkt; — wenn er nur wenig liebreiche Anhänglichkeit und Zuneigung, wenig Freundschaft und gesellige Verbindung unter einander sieht: denn die Beschaffenheit der Regierung und die Gewohnheiten des Privatlebens sind dazu eingerichtet, Jedermann Mißtrauen und Argwohn gegen seinen Nachbar einzuflößen.

Ich will indeß nicht behaupten, daß dieser Charakter allgemein ist; denn die Gebräuche und die Regierungsform einer Nation mögen noch so sehr wider Tugend und moralische Vollkommenheit streiten — es giebt doch immer von den herrschenden Lastern einer jeden Societät glänzende Ausnahmen. So finden sich unter den Mohren Viele, deren Privattugenden jeder gebildeten Nation Ehre machen würden; aber leider muß ich hinzusetzen, daß diese Charaktere selten sind. Sie seufzen unter dem grausamsten Drucke des Despotismus; daher verlieren sie alle Lust zu Fleiß und Vervollkommnung, und lassen Trägheit und Unwissenheit ohne Einschränkung über sich herrschen. Sie wissen, wie unsicher es ist, ob sie der Früchte ihrer Hände und ihres Kopfes lange genießen werden; deßhalb begnügen sich die meisten Personen des Volkes mit den bloßen Lebensbedürfnissen, oder bemühen sich, wenn es in ihrer Macht steht, durch eben die Mittel reich zu werden, wodurch sie vorher im Zustande der Armuth erhalten wurden.

Künste und Wissenschaften scheinen hier ganz unbekannt zu seyn; *) oder wenn sich ja Jemand um sie bekümmert, so sind es bloß die Juden, in der That die einzigen fleißigen und erfinderischen Leute in diesem Lande. Man kann die Mohren im Allgemeinen als ein Hirtenvolk betrachten, da sie bloß einige wenige mechanische Geschäfte treiben und Alles, was Erfindungsgeist erfordert, den Juden überlassen. Diese führen auch den größten Theil ihrer Geld- und Handelssachen; und selbst die wenigen Maurischen Kaufleute müssen zur Verrichtung ihrer Geschäfte Jüdische Agenten haben.

Aus Furcht, daß man ihren Reichthum entdecken möchte, entziehen sie sich lieber allen Aufwand und selbst die Bequemlichkeiten des Lebens, um nicht des Geldes beraubt zu werden, das doch unter solchen Umständen wenig oder gar keinen Nutzen für sie hat. Sie sammeln Schätze, und verbergen sie dann, doch selten so listig, daß man sie nicht am Ende entdecken sollte, da sie denn von dem Bascha, dem Prinzen, oder dem Kaiser geplündert werden. Um ihre Reichthümer sicher zu verhehlen, müssen sie zu jeder Art von Verstellung ihre Zuflucht nehmen; und da man sie von den frühesten Jahren ihres Lebens an in dieser Eigenschaft übt, so wird sie in dem reifern Alter ein fester Zug ihres Charakters.

Die Mohren sind von Natur ernsthaft und nachdenkend, eifrig in Freundschaftsversicherungen, aber in ihrer Zuneigung nichts weniger als aufrichtig. Sie haben keine Neugierde, kein Verlangen nach Kenntnissen. Durch Trägheit, mit gänzlichem Mangel an Geisteskultur verbunden, werden sie vielleicht noch unempfänglicher für alle feineren

---

*) Ueber die Wissenschaften und Künste der Mauren hat Höst in seinem achten Kapitel umständlich gehandelt. Im Ganzen ist dieses Volk freilich, wie alle Muhamedaner, noch sehr zurück; aber man begreift doch eher, wie solche Nationen die Zeit noch immer nach dem Monde, nehmlich nach Mondsmonathen, berechnen, als wie unsre Juden, die schon so lange unter den aufgeklärtesten Nationen gelebt haben, es noch fortdauernd thun. Z.

Gefühle, als jedes andere unaufgeklärte Volk, und es ist mehr als gewöhnliche Anreizung erforderlich, um sie für Freude oder Schmerz empfindlich zu machen. Bei dieser Fühllosigkeit haben sie indeß auch nicht den kleinsten Funken von Muth und Tapferkeit. Im Unglück zeigen sie gegen ihre Obern die niedrigste Unterthänigkeit; im Glück sind ihre Tyrannei und ihr Stolz unerträglich. Sie lächeln oft; aber selten hört man sie laut lachen. Das untrüglichste Zeichen von innerer Ruhe und Vergnügen besteht bei ihnen darin, daß sie zum Zeitvertreib ihren Bart streicheln, oder damit spielen. Sind sie aufgebracht, so geht ihr Streit doch niemals weiter, als bis zu gewaltigem Schimpfen. Sie baxen sich niemals, wie unsere Landleute, sondern, wenn es bei einem Zanke bis zum Aeußersten kommt, so nehmen sie einander beim Kopfe, und oft endigt sich dann der Zank durch einen Mord.

Es ist irgendwo angemerkt, daß alles, was des Menschen Geist erniedrigt, zugleich auch sein Herz verderbt und verschlimmert. Die verworfene Gesinnung, welche der Sklavenzustand verursacht, reißt auch jedes edle Gefühl mit der Wurzel aus. Die Mohren sind ehrlos in allen ihren Handlungen, und die Vornehmsten unter ihnen verrathen Neigungen, die den Geringsten unter den civilisirten Europäern beschimpfen würden. Als die Armee des vorigen Kaisers zu Tanger lag, lud einer von den Konsuln den Mohrischen General und dessen vorzüglichste Freunde zum Thee ein. Kaum waren sie wieder weg, so vermißte der Konsul einen von seinen Theelöffeln. Er schickte, weil er den Chrafter der Mohren kannte, danach zu dem Generale, der ihn auch sogleich zurükgab, und sich bloß damit entschuldigte, daß er ihn aus Versehen in die Tasche gesteckt habe.

Es wäre zu wünschen, daß wir zur Beschreibung von dem Genius oder Charakter einer Nation in unsrer Sprache ein Wort hätten, welches anzeigte, daß vorzüglich Gewohnheit oder Gebräuche den Charakter der Völker bilden. Von

dieser Wahrheit giebt Marokko den stärksten Beweis.
So schläfrig und gefühllos auch der Mohr, nach meiner
Schilderung, im Ganzen ist, so paßt doch dieser Charakter
keinesweges in seinen frühern Jahren auf ihn. In der
Kindheit besitzt er einen ungewöhnlichen Grad von Lebhaftigkeit und Scharfsinn; aber, so wie er älter wird, sinkt er
nach und nach in Trägheit und Stumpfheit. Offenbar ist
also dieser Umstand bloß dem Mangel an Erziehung zuzuschreiben. So lange sie in der Schule sind, zeigen sie fast
eben so viel Fleiß, als Geschicklichkeit; und da sie ihre Lek-
tionen alle auswendig lernen, so ist auch wirklich ein nicht
geringer Grad von Anstrengung nöthig. Ihr Kursus ist
indeß äußerst begränzt, und dauert nur sehr kurze Zeit. Er
besteht großentheils aus dem Unterricht in gewissen Kapi-
teln des Korans, und etwa noch im Schreiben. Nachher
hat alle Aufmerksamkeit zum Lernen ein Ende; und obgleich die Eltern ihnen nicht viel nachsehen, so werden sie
doch selten bestraft, und gewöhnlich sich selbst überlassen, so
daß sie beinahe im Stande der Natur leben.

Ein neulich verstorbener beredter Schriftsteller sagt:
„es fehlte den Alten nicht, wie dem Archimedes, an
einem Platze für ihre Maschinen, sondern an einer Maschine, die moralische Welt in Bewegung zu setzen. Diese
Maschine ist die Druckerpresse;" — und dem Mangel an
ihr kann man mit Recht die Dummheit, Unwissenheit und
Sklaverei der Afrikanischen Nationen zuschreiben. Die
Buchdruckerkunst ist in der Bárbárei gänzlich verboten und
unbekannt; auch sind, aus irgend einer unerklärlichen Ursache, die meisten von den Manuskripten, welche die alten
Saracenen besaßen, für die jetzige Mohrische Generation
verloren. Wirklich existiren noch einige wenige, die von
Sternkunde, Sterndeuterei und Naturlehre handeln;
man studirt jetzt aber bloß die astrologischen.

Wenn noch irgend etwas eine wichtige und wohlthä-
tige Veränderung bei diesem Volke hervorbringen könnte,
so wäre es das Beispiel eines großen, edel denkenden Mo-

warchen, der durch irgend eine besondere Revolution zu dem Throne von Marokko käme. Unter einer so despotischen Regierung, wo Religion und Gewohnheit sich vereinigen, das Volk seinen Fürsten als ein übermenschliches Wesen betrachten zu lehren, kann sein Beispiel weit mehr wirken, als in einem freien Lande, wo man den Oberherrn bloß als ein Individuum betrachtet, das zum allgemeinen Besten auf den Thron gesetzt, und allen, der menschlichen Natur eigenen Fehlern und Schwachheiten unterworfen ist,— wo der Geist, da er frei denken darf, jedes Ansehen, das Ansehen der Vernunft und der Wahrheit ausgenommen, nicht achtet.

Der Plan, den man zur Erziehung der Marokkanischen Prinzen angenommen hat, ist indeß so weit entfernt, auf Verbesserung ihres Geistes und auf Bereicherung ihrer Begriffe abzuzwecken, daß er im Gegentheil nur zu oft dazu dient, sie noch lasterhafter und viehischer zu machen, als selbst der Schlimmste ihrer Unterthanen ist. Sobald sie in den Jahren sind, daß es nicht rathsam seyn würde, ihnen noch länger innerhalb der Mauern des Harems zu trauen, so werden sie herausgenommen und der Sorge eines von den Lieblings-Negern ihres Vaters übergeben. Mit diesem schließen sie bald die engste Vertraulichkeit; von ihm nehmen sie alle die schlechten Eigenschaften an, die mit dem Stande der Sklaverei unzertrennlich verbunden sind; von ihm werden sie zu Lastern aller Art, Ausschweifungen, Grausamkeit und Unterdrückung eingeweiht. Ihr Unterricht erstreckt sich nicht weiter, als auf Lesen und Schreiben, und ihre Kenntniß der Welt besteht bloß in dem, was sie auf einer Pilgerreise nach Mekka beobachten und lernen können. Mit der Staatsgeschichte aller fremden Mächte sind sie völlig unbekannt, und die Kenntniß von ihrer eigenen Regierung schränkt sich vorzüglich auf ihren schlechtesten Theil ein. Sie mit den Hülfsquellen ihres Landes und mit den Verbesserungen, die seine Lage erlaubte, bekannt zu machen, oder ihre Aufmerksamkeit nur zum Theil auf Anordnungen in der Regierung zu lenken, die auf den Vortheil und den Wohlstand ihrer Unterthanen oder auf wahre Vergrößerung ihrer eignen Macht abzwecken — das liegt so weit außer den Gränzen ihrer Erziehung, wie Neutons Naturlehre. So besteigen sie den Thron mit allen Vorurtheilen der Unwissenheit, mit allen Lastern der Barbarei, und mit einem Stolze, bei dem sie auf ihre Mitgeschöpfe, wie auf niedrigere Wesen, herabsehen, ohne daß das mindeste Gefühl von Zärtlichkeit, Mitleiden, oder wahre Politik den Arm des Despotismus von den grausamsten und unseligsten Excessen abhielte. Diesem zufolge sind die Beherrscher von Marokko im Allgemeinen sehr wenig tauglich, eine Verbesserung in den Sitten und dem Charakter ihres Volkes zu bewirken.

Unwissenheit hindert indeß die Mohren nicht an Schwatzhaftigkeit. Sie sprechen sehr laut, und gemeiniglich ihrer Zwei bis Drei auf einmal, weil sie es mit dem Erwarten einer Antwort eben nicht sehr genau nehmen. So unnütz auch die Höflichkeitsregeln in den Augen des Philosophen seyn mögen, so giebt es doch einige unter ihnen, die wahrscheinlich selbst zur Vervollkommnung unseres Verstandes nicht wenig beitragen.

Persönliche Reinlichkeit haben neuere Philosophen mit als ein Kennzeichen von der Bildung eines Volkes angegeben. Muhamed schrieb den Mohren vergebens häufiges Waschen als eine Religionspflicht vor. Ihre Kleidung, die weiß seyn sollte, wird selten gereinigt; und ihr ganzes Aeußeres beweist, daß sie diesen Theil ihrer Religionsgebräuche sehr saumselig verrichten. Man erstaunt mit Recht, wenn man findet, daß bei dieser Nachlässigkeit in Ansehung ihres Körpers doch die sorgfältigste Reinlichkeit in ihren Häusern und Zimmern beobachtet wird. Sie gehen mit entblößten Füßen in ihre Zimmer, und können bei der Stelle, wo sie sitzen, nicht den geringsten Schmutz dulden. Diese Delikatesse erstreckt sich aber bloß auf das Innere ihrer Häuser. Aller Schutt und alles Kehricht wird auf die Straße gebracht, und dadurch hat sich in verschiedenen Theilen der Stadt Marokko der Boden so gehoben, daß die neueren Häuser immer beträchtlich höher stehen, als die alten.

Der Körper der Mohren männlichen Geschlechtes wird durch die Kleidung so verstellt, daß man sich unmöglich einen guten Begriff von ihrer Figur und den Verhältnissen ihrer Glieder machen kann. Sie sind gemeiniglich von mehr als mittlerer Größe, und eher mager als fett. Ihre Farbe ist in den nördlichen Theilen des Kaiserthums im Ganzen gelb; je weiter nach Süden aber, desto dunkler wird sie. In ihren Gesichtszügen bemerkt man durchgehends viel Aehnliches. Sie haben große, schwarze Augen, eine Adlernase und gemeiniglich hübsche Zähne.

Die Mannskleidung *) besteht aus einem kurzen leinenen Hemde, mit großen, weiten Aermeln, die bis halb auf die Erde hangen; — einem Paar weiter leinener Schifferbeinkleider, die beinahe bis auf die Knöchel reichen, und über die sie noch ein anderes weites Paar von wollenem Zeuge ziehen. Ueber dem Hemde tragen sie zwei bis drei wollene Westen von verschiedener Farbe und Europäischer Manufaktur. Diese werden so weit und groß gemacht, wie unsre langen Röcke, vorn mit sehr kleinen Knöpfen zugeknöpft, und mit einem seidenen Gürtel fest um den Leib gebunden. Ueber die Westen werfen sie ein sammetnes Band, das queer über die rechte Schulter geht, und woran auf der linken Seite ein gekrümmter Dolch oder ein krummes Messer in einer metallenen Scheide hängt. Dies ist die Hauskleidung der Mohren; wenn sie aber ausgehen, ziehen sie noch den Haik an, ein Kleidungsstück, welches ich schon oben beschrieben habe. Sie werfen ihn auf eine nachlässige, aber ungezwungene Art über die andren Kleider, so daß er dem Schottischen Mantel (plaid) etwas ähnlich sieht.

*) Eine Beschreibung von dem Anzuge der Maurischen Weiber, und allgemeine Bemerkungen über sie, werde ich weiter unten liefern, wenn ich von des Kaisers Harem rede. A. d. V.

Diejenigen Mauren, welche eine Wallfahrt nach Mekka gemacht haben, sind berechtigt, einen Turban zu tragen, und heissen Ell-Hatsch. Man begegnet ihnen immer mit besondrer Ehrfurcht. (Selbst die Lastthiere, welche man zu dieser Reise gebraucht hat, stehen in grosser Achtung, und sind nach ihrer Zurückkunft von aller Arbeit frei.) Die andre Klasse von Mohren trägt bloß schlichte rothe Mützen. Alle scheeren in der Regel ihren Kopf dicht ab, so, daß bloß oben auf der Scheitel eine Locke stehen bleibt; ihren Bart aber lassen sie wachsen. Sie tragen weder Strümpfe noch Schuhe; sondern statt der letztern gelbe Pantoffeln. Sie halten sehr viel auf Korallen, und die Vornehmern haben immer einen Rosenkranz davon in der Hand, indeß mehr zum Zeitvertreibe, als zu Religionsabsichten. Viele tragen auch glatte goldne Ringe an den Fingern, und die, deren Umstände diese Ausgabe erlauben, haben auch Uhren; sie halten dieselben aber, eben so wie den Rosenkranz, mehr für eine Zierde, als für eine sonderlich nützliche Sache, und es kennen nur Wenige ihren Nutzen gehörig.

Dies mag dienen, einen Begriff von der Kleidung der Reichen zu geben. Unter den ärmern Klassen des Volkes tragen Einige leinene Beinkleider, das Hemde, eine wollene Weste, und hierüber den Haik; Andre haben bloß einen groben wollenen Kittel, den sie um den Leib fest gürten, und worüber sie den Haik ziehen. Bei kaltem oder regnichtem Wetter lassen die Mohren den Haik gemeiniglich weg, und tragen statt dessen den Sulam, einen weiten Mantel von weißem oder blauem wollenen Zeuge und Europäischer Fabrik, der bis auf die Füße reicht und eine Kappe zur Bedeckung des Kopfes hat.

In den meisten Städten dieses Reiches sehen die Häuser in einiger Entfernung wie die Grabhügel auf einem Kirchhof aus, und auch der Eingang in die besten derselben hat nur ein schlechtes Ansehen. Die Zimmer sind gemeiniglich an der Erde, und von außen angeweißt. Weil die Dächer ganz platt sind, so dienen sie zum Sommeraufenthalt, wo die Weiber der Mohren gewöhnlich sitzen, um frische Luft zu schöpfen; und an einigen Orten kann man beinahe über die ganze Stadt weggehen, ohne die Straße betreten zu dürfen.

Da die besten Zimmer alle hinten hinaus sind, so ist ein Stall oder vielleicht etwas noch Schlimmeres, der erste Ort, wohin man bei einem Besuche geführt wird. Will man in das Haus, so muß man entweder hier, oder auf der Straße, warten, bis alle Weiber aus dem Wege gebracht sind. Hierauf darf man in einen viereckigen Hof gehen, in welchen sich vier schmale, lange Zimmer vermittelst großer Flügelthüren öffnen. Da sie keine Fenster haben, so dienen diese Thüren zugleich zum Einlassen des Lichtes. In der Mitte des Hofes ist gewöhnlich ein Springbrunnen; und gehört das Haus einem vermögenden Mohren, so ist der ganze Hof mit blauen und weißen Ziegeln nach Art eines Schachbrettes gepflastert. Die Thüren sind gewöhnlich mit Vierecken von mancherlei Farben bemalt, und der obere Theil derselben ist mit sehr artigem Schnitzwerke geziert. In keinem von den Zimmern findet man einen Herd, und alle ihre Speisen werden auf dem Hofraum, in einem irdenen, mit Holzkohlen geheitzten Ofen zubereitet.

Wenn der Gast in das Zimmer kommt, in welchem der Herr des Hauses ihn annimmt, so findet er diesen mit kreuzweis untergeschlagenen Beinen und mit bloßen Füßen auf einer an der Erde liegenden und mit feiner weißer Leinwand überzogenen Matratze, oder auch nur auf einer gewöhnlichen Matte, sitzen. Dies und ein kleines Stück Teppich sind gemeiniglich die einzigen Meubeln, die man in den Maurischen Häusern findet, ob es ihnen gleich sonst nicht an allem Schmucke fehlt. So sieht man in einigen die Wände mit Spiegeln von verschiedener Größe verziert; in andern Taschen- und Wanduhren in Glaskasten; auch sind in einigen die Zimmer wohl mit Löwen- oder

Tiegerhäuten behängt, oder es sind Musketen und Säbel zur Zierde darin aufgestellt. In den Häusern derer, die auf dem vornehmsten Fuße leben, steht bisweilen an jedem Ende des Zimmrs eine Europäische Bettstelle von Mahoganyholze mit Einer oder zwei Matratzen, welche einen Ueberzug von feiner weißer Leinwand haben. Diese werden indeß bloß als Zierrath betrachtet, da die Mohren immer an der Erde auf einer Matratze oder Decke schlafen, und sich bloß mit ihrem Haik, oder etwa mit einem Küssen zudecken.

Da Muhameds Gesetz den Gebrauch aller Schildereien gänzlich verbietet, so findet diese angenehme Art von Verzierung in den Häusern der Mohren nicht Statt. Ich kannte indeß in Marokko einen Mohren, der seinen Freunden und Bekannten einen Guckkasten zu zeigen pflegte, worüber denn Alle das äußerste Erstaunen und Bewundern zu bezeigen schienen. Dies war indeß nicht das Einzige, wodurch er sich eine Uebertretung der Muhamedanischen Gesetze zu Schulden kommen ließ. Er machte sich auch kein Gewissen daraus, sehr reichlich seine Flasche Portwein oder Klairet zu trinken, obgleich das Verbrechen dadurch noch vergrößert ward, daß Christen den Wein zubereitet hatten. Ich mußte ihm von Mogadore drei Dutzend Flaschen Klairet verschaffen, die ihm ungemeines Vergnügen zu machen schienen. Seine Neigung zu Europäischen Produkten verursachte vielleicht, daß er so ungewöhnliche Zuneigung zu den Europäern hatte. Wie dem aber auch seyn mag — genug, er war der Einzige, der mir bei meinem Aufenthalte in Marokko viel Aufmerksamkeit bezeigte. Er ließ mich verschiedentlich nach seinem Hause einladen, und machte mir kleine Geschenke von mancherlei Art, die mir in dieser Lage sehr angenehm waren.

Wenn ein Mohr Gäste bekommt, so steht er nie von seinem Sitze auf, sondern schüttelt ihnen die Hand, fragt nach ihrem Befinden, und bittet sie, sich auf einem Teppich oder einem Küssen niederzulassen, das zu diesem Zwecke

auf

auf dem Boden liegt. Welche Tageszeit es auch seyn mag — immer wird dann auf einem Theebrette mit niedrigen Füßen Thee hereingebracht. Da dieser in der Bärbärei ein theurer und seltner Artikel ist, und nur reiche oder mit Aufwand lebende Leute ihn trinken, so ist dies das größte Kompliment, das der Mohr einem machen kann. Sie bereiten ihn auf die Weise zu, daß sie einige Gran Thee, etwas Reinfarrn (tanacetum), eben so viel Münze (mentha)*), und, weil sie gern sehr süß trinken, viel Zucker zusammen in einen Theetopf schütten, und ihn dann mit kochendem Wasser anfüllen. Wenn das Wasser eine gehörige Zeit auf diesen Ingredienzen gestanden hat, so wird es in Tassen von dem besten Chinesischen Porzellan, je kleiner, je artiger, gegossen und ohne Milch mit etwas Kuchen oder Zuckerwerk in der Gesellschaft herumgegeben. Da sie dies Getränk so hoch schätzen, so schlürfen sie es gewöhnlich in kleinen Zügen langsam hinunter, daß sie seinen Wohlgeschmack länger genießen können; und da sie, wenn einmal Thee vorhanden ist, eine beträchtliche Quantität trinken, so dauert diese Unterhaltung selten kürzere Zeit, als zwei Stunden.

Der übrige Luxus der Mohren besteht im Tabakschnupfen, dem sie ungemein stark ergeben sind, und im Tabakrauchen. Zu dem letztern bedienen sich die Meisten hölzerner, ungefähr vier Fuß langer Pfeifen mit einem irdenen Kopfe; die Prinzen und der Kaiser haben aber gewöhnlich Pfeifenköpfe von massivem Golde. Da das

---

*) Da es mehrere Arten von Reinfarren (*Tanacetum*) und Münze (*Mentha*) giebt, so läßt sich wohl nicht genau die hier gemeinte Art von jeder bestimmen. Vielleicht ist die hier erwähnte Münze die so genannte Lanzenmünze (*Mentha viridis floribus spicatis, foliis oblongis serratis LINN.*), da dieses Kraut ein vortreffliches Magenmittel giebt; vielleicht auch die Pfeffermünze (*Mentha piperita L.*) wegen ähnlicher Kräfte. — Der Reinfarren wirkt, wie bekannt, gegen die Würmer. Vielleicht wird hier das *Tanacetum Balsamita L.* gemeint, welches besonders in wärmeren Klimaten zu Hause ist, in der Arznei vorzüglich gebraucht wird und einen angenehmen Geruch hat. Z.

Opium wegen des schweren Zolles, den der Kaiser darauf gelegt hat, den Mohren zu theuer ist, so nehmen sie statt desselben *Achicha* (Atschihtscha)*), eine Art von Flachs. Dieses pülvern sie, und gießen eine kleine Quantität Wasser darauf. Die Mauren behaupten, es bewirke angenehme Ideen; doch geben sie zu, daß es, in Uebermaß genossen, gewaltig berausche. Um diese Wirkung hervorzubringen, mischen sie auch unter ihren Rauchtabak ein Kraut, welches *Khaf* genannt wird und eben so trunken macht, wie *Achicha*. Der Koran verbietet zwar strenge den Genuß der gebrannten Wasser und des Weins; es giebt indeß sehr wenige Mohren, die nicht mit Vergnügen jede Gelegenheit ergreifen, beides im Stillen bis zum Uebermaaß zu trinken.

In der Essenszeit sind die Mauren sehr ordentlich. Gleich nach Tagesanbruch nehmen sie ihr Frühstück zu sich, das gemeiniglich aus einer dünnen Suppe von Mehl und Wasser, nebst einem Kraute besteht, wodurch sie eine gelbe Farbe bekommt. Der männliche Theil der Familie ist in Einem Zimmer, und der weibliche in einem andern. Die Kinder dürfen nicht mit ihren Eltern essen, sondern bekommen ihren Theil in einem andern Zimmer zugleich mit den Bedienten; überhaupt werden sie in den meisten Stücken von ihren Eltern gänzlich wie Bediente oder Sklaven behandelt. — Das Gericht wird in eine irdene Schale gegossen, in einer runden hölzernen Mulde hereingebracht, und mitten zwischen die Gäste gesetzt, welche zu diesem Zwecke in einem Cirkel mit kreuzweis untergeschlagenen Beinen auf einer Decke, oder auf der bloßen Erde sitzen. Wenn sie sich nun zuvor gewaschen haben — eine Ceremonie, die sie allemal vor und nach dem Essen verrichten — so macht sich jeder mit seinem Löffel tapfer über die Schale her, und

---

*) Höst schreibt: die *Haschischa*, und sagt gleichfalls, es sey eine Art Flachs. Indeß gesteht er, daß der Name viel zu allgemein angegeben ist, da die Mauren jedes Gras *Haschsch* nennen. Vom *Khaf* habe ich andrer Orten nichts Bestimmtes angegeben gefunden. 3.

ißt zur Abwechselung Obst oder Brot dazu. — Um zwölf Uhr essen sie zu Mittage, und zwar mit eben den Ceremonien, wie beim Frühstücke. Vom Kaiser bis zum Bauer hinunter, ist das Mittagsessen allgemein Kuskasu, dessen Zubereitung ich schon oben beschrieben habe. Wenn ich nicht irre, ist auch schon mehreremale angemerkt worden, daß man hier zu Lande weder Stühle noch Tische, weder Messer noch Gabel braucht. Die Schüssel wird daher in einer runden Mulde aufgetragen und an die Erde gesetzt. Die Familie sitzt, wie bei dem Frühstücke, rund umher, und greift mit den Fingern tapfer hinein. Hierbei wartet ihnen ein Sklav oder Bedienter auf, und reicht ihnen von Zeit zu Zeit Wasser und ein Handtuch zum Waschen der Hände. Weil sie die so einfache und nützliche Erfindung der Messer und Gabeln nicht kennen, so sieht man hier nicht selten drei bis vier Personen Ein Stück Fleisch in Stücke zerren, dann mit ihren Fingern den Brei, oder den Kuskasu umstören, und eine ganze Handvoll auf einmal in den Mund stopfen. Ihre Art zu essen war mir in der That so ekelhaft, daß, obgleich der Kuskasu wirklich eine sehr gute Speise ist, doch einige Zeit dazu gehörte, ehe ich meinen Widerwillen so weit besiegen konnte, ihn zu kosten. — Mit Sonnenuntergang essen sie dasselbe Gericht wieder, und das Abendbrot ist eigentlich ihre Hauptmahlzeit.

Dies ist die allgemeine Lebensart der Vornehmen in den Städten. Es giebt indeß auch eine große Menge, die es nicht so gut haben, sondern sich mit ein wenig Brot und Obst anstatt des Fleisches behelfen und auf der Straße schlafen müssen. Diese Art zu leben scheint selbst ein Mensch, der nichts thut, schwerlich ertragen zu können; wie viel härter muß sie also denen nicht seyn, welche in diesem Lande das mühselige Amt der Kouriere versehen, zu Fuß Reisen von drei- oder vierhundert (Engl.) Meilen (täglich zwischen dreißig und vierzig) machen müssen, ohne irgend etwas Anderes zu genießen, als ein wenig Brot, einige Feigen und etwas Wasser, und die des Nachts kein besseres Obdach, als einen Baum, haben. Es ist bewundernswürdig, mit welcher Schnelligkeit und Beharrlichkeit diese Leute zu jeder Jahreszeit die ermüdendsten Reisen zurücklegen. In allen Städten giebt es ordentliche Gesellschaften solcher Leute, die jeden Augenblick bereit sind, sich nach irgend einem Theile des Landes, wohin man nur etwas zu besorgen Gelegenheit hat, verschicken zu lassen. Nur durch sie kann man in dem Reiche öffentliche Depeschen oder Privatbriefe besorgen; und da man sie an dem Orte, wo sie zu Hause gehören, sehr wohl kennt, so liefern sie Alles, was man ihnen anvertrauet, aufs pünktlichste ab. Weil sie einen so starken Schritt, ungefähr vier (Engl.) Meilen in der Stunde, gehen, und durch Gegenden marschiren können, die bei der gebirgigen Beschaffenheit des Landes, und bei den schlechten Wegen für Reiter unzugänglich seyn würden: so sind sie in der That bei weitem die schnellsten Boten, die man nur haben kann. Zum Beweise ihrer erstaunlichen Anstrengung brauche ich bloß anzuführen, daß vielemale ein Kourier den Weg von Marokko nach Tanger, ungefähr dreihundert und dreißig Englische Meilen (66 Deutsche), in sechs Tagen zurückgelegt hat.

Hier zu Lande geht nur das geringste Volk zu Fuß. Man hält es für höflicher, Jemand auf einem Maulesel, als zu Pferde, zu besuchen. Der Maur setzt den größten Stolz darin, solche zu haben, die einen vorzüglich guten Schritt gehen und seine Bedienten, deren Zahl sich nach dem Range und der Wichtigkeit ihres Herrn richtet, beständig im Laufen erhalten.

Da die Mohren, ausgenommen bei besondern Gelegenheiten, nicht gern Fremde in ihr Haus lassen, so legen sie bei gutem Wetter eine Matte oder auch einen Teppich vor die Thür, setzen sich mit kreuzweis untergeschlagenen Beinen darauf, und nehmen hier ihre Gäste an. Diese setzen sich dann auf eben die Weise in einem Kreise umher, und haben ihre Bedienten außerhalb desselben hinter sich. Dann trinken sie entweder Thee, oder rauchen und schwazen mit einander. Bisweilen sind die Straßen voll von solchen Gesellschaften. Einige vertreiben sich dann die Zeit mit einer geringeren Art von Schach- oder Brettspiel, worin sie sehr fertig sind; die Meisten aber sprechen mit einander. Dies Volk hat in der That einen so entschiedenen Widerwillen gegen das Stehen oder Umhergehen, daß, wenn zwei oder drei Leute sich begegnen, und nur ein Paar Minuten mit einander reden wollen, sie sogleich auf dem ersten reinen Platze, den sie finden können, niederhocken.

Wenn ich in Marokko den einen Sohn des Kaisers, Muley Ussine besuchte, so ward ich immer auf die so eben beschriebene Art empfangen. Ich fand ihn auf einer gewöhnlichen Matte mit kreuzweis untergeschlagenen Beinen auf eben dem offenen Platze sitzen, wo seine Pferde standen; und seine Freunde schlossen einen halben Kreis um ihn her. Ich mußte mich sogleich mit hineinsetzen und, wenn es gerade Zeit war, Thee trinken. In der Unterhaltung sagte mir der Prinz: die Christen und Mohren wären Brüder, und die Engländer gute Leute; gegen die Mönche hätte er aber einen besondern Haß, weil es ausgemachte Schurken wären, die es weder mit Christen, noch mit Mohren gut meinten.

Ich fand an diesem Prinzen einen hübschen jungen, ungefähr sechs und zwanzigjährigen Mann, von ziemlich dunkler Farbe, aber dabei von offner, edler Gesichtsbildung. Wenige Jahre vorher war er Gouverneur von Tafilet gewesen, und hatte dort die Liebe des Volkes so gewonnen, daß man ihn zum Könige ausrief; und wirklich beherrschte er das Land einige Zeit mit der ganzen unabhängigen Macht eines Oberherrn. Dies nöthigte den Kaiser, eine Armee gegen ihn zu schicken. Als diese ankam, ergab der Prinz sich sogleich. Nun ward er nach Marokko gebracht, und seines ganzen Vermögens und aller seiner Macht beraubt, so daß er, als ich mich daselbst aufhielt, wirklich sehr eingezogen lebte. Er war zu Tafilet sehr freigebig gegen Jeden, mit dem er in Verbindung stand, und so bewies er sich auch gegen mich zu Marokko. Er schenkte mir nehmlich für die geringe Aufmerksamkeit, die ich seinem Lieblings-Neger bewiesen hatte, ein so gutes Pferd, wie ich während meines Aufenthaltes in diesem Lande nur je eins gehabt habe.

Das einzige Laster dieses jungen Mannes war sein übermäßiges Trinken; indeß betrug er sich hierin nicht strafbarer, als alle seine königlichen Brüder. Er sagte mir, wenn er nicht alle Tage vor dem Mittagsessen sechs Becher Aquadent (eine Art von Branntwein, etwas schwächer, als Weingeist) zu sich nähme, so würde er den übrigen Theil des Tages seinen Kopf nicht aufrecht halten können. Er wünschte zu wissen, ob diese Gewohnheit seiner Gesundheit schädlich wäre, und wenn sie es wäre, was ich ihm dann riethe? Ich sagte ihm: er möchte die gebrannten Wasser weglassen, und an ihrer Statt Wein trinken, den er von den Europäischen Kaufleuten zu Mogadore bekommen könnte; oder er möchte auch den trinken, den die Juden machten. Der Prinz bemerkte, diesen Rath dürfte er nicht befolgen, weil das Muhamedanische Gesetz mehr den Wein, als die gebrannten Wasser verböte. Ich antwortete ihm: nach dem strengen Buchstaben des Gesetzes möchte dies ganz richtig seyn; wenn man aber Wein als Medicin brauchte, so wäre er kein Wein mehr. Diese Idee benahm dem Prinzen seine Zweifel, und er versprach, meinen Rath zu befolgen.

Späterhin rief man mich zu Muley Slemma, einem andren Sohne des verstorbenen Kaisers. Dieser ist, so wie der jetzt regierende Kaiser, der Sohn einer gebornen Engländerinn, ungefähr acht und dreißig Jahre alt, groß und von majestätischem Ansehen, und hat ein sehr ausdrucksvolles, muntres Gesicht. Er bezeigte mir während der ganzen Zeit, die ich in Marokko war, ungemeine Aufmerksamkeit. Sein Pavillon, worin er die Fremden annahm und seine Geschäfte verrichtete, lag an dem Ende eines langen Ganges in einem Garten von Orangenbäumen. Er bestand aus einem großen Zimmer an der Erde, das eben so aufgeputzt war, wie Muley Absulem's Zimmer in Tarudant. Der Prinz saß mit kreuzweis untergeschlagenen Beinen auf einer großen, mit feiner weißer Leinwand überzogenen Matratze, der Thür gegenüber, an der Erde, und ihm zu beiden Seiten seine Mohrische Freunden in einem halben Cirkel. Als ich bei ihm eingeführt ward, bezeugte er über meinen Anblick ungemeines Vergnügen, rief aus: *Bono, Bono, Anglaise!* und setzte hinzu: die Engländer wären seine Brüder und seine besten Freunde. Dann sagte er: ich möchte seinen Puls anfühlen und ihm sagen, ob er gesund sey, oder nicht. Sobald ich versichert hatte, daß er sehr gesund wäre, mußte ich mich auf einen schmalen Teppich setzen, der hierzu auf der Erde lag; und nun befahl er einem seiner Pagen, Thee hereinzubringen, ob es gleich schon Mittags um zwölf Uhr war. Aus Höflichkeit gegen mich ließ er auch Milch bringen, welche die Mohren selten dazu nehmen. Auch sagte er: da er wüßte, daß die Engländer zu ihrem Thee immer Milch tränken, so wolle er mir eine milchende Kuh schenken, damit ich nach meiner Landessitte leben könnte. Se. Königliche Hoheit vergaßen indeß dieses Versprechen gänzlich, und es ließ sich niemals eine Kuh sehen.

In unsrer Unterredung gab der Prinz viele Beweise von Gutmüthigkeit und vortheilhaftem äußeren Betragen. Er erzählte mir: auf seiner Reise in die Türkei hätte der Kapitain einer Englischen Fregatte ihn aus einem Hafen des Mittelländischen Meeres nach dem andren gebracht und ihm dabei so viele Aufmerksamkeit erwiesen, daß er es nie vergessen würde. Als wir mit dem Theetrinken fertig waren, ließ der Prinz sein Pferd, ein sehr schönes, junges Thier, herausbringen. Der Sattel desselben war mit einer reichen sammetnen Decke geschmückt, und die Steigbügel von Gold. Er setzte sich nun auf, und machte alle Manövers im Reiten, welche die Mohren nur kennen. So brachte er das Pferd z. B. in den stärksten Galopp, und hielt es dann auf einmal an, stellte sich, wenn es im stärksten Laufe war, auf den Sattel, und feuerte eine Muskete ab u. d. gl. In allen diesen Uebungen schien er sehr geschickt zu seyn. Dann fragte mich der Prinz, ob wir wohl in England solche Künste könnten, und befahl, ohne auf Antwort zu warten, einem seiner Bedienten, eins von seinen Schafen zu nehmen und nach meiner Wohnung zu bringen. Noch sagte er: es freuete ihn immer, wenn er seine Brüder, die Engländer, sähe, und er wünschte deswegen, daß ich ihn während meines Aufenthaltes in Marokko täglich zweimal besuchen möchte. Dann galoppirte er weg. — Doch wieder zu meinen Bemerkungen.

Die Art zu grüßen ist bei den Mohren folgende. Begegnen sich zwei Leute von gleichem Stande, so schütteln sie sich schnell die Hände, und küssen diese dann einander. Begegnet ein Geringerer einem Vornehmern, z. B. einem Beamten von Range, einem Richter oder einem Gouverneur, so küßt er ihm den Theil des Haik, der den Arm bedeckt, oder bisweilen auch wohl, zu einem noch größeren Zeichen von Ehrfurcht, die Füße. Der Gruß aber, der dem Kaiser oder einem Prinzen vom Geblüte zukommt, besteht darin, daß man vor ihm die Mütze oder den Turban abnimmt, und sich mit dem Gesichte auf die Erde legt. Begegnen sich zwei besondre Freunde oder Verwandte, so umarmen sie sich, küssen einander einige Minuten lang Gesicht und Bart, und thun eine Menge Fragen nach des Andren eigener und seiner Familie Gesundheit, lassen ihm aber selten Zeit zu antworten.

Die gewöhnlichen Gegenstände der Unterhaltung bei diesem Volke sind die Neuigkeiten ihres Ortes, die Religion, ihre Weiber und ihre Pferde. Da Neugirde eine Eigenschaft ist, die allen trägen Leuten anhängt, so kann man leicht denken, daß es auch den Mohren nicht daran fehlt. Es ist unglaublich, mit welcher Begierde sie jeden unbedeutenden Umstand auffangen, der sich in der Nachbarſchaft ereignet, und wie viel Vergnügen und Stolz ſie bei dem Mittheilen deſſelben zu fühlen ſcheinen. Auch mangelt es ihnen nicht an Künſten, die Erzählung mit jedem Zuſatze, der ſie annehmlicher oder wahrſcheinlicher machen kann, zu vergrößern und auszuſchmücken.

Die Religion iſt ebenfalls ein Lieblingsgeſpräch bei ihnen; doch hauptſächlich nur in ſolchen Geſellſchaften, die von ihren Talbs, oder Gelehrten, beſucht werden. Da dieſe Herren indeß nicht wenig ſtolz auf ihre Geſchicklichkeit im Leſen und Schreiben ſind, ſo ergreifen ſie jede Gelegenheit, ihr Uebergewicht über die ſehen zu laſſen, welche nicht das Glück haben, ſich durch ſolche Vollkommenheiten auszuzeichnen.

Anſtändige Sitten und Feinheit in der Unterhaltung gehören mit zu den ſicherſten Kennzeichen von Verfeinerung und Bildung, ſo wie die entgegengeſetzten Fehler zu allgemeinen Kennzeichen von Unwiſſenheit und Barbarei dienen. Die Geſpräche der Mohren von ihren Weibern ſind von der geringfügigſten und ekelhafteſten Art, und beſtehen aus abgeſchmackten und gemeinen Bemerkungen, die eben ſo ſehr gegen die Schicklichkeit, als gegen den geſunden Menſchenverſtand anſtoßen.

Das Kapitel, worin ſie, ſo wie die jungen Engländer nach der Mode, noch am meiſten glänzen zu können ſcheinen, iſt das von ihren Pferden. Es würde auch in der That eine Schande ſeyn, wenn ſie in dieſem Stück nicht bewandert wären, da es Tag und Nacht bei weitem den größten Theil ihrer Aufmerkſamkeit an ſich zieht. — Ich habe ſchon oben bemerkt, daß in Marokko dieſe Thiere ſelten in den Ställen ſtehen. Sie werden nur Einmal des Tages getränkt und gefüttert, das erſtere Mittags um Ein Uhr, und das letztere bei Sonnenuntergang. Die einzige Art, ſie zu reinigen, beſteht hier darin, daß man ſie zwei- bis dreimal wöchentlich in einem Fluſſe abſpühlt und ſie dann von ſelbſt wieder trocken werden läßt.

Aber obgleich die Mohren so viel auf ihre Pferde halten, so behandeln sie dieselben doch gewiß sehr grausam. Ihr größtes Vergnügen und eine ihrer Hauptkünste besteht darin, daß sie ein Pferd mit langen, scharfen Sporn in den stärksten Galopp bringen und es dann augenblicklich anhalten. Hierin beweisen sie wirklich große Geschicklichkeit. Das Gebiß, welches man den Pferden einlegt, ist so beschaffen, daß es, so wie der Reiter es nur im mindesten hart gebraucht, ihnen die Zunge und die untere Kinnbacke so drückt, daß ihnen der ganze Mund voll Blut läuft; und geht man nicht sehr vorsichtig damit um, so wird das Pferd unvermeidlich hinten übergerissen. Es ist nur Ein Zügel an dem Gebisse, und zwar ein so langer, daß er zugleich zum Zaume und zur Peitsche dient. Die Mohrischen Sättel haben Aehnlichkeit mit den Spanischen, nur daß der Sattelknopf noch höher und spitziger ist. Ihre Steigbügel, die sie sehr kurz schnallen, sind so gemacht, daß sie den ganzen Fuß bedecken. Nach der Würde, der Wohlhabenheit, oder auch der Willkühr des Besitzers, werden sie mit Gold überlegt, oder nur vergoldet. Der Sattel ist mit rothem Tuche, und, wenn er einer angesehenen Person gehört, mit rothem Atlaß oder Dammast überzogen, und wird mit einem starken Gurte nach Europäischer Art um den Leib des Pferdes, mit einem andern aber um die Schultern geschnallt.

Die Mohren machen sich oft das Vergnügen, mit anscheinender schrecklicher Heftigkeit gegen eine Mauer zu jagen; und ein Fremder sollte glauben, sie müßten sich gänzlich zerschmettern. So wie aber der Kopf des Pferdes die Wand berührt, halten sie es mit der äußersten Akkuratesse an. Es ist eine gewöhnliche Höflichkeitsbezeigung gegen Fremde zu Pferde und zu Fuß, daß man mit solcher Heftigkeit, als wenn man sie zu Stücken stampfen wollte, auf sie losjagt, dann das Pferd anhält, und ihnen unter den Augen eine Muskete abfeuert. Auch mir erwiesen mehrere diese Höflichkeit, die ich ihnen von Herzen gern geschenkt hätte.

Die Mauren haben noch eine andere Lieblingsbelustigung, die wohl noch größere Geschicklichkeit erfordert. — Eine Anzahl Reiter sprengen zu gleicher Zeit an, und jagen unter lautem Geschrei nach einem Ziele, wo sie sich dann aufrecht in die Steigbügel stellen, den Zügel, der wie gesagt sehr lang ist, in den Mund nehmen, ihre Musketen anlegen, sie abfeuern, sie dann sogleich über die rechte Schulter werfen, und fast in demselben Augenblicke die Pferde anhalten. Dies ist, wie man mir gesagt hat, ihre Art zu fechten.

Ob ich gleich den Mauren das Verdienst, gut zu reiten, und die Pferde, in so fern es zu den erwähnten Uebungen gehört, sehr in ihrer Gewalt zu haben, gern zugestehe: so reiten sie ihre Pferde doch schlecht zu, und versäumen es gänzlich, sie die verschiedenen Arten von Gang zu lehren, die man in Europa für die angenehmsten zum gewöhnlichen Reiten hält. Da es in Marokko gar keine Wallachen giebt, und man den Gebrauch der Volte nicht kennt, so muß man die Pferde, wenn sie noch sehr jung sind, lange und ermüdende Reisen machen lassen, besonders durch den gebirgigen und felsigen Theil des Landes. Das schwächt ihren Muth bald, und diese Gelegenheit benutzt man, sie das Bäumen, vor dem Feuer Stehen, das Galoppiren und das oben angeführte, plötzliche Stillhalten zu lehren. Haben sie dies gelernt, so ist man zufrieden, und verlangt nichts weiter von ihnen. Daher gehen die Pferde aus der Bärbärei selten etwas anders, als vollen Galopp, oder Schritt; auch werden sie sehr früh unbrauchbar, weil man sie sich überlaufen läßt, oder durch harte Arbeiten schwächt, ehe sie noch ihre volle Stärke erlangt haben. Selten reiten die Mauren Stuten, behalten sie aber zur Zucht im Lande. Ganz der allgemeinen Europäischen Meinung zuwider, schätzen sie nehmlich die Stuten um so viel höher, als die Hengste, daß es nie erlaubt wird, jene auszuführen.

So wie alle rohe Völker, lieben auch die Mauren die Musik leidenschaftlich*), und einige von ihnen besitzen auch Gefühl für Dichtkunst. Ihre langsamen Weisen haben alle etwas sehr Melancholisches, da es ihnen an der Abwechselung fehlt, die erst dann hinein kommt, wenn die Kunst schon einen gewissen Grad von Vollkommenheit erreicht hat. Einige von ihren munteren Weisen aber sind schön und einfach, und haben gewissermaßen etwas von der charakteristischen Melodie der Schottischen Volkslieder. Die Texte zu ihren Gesängen, die aber nie so gut sind wie die Musik, handeln immer von Liebe, obgleich wohl nicht viele Nationen weniger Gefühl für diese Leidenschaft haben mögen.

Ihre Instrumente sind: eine Art von Hoboe, die sich von der unsrigen nur dadurch unterscheidet, daß sie keine Klappen hat; die Mandoline, die sie von ihren Nachbarn, den Spaniern, spielen gelernt haben; ein anderes Instrument, das unsrer Geige einigermaßen ähnlich ist, auch fast eben so gespielt wird, aber nur zwei Saiten hat; die Trommel, die gemeine Hirtenpfeife und die Handpauke. Diese zusammen, und mit Begleitung von einer gewissen Anzahl Stimmen, machen bei vielen Gelegenheiten ein Orchester; aber Solomusik ist in diesem ungeselligen Lande gewöhnlicher.

An allen Freudentagen sind diese Art von Musik, verschiedene Musketensalven entweder von Reiterei oder von Personen zu Fuß, und am Abend ein gewaltiger Angriff auf den Kuskasu der größte Theil der öffentlichen Belustigungen. Auch Marktschreier und Taschenspieler von allen Gattungen finden bei den Mohren sehr viele Aufmunterung.

In den meisten Städten giebt es ordentliche Schulen, wohin die Eltern ihre Kinder schicken, wenn sie anders genug Vermögen und Vernunft dazu haben, welches letztere

---

*) Eine Abbildung von den musikalischen Instrumenten der Mauren findet man auf einer Kupfertafel bei Höst (zur 260 Seite), und eben daselbst auch einige von ihren Liedern. Wie bei allen unkultivirten Nationen, bestehen diese in Wiederholungen von wenigen einzelnen Takten.   Z.

aber verhältnißmäßig nur selten der Fall ist. Darin lernen die Kinder denn von den Talbs lesen, Schreiben und bisweilen auch die ersten Regeln der Rechenkunst. Der größte Theil des Volkes lernt indeß sehr wenig mehr, als ein Paar Gebete aus dem Koran lesen, die in täglichem Gebrauche sind und die man mit Arabischen Buchstaben auf ein Papier schreibt, das auf eine Tafel geklebt ist.

Von der Religion der Mohren besonders zu reden, würde einen ganzen Band erfordern, der überdies mehr Umfang hätte, als unterhaltend wäre. Man weiß, daß sie sich zu dem Muhamedanischen Glauben bekennen, und ich kann hinzusetzen, daß sie auf alle Andächtelei und jeden Aberglauben, der dieser Religion eigen ist, sehr strenge halten.

Da jeder Fremde, der eine Moskee betritt, sterben oder ihre Religion annehmen muß, so kann man von keinem Europäer eine genaue Beschreibung ihrer gottesdienstlichen Oerter erwarten. Was ich im Vorbeigehen durch die sehr großen und bei Tage immer offen stehenden Thüren habe bemerken können, will ich anführen.

Die Moskee ist gemeiniglich ein großes viereckiges Gebäude, von eben den Baumaterialien, wie die Häuser. Sie besteht aus breiten hohen Bogengängen, die sich in einen viereckigen Hof öffnen, so daß sie einige Aehnlichkeit mit der königlichen Börse zu London hat. In der Mitte des Hofes ist ein großer Springbrunnen, und rund um die Bogengänge fließt ein kleiner Bach, woran die Mohren die Ceremonie des Waschens verrichten. Der Hof und die Bogengänge sind mit blauen und weißen Ziegeln würfelicht belegt, und die letztern mit einer Matte bedeckt, auf welcher die Mohren bei dem Hersagen ihrer Gebete knieen. In dem am meisten in die Augen fallenden Theile der Moskee, gegen Morgen hin, steht eine Art von Pult, woran der Talb oder Priester zu Zeiten predigt. Die Mohren gehen immer mit entblößten Füßen in dieses Andachtshaus, und lassen die Pantoffeln vor der Thür. Oben auf der

Moskee steht ein viereckiger Thurm mit einem Flaggenstokke. Auf ihn steigt der Talb zu gewissen Stunden hinauf, steckt eine weiße Fahne aus, und ruft das Volk zum Gottesdienste; man hat hier nehmlich keine Glocken. Von dieser Höhe hört man das Rufen beträchtlich weit. Die Talbs haben übrigens eine monotonische Aussprache, und lassen am Ende jedes kurzen Satzes die Stimme sinken, so daß ihr Rufen gewissermaßen wie eine Glocke klingt.

Sobald die Fahne ausgesteckt ist, lassen alle Leute ihre Geschäfte liegen und schreiten zum Gebet. Sind sie nahe bei der Moskee, so verrichten sie es in derselben; sonst aber gleich an dem Orte, wo sie sich gerade befinden, doch zu Ehren des Propheten Muhamed, der bekanntlich in Medina begraben ist, immer mit gen Morgen gewandtem Gesichte. Das Gebet, das bei dieser Gelegenheit allgemein hergesagt wird, ist ein Kapitel aus dem Koran, welches von der Güte Gottes und Muhameds handelt. Hierbei machen sie verschiedene Gestikulationen; sie erheben nehmlich die Hände über den Kopf, neigen sich zweimal, beugen zweimal die Knie, neigen sich wieder zweimal, und küssen dann die Erde. Diese ganze Ceremonie wird dreimal wiederholt.

Ihr Sabbath ist an unserem Freitage, und fängt von sechs Uhr am vorhergehenden Abend an. Statt der weißen Fahne haben sie an diesem Tage eine blaue. Da es eine Prophezeihung giebt, daß an einem Sabbathe die Christen ihr Land einnehmen werden, so sind während des Gottesdienstes in allen Städten und Pallästen des Kaisers die Thore geschlossen, um einen Ueberfall zu dieser Zeit zu verhüten. — Ihre Talbs zeichnen sich nicht durch eine besondre Kleidung aus.

Die Mauren haben drei Religionsfeste im Jahre*). Das erste heißt Aid (Aehd) de Cäbier, und wird zum

---

*) Das Fest Acid Kebir ist der Kusul Beiram der Türken, und wird zu Ehren der Opferung Isaaks gefeiert. Das Fest Laschore ist, nach Höst, das Fest Acid Aschor, oder das Neujahrsfest. Z.

Andenken von Muhameds Geburt gefeiert. Es dauert sieben Tage. Jeder der die Kosten aufbringen kann, schlachtet dann ein Schaf zum Opfer, und vertheilt es unter seine Freunde. Das zweite ist der Ramadam. Dies wird zu der Zeit gefeiert, da Muhamed auf seiner Flucht von Mekka nach Medina verschwand. Dann muß Jeder dreißig Tage fasten, das heißt: von Sonnenaufgang bis zu Sonnenuntergang sich aller thierischen Nahrung enthalten. Ist diese Zeit vorbei, so geht ein Schmausefest an, das eine Woche lang dauert. Das dritte heißt Laschore, und ist ein besonders von Muhamed festgesetzter Tag, an welchem Jeder den Werth seines Eigenthums berechnen muß, um danach den Zakat, d. h. den Zehnten seiner Einkünfte, für die Armen und andre milde Werke zu entrichten. Obgleich dies Fest nur einen einzigen Tag dauert, so wird es doch von Allen mit größerer Pracht gefeiert, als irgend eines von den anderen.

Die Mohren berechnen ihre Zeit nach Mondsmonathen, und die Tage der Woche benennen sie nach Zahlen: der erste, der zweite, dritte u. s. w. wobei sie von unserm Sonntage anfangen. Sie schreiben von der Rechten zur Linken, und bedienen sich dazu des gemeinen Schilfrohrs.

Sie heirathen sehr jung, und viele Mädchen schon in einem Alter von zwölf Jahren. Als Muhamedaner dürfen sie bekanntlich vier Frauen nehmen, und so viele Beischläferinnen, wie sie wollen; aber, die Reichsten ausgenommen, bedienen sie sich dieser Erlaubniß selten, da mehr Weiber ihnen weit größere Kosten für die Haushaltung und die Versorgung einer starken Familie zuziehen. Jede Einrichtung, die der wahren und gesunden Moralität entgegen ist, zeigt sich in der Ausführung immer selbst als schädlich; es bedarf nur dieser einzigen Beobachtung, um die Ungültigkeit aller der Ungereimtheiten darzuthun, die man für die Vielweiberei vorgebracht hat. Wenn eine Ehe geschlossen wird, sind bloß die Eltern der beiden Partheien die handelnden Personen, und die Brautleute sehen einander nicht eher, als bis die Ceremonie verrichtet wird. Die Ehestiftung wird vor dem Kadi gemacht; und dann bringen die Freunde der Braut ihre Aussteuer zum Vorschein. Wenn keine da ist, so macht der Mann sich anheischig, ihr auf den Fall, daß er stürbe, oder sich der Unfruchtbarkeit oder einer andern Ursache wegen von ihr scheiden ließe, eine gewisse Summe auszusetzen. Die Kinder von den Frauen haben alle gleiches Recht auf das väterliche und mütterliche Vermögen; die von den Beischläferinnen aber können nur auf das halbe Erbtheil Anspruch machen.

Sind die Eltern Handels eins geworden, so muß die Braut acht Tage im Hause bleiben, um täglich von ihren Freundinnen Glückwünschungsbesuche anzunehmen. Während dieser Zeit geht auch ein Talb zu ihr, um sich mit ihr über die feierliche Verpflichtung, die sie zu übernehmen in Begriff ist, zu unterhalten. Bei dieser Gelegenheit begleitet er seine Ermahnungen gemeiniglich mit einem frommen, zu der Feierlichkeit passenden Gesange. Auch begeht die Braut mit ihren nahen Verwandten die Ceremonie, sich aufs neue schminken zu lassen. Worin dieser Gebrauch besteht, werde ich unten bei der Beschreibung des Harems sagen.

Während der Zeit nimmt auf der andern Seite der Bräutigam des Morgens Besuche von seinen Freunden an, und Abends reitet er in ihrer Begleitung durch die Straßen, wobei einige von ihnen mit Hoboen und Trommeln Musik machen, und andere mit Musketen Salven geben. Bei allen ihren Feierlichkeiten machen Flintenschüsse einen Haupttheil der Belustigung aus. Ganz der Europäischen Sitte zuwider, da man auf akkurates Feuern hält, schießen die Mohren ihre Gewehre so unregelmäßig ab, als möglich, so, daß ein Paar Minuten lang eine beständige Folge von einzelnen Schüssen gehört wird.

Am Hochzeitstage setzt man die Braut Abends in einen vier- oder achteckigen Käsich, der ungefähr zwölf Fuß im Umfange

Umfange hat, und mit feiner, weißer Leinwand, bisweilen auch mit Gaze und seidenem Zeuge von mancherlei Farbe, bedeckt ist. In dieser Maschine, die auf einem Maulesel ruhet, wird sie, in Begleitung ihrer Verwandten und Freundinnen, die theils brennende Fackeln tragen, theils auf der Hoboe blasen, theils mit Musketen Salven geben, in der Stadt zur Schau herumgeführt.

So bringt man sie nach dem Hause des ihr bestimmten Gatten, der um eben die Zeit von einer gleichen Ceremonie zurückkommt. Bei ihrer Ankunft wird sie allein in einem Zimmer gelassen, und ihr Ehemann zum erstenmal zu ihr geführt. Er findet sie, vorausgesetzt, daß sie eine Person von Rang ist, auf einem seidenen oder sammetnen Polster hinter einem kleinen Tische sitzen, auf dem zwei Wachslichter brennen. Ihr Weiber- oder vielmehr Mannshemde hängt hinten wie eine Schleppe hinunter, und darüber trägt sie ein seidenes oder sammetnes Kleid mit engen Aermeln, das auf der Brust und an der Hand mit Gold gestickt ist, und etwa bis über die Wade reicht. Um den Kopf hat sie ein breites schwarzes Band, das hinten bis auf die Erde hinunter hängt. So geschmückt sitzt die Braut mit den Händen vor den Augen, wenn ihr Ehemann herein tritt, und sie ohne weitere Ceremonie als sein Weib empfängt; denn nach dem Vertrage der Freunde vor dem Kabi wird weiter kein besonderer Kontrakt für nöthig gehalten. Unterdeß warten draußen zwei schwarze Sklavinnen die Vollziehung der Ehe ab. Sobald sie hiervon gewiß sind, wird es durch Blasinstrumente und Flintenschüsse bekannt gemacht *).

Hätte der Ehemann irgend einen Grund zu dem Verdachte, daß seine Frau nicht die strengste Keuschheit be-

---

*) Höst beschreibt die Vollziehung der Heirath etwas anders; denn, nach ihm, warten draußen nicht zwei Negerinnen, sondern zwei öffentliche Notarien (Aduln). Diese empfangen, wenn die Heirath vollzogen ist, das Tuch mit den Zeichen der Jungfrauschaft, und fertigen darüber sogleich für den Vater der jungen Frau ein ordentliches Dokument aus. Das Tuch selbst wird dann mit Freudengeschrei und bei Trommeln nach dem Hause des Brautvaters gebracht. S.

Lempriere's Reise

wahrt habe, so ist es ihm erlaubt, sich von ihr zu scheiden und eine andere zu nehmen. Nach der Verheirathung müssen die Familie und die Freunde viele Gastmahle und mancherlei Lustbarkeiten anstellen, die nach den Umständen der Partheien längere oder kürzere Zeit dauern. Es ist eine gewöhnliche Sitte, daß der Mann acht Tage, und die Frau acht Monathe nach ihrer Verheirathung zu Hause bleibt. Kann die Frau beweisen, daß der Mann ihr nicht genug zu leben giebt, so darf sie sich von ihm scheiden. Wenn er ihr flucht, so muß er ihr, den Gesetzen zu folge, das erstemal acht Dukaten, und das zweitemal ein reiches Kleid von noch größerem Werthe geben; das drittemal aber kann sie ihn ganz verlassen. Nach zwei Monathen steht es ihm dann frei, sich wieder zu verheirathen.

Das Gebären macht den Weibern hier zu Lande sehr wenig Mühe. Oefters sind sie den Tag nachher schon wieder auf, und verrichten, mit dem Kinde auf dem Rücken, alle ihre Hausgeschäfte. Sie beobachten nicht das in Europa gewöhnliche Verfahren, die Kinder gehen zu lehren, sondern setzen sie, wenn sie zwölf Monath alt sind, an die Erde. Hierdurch lernen die Kinder von dem ersten Kriechen an in kurzer Zeit ganz von selbst gehen; und sobald sie dann nur im mindesten zu gebrauchen sind, müssen sie verschiedene, ihrem Alter und ihren Kräften angemessene Arbeiten verrichten. Andre, deren Eltern sich in besseren Umständen befinden, werden bisweilen, wie ich schon angeführt habe, in die Schule geschickt; und die, welche für die Kirche bestimmt sind, lernen fort, bis sie den Koran beinahe auswendig wissen. Dann werden sie unter die Talbs oder Gesetzlehrer aufgenommen; und wenn sie die Schule verlassen, führt man sie auf einem Pferde, unter Musik und bei einem großen Zusammenlaufe des Volkes, durch die ganze Stadt zur Schau.

Wenn sie die Beschneidung vornehmen, so wird das Kind, sehr prächtig gekleidet, auf einen Maulesel, oder, wenn seine Eltern arm sind, auf einen Esel gesetzt, und von Leuten mit fliegenden Fahnen, desgleichen von Musikanten, die auf Hoboen blasen und die Trommel schlagen, begleitet. So geht der Zug nach der Moskee, wo man die Operation vollzieht.

Stirbt Jemand, so wird eine gewisse Anzahl Klageweiber gemiethet, und nichts kann wohl den Ohren widriger seyn, als ihr schreckliches Geschrei, oder vielmehr Geheul. Dabei schlagen sich diese gedungenen Leidträgerinnen Gesicht und Brust, und zerfleischen sich mit den Nägeln die Wangen. Gewöhnlich wird der Leichnam wenige Stunden nach dem Tode begraben; vorher aber viel gewaschen, und so in ein Leichentuch genähet, daß die rechte Hand unter dem nach Mekka gerichteten Kopfe liegt. Dann legt man ihn auf eine Bahre, und Männer tragen ihn auf den Schultern nach dem Begräbnißplatze, der immer, und mit Recht, außerhalb der Stadt ist, da man die Todten niemals in den Moskeen, oder innerhalb bewohnter Oerter begräbt. Der Bahre folgen eine Menge Leute, immer zwei und zwei neben einander, die sehr schnell gehen, Gott und den Propheten anrufen, und Gesänge singen, die einer solchen Gelegenheit angemessen sind. Das Grab machen sie unten sehr weit, oben aber schmal; und der Körper wird ohne alle weitere Ceremonie hineingelegt, außer daß man, so wie auf dem Wege zum Grabe, singt und betet.

Man hat in diesem Lande keine andren Grabmäler, als lange steinerne Platten. Die Freundinnen der Verstorbenen weinen häufig über dem Grabe derselben mehrere Tage lang nach dem Begräbnisse.

Verliert eine Frau ihren Mann, so trauert sie vier Monathe und acht Tage, während welcher Zeit sie kein Silber oder Gold tragen darf; ist sie aber gerade schwanger, so muß sie bis nach der Entbindung trauern. Während dieser Zeit müssen die Verwandten des verstorbenen Mannes sie erhalten. Von einer Trauer der Männer über den Verlust ihrer Weiber habe ich nichts gehört; es ist aber, besonders unter den Vornehmen, Sitte, daß der Sohn seinen Vater betrauert, und zwar damit, daß er eine gewisse Zeitlang weder den Kopf noch irgend einen Theil seines Bartes scheert, und sich auch die Nägel nicht abschneidet.

Wenn ein Jude oder Christ den Muhamedanischen Glauben annimmt, so wird er unmittelbar nachher Mohrisch gekleidet, und bei Musik und einem großen Zusammenlaufe des Volkes zu Pferde durch alle Straßen zur Schau geführt. Er wählt sich dann einen Maurischen Namen, und bestimmt jemand, der ihn an Kindesstatt annimmt und nachher immer sein Vater genannt wird. Diese Adoption besteht indeß bloß in dem Namen, da der letztere gar nicht verpflichtet ist, den Neubekehrten zu erhalten. Dieser darf übrigens nur eine Negerin, oder die Tochter eines Renegaten heirathen, und seine Nachkommen werden erst im vierten Gliede als ächte Mohren betrachtet.

Die Renegaten im Kaiserthum Marokko sind, einige wenige von andern Nationen ausgenommen, hauptsächlich Spanier, die von Ceuta oder aus Spanien irgend eines Kriminal- oder andern Verbrechens, gemeiniglich einer Mordthat wegen, entwischt sind, um der Hand der Gerechtigkeit zu entgehen. Ich fand in Marokko viele dergleichen Leute, die mir frei gestanden, daß sie wegen eines Mordes entflohen wären. Obgleich der Kaiser es aus mancherlei Gründen für rathsam halten mag, die Renegaten zu dulden, so haben doch die Mohren im Ganzen einen solchen Abscheu vor ihnen, daß sie auf keine Weise dahin zu bringen sind, jene in ihre Gesellschaften aufzunehmen.

Ich kann diesen Abschnitt nicht besser schließen, als mit einer Nachricht von den Karavanen, die nach Mekka und Guinea gehen. Sie ist mir von einem angesehenen, in der Barbarei wohnenden Manne mitgetheilt worden, in dessen Wahrheitsliebe ich das größte Zutrauen setzen kann.

Sieben Monathe vor dem Feste *Aid de Cabier*, oder der Feier von Muhameds Geburt, versammeln sich die Pilgrimme aus allen Gegenden zu Fez, um sich daselbst an die Karavane zu schließen, welche alsdann nach Mekka geht. In diesen Karavanen sind dreierlei Arten von Leuten: erstlich Bergbewohner, oder Brebes (Berberen;) zweitens Mohrische Kaufleute, und drittens Personen, die in öffentlichen Bedienungen stehen, oder an dem Hofe des Kaisers angestellt sind. So vereinigen sich Religion und Eigennutz, eine große vermischte Menge Leute zusammenzuziehen und sie zu einer Reise zu bewegen, die eben so ermüdend und gefährlich, als kostbar ist.

Die erste Klasse braucht nicht um Erlaubniß zu bitten, sich mit der Karavane zu vereinigen; jeder von der zweiten aber muß sich bei seinem Gouverneur melden, um die Unbequemlichkeiten wegen Schulden auf seine eigne Rechnung, oder auf Rechnung seiner Familie, die während der Abwesenheit von den Gläubigern belästigt werden könnte, zu vermeiden. Steht ein Kaufmann nur in der geringsten Verbindung mit dem Hofe, so erwartet man, daß er sich auch dem Kaiser zeigt, der ihm dann, je nachdem er gerade gestimmt ist, die Erlaubniß zur Reise giebt, oder abschlägt. Die von der dritten Klasse müssen ausdrückliche Erlaubniß vom Kaiser haben; und er giebt sie keinem, der die Kosten der Wallfahrt nicht bestreiten kann.

Diese Wallfahrt läßt sich auf zweierlei Art machen: zur See, und zu Lande. Die, welche die erstere wählen, müssen sich von dem Gouverneur des Hafens, wo die Einschiffung vor sich geht, examiniren lassen, damit er sieht, ob sie auch die Fracht für das Schiff bezahlen können, und ob sie Mittel genug haben, die Reise zu dem geheiligten Gegenstande der Muhamedanischen Anbetung hin und her zu machen, ohne borgen zu dürfen, oder in dem Verdachte zu stehen, daß sie sich schlechter und entehrender Mittel bedienen, um ihren Lebensunterhalt zu erlangen. Die, welche zu Lande reisen, müssen sich zwar auch examiniren lassen, doch nicht so streng, weil der Scheïk der Karavane das Recht hat, jeden zu bestrafen, der sich irgend eine Unordnung zu Schulden kommen läßt.

Der Ort, von wo die Karavane zu Lande aufbricht, ist Teza, eine Stadt in der Provinz Tedla, etwas östlich von der Stadt Fez, dem ersten Sammelplatze. Da Fez von allen Städten in dem ganzen Kaiserthum den stärksten Handel treibt und Ueberfluß an Lebensmitteln aller Art hat, so versieht sich daselbst jeder, so gut er seinem Stande und Vermögen nach kann, mit einem Vorrathe, der bis nach Tripoli, oder wenigstens bis nach Tunis, hinreicht.

Diese große Karavane wird noch von vielen andern begleitet, von denen eine nach Algier, eine andere nach Tunis, eine dritte nach Groß=Kairo u. s. w. geht. Die, welche nach Algier und Tunis reisen, brauchen nicht um Erlaubniß zu bitten, weil sie immer mit diesen beiden Städten Handel treiben, aus denen sie dann mit einer Quantität Manufakturwaaren zurückkommen. Die Mützen von Tunis werden im Kaiserthume Marokko sehr stark getragen, und die Seidenwaaren von dort her stehen auch in gutem Preise, obgleich zu den Gürteln der Mauren, zu Vorhängen, Frauenzimmeranzügen und zur Bekleidung der Betten und Zimmer, die von Algier im Ganzen vorzuziehen sind. In der That haben die Manufakturen sowohl in Algier, als in Tunis einen größeren Grad von Vollkommenheit erlangt, als die in Marokko. Die Kaufleute, welche in Geschäften nach jenen beiden Städten reisen, nehmen baares Geld mit, aber auch Haiks und Pantoffeln von Marokkanischer Arbeit. Diese beiden Artikel verkaufen sie an die Araber und an die Einwohner der Städte in der Nachbarschaft von Algier und Tunis. Zwar tragen diese keine Haiks als Kleidung; aber sie gebrauchen sie doch zu verschiedenen anderen Zwecken.

Sind nun alle vorläufige Anstalten getroffen, so reiset in der ersten Hälfte des Monaths Jumeth Tenii die große Karavane von Teza auf folgende Art ab. Nachdem man den wahren und alleinigen Gott und seinen Propheten Muhamed angerufen hat, zu dieser heiligen Reise jeglichen Segen zu geben, versammeln sich Alle bei dem Zelte des

Hauptanführers, welcher Arabisch **Schech Rebeck** heißt, und eröffnen ihre Andacht unter dem Schalle von Klarinetten, Trommeln und andren Instrumenten. Die unbeladenen Kameele und Maulesel brechen zuerst auf, und werden von den Köchen, Wasserträgern u. s. f. geführt. Zunächst folgen dann die, welche die Reise aus Frömmigkeit oder aus Noth zu Fuß machen; und ihnen ist die Sorge für die beladenen Kameele und Maulesel anvertrauet. Die auf Pferden oder Mauleseln reiten, beschließen den Zug. — Mit Sonnenaufgange setzt die Karavane sich in Bewegung; um zwölf Uhr Mittags hält sie an, um zu essen, und etwa um vier Uhr Nachmittags lagert sie sich eben so, wie zu **Teza**.

Der Weg, den die Pilger nehmen, geht durch die inneren Theile des Landes, so daß sie **Tremecen**, **Algier** und **Tunis** links liegen lassen. Einige von ihnen machen indeß Abstecher nach den beiden letzten Städten, und stoßen nachher wieder zu der Karavane. Auf diese Weise können sie sowohl frische Lebensmittel für sich und ihre Thiere erhalten, als auch den Arabern **Haiks**, Pantoffeln und alte Mützen verkaufen. Diese bekommen sie gemeiniglich sehr gut bezahlt, und ihr Gewinn daran setzt sie oft in Stand, in **Mekka**, **Alexandria** und **Kairo** sehr vortheilhaft einzukaufen.

Wenn sie nach einer Reise von drittehalb Monathen an den Theil der Seeküste kommen, wo der Thurm **Salines** steht, und von wo man ungefähr eine halbe Tagereise zu Pferde nach **Tripoli** hat: so bleiben sie zehn Tage liegen. Hier versehen sich alle Pilgrimme mit Proviant auf vierzig bis funfzig Tage, womit sie gewöhnlich bis nach **Alexandrien** oder **Groß-Kairo** reichen. Auf ihrer Rückreise aber kaufen sie in der Nachbarschaft von **Tunis** und **Tripoli** eine große Menge Maulesel, und bezahlen oft nur fünf und zwanzig Thaler für einen, den sie nachher in **Marokko** für achtzig bis hundert wieder verkaufen.

Von dem Thurm Salines setzen sie ihre Reise nach
Alexandria und Groß-Kairo fort, und hier ver=
sehen sie sich, wie zu Tripoli, mit hinlänglichen Lebens=
mitteln für den übrigen Theil der Reise, die zusammen
beinahe sieben Monathe erfordert. Die, welche die Reise
des Handels wegen machen, stehen sich gemeiniglich sehr
gut dabei; denn dadurch, daß sie an einem Orte Waaren
kaufen, und sie dann an andern wieder absetzen, gewin=
nen sie bei jedem Verkauf zehn Procent.

Die Araber, von Fez an, bis nach Alexandrien
und Groß-Kairo hin, sind zwar ein rohes Volk; aber
doch hangen sie ihrer Religion eifrig an. Daher nehmen
sie Pilgrimme freundschaftlich auf, und versehen sie mit
Gerste, Butter, Eiern, Hammel= und Rindfleisch und der=
gleichen. Von der letzten Stadt bis nach Mekka ist die
Reise indeß nicht so bequem, da die Araber die heiligen
Reisenden, anstatt ihnen Gutes zu thun, oft plündern.
Sie verschonen dann Nichts, und lassen der Karavane
selbst nicht die nothwendigen Lebensbedürfnisse, vorzüglich
wenn sie sich weigert, ihnen die Kontribution zu geben,
die sie für die Erlaubniß zu einem freien Durchzuge durch
ihr Land, gewöhnlich fordern. Seit sieben bis acht Jah=
ren ist diese Reise gefährlicher geworden, als jemals. Die
Räuber versammeln sich jetzt in jenen Wüsten sehr zahl=
reich, und postiren sich an gewissen Oertern, wo sie die
Reisenden sehr vortheilhaft angreifen können. So kann
z. B. bei dem Uebergange über die Erdenge von Suez,
oberhalb Alexandria, die ganze Karavane von hundert
Mann überwältigt werden. Die Räuber suchen sich da=
her gemeiniglich so zu stellen, daß sie die Karavane hier
angreifen.

Die, welche einen kleinen Handel führen, bemühen sich bei
der Ankunft zu Mekka ihren geringen Vorrath von Waa=
ren gegen baares Geld umzusetzen. Hier feiern sie mit der
übrigen Karavane und andern Muhamedanischen Pilgern,
zum Andenken an die Geburt des großen Propheten Mu=

hamed, ein Fest, an welchem Jeder wenigstens Ein Schaf opfern muß. Man rechnet, daß an diesem Tage, dem zehnten des Monats Dalaja, in Mekka über zwei Millionen (?) Schafe geschlachtet werden.

Wenn diese Feierlichkeit geendigt ist, beschäftigen sich die meisten Reisenden damit, ihr Geld aufs vortheilhafteste anzulegen. Einige kaufen Musseline, Levantische Taffente u. dgl.; Andre Rosenessenz, Ambra, Moschus, Persische Stoffe u. s. w.*); noch Andre heben aber ihr Geld auf, um es in Groß-Kairo anzulegen, wo sie dann einen guten Vorrath von roher Seide, Baumwollen-, und mancherlei Seidenzeugen kaufen. Wirklich ist hier auch jeder Artikel beinahe für eben den Preis zu bekommen, wie in Mekka. Nach einem mäßigen Anschlage kann man behaupten, daß der Werth der Waaren, die eine solche Karavane bei sich hat, das baare Geld dazu gerechnet, sich im Ganzen auf zwei Millionen Thaler beläuft.

Die Personen, welche zur See reisen, gehen zu Alexandria ans Land, bezahlen die Fracht für ihr Schiff und stoßen dann zur Karavane. Auch bei der Rückreise schifft eine große Menge sich wieder zu Alexandria ein, und landet zu Tetuan oder zu Tanger. Von hier gehen dann Alle nach ihrer Heimath, und verkaufen da die mitgebrachten Waaren um ein Drittheil höher, als sie eigentlich kosten. Andre setzen ihre Reise zu Lande fort, und vermehren ihre Reichthümer, die sie aus der Levante mitgebracht haben, noch durch die Handelsartikel von Tunis und Algier, die in dem ganzen Kaiserthum Marokko sehr geschätzt werden. Auf diese Weise verdoppeln sie das Kapital, das sie bei ihrer Abreise mitgenommen hatten.

Es würde einem Christen nicht schwer werden, sich zu einer von diesen Karavanen zu gesellen, wenn er nur ein Empfehlungsschreiben, oder außerordentliche Erlaub-

---

*) Verschiedene hieher gehörige Nachrichten findet man in Robertsons vortreflichem Werke: Historische Untersuchung über die Kenntnisse der Alten von Indien. Deutsche Uebersetzung, Berlin, 1792. S. 153 u. f. S. 249 u. f.

niß von Sr. Mohrischen Majestät, oder von dem Scheik der Karavane erhielte, und dieser ihn unter seinen Schutz nähme*). Diese Hindernisse würden noch mehr gehoben, wenn der Christ es sich gefallen ließe, Türkische Kleidung zu tragen, oder sich zu kleiden, wie die Christen in Groß-Kairo es thun müssen. Auf diese Weise würde er allen Verdrießlichkeiten entgehen, denen die Europäische Kleidung einen Reisenden von Seiten der wilden Araber und des niedrigen, unedlen Pöbels in der Karavane aussetzt. Da indeß die Karavane nicht weit in das Innere des Landes dringt, so würden die Entdeckungen, die man etwa machen könnte, wohl kaum ein hinlänglicher Ersatz für die Beschwerlichkeiten und Gefahren dieser Reise seyn.

Es giebt keine Karavane, die geradezu in das Innere des Landes geht. In der That wäre es für einen Muhamedaner eben so gefährlich, wie für einen Christen, sich nur etwa hundert Seemeilen (*Leagues*) über die bekannten Gränzen des Kaiserthums Marokko hinauszuwagen; denn die Bewohner dieser Gegenden sind wild, habsüchtig, und fähig, für einen unbedeutenden Gewinn jedes Verbrechen zu begehen. Einen traurigen Beweis von der Grausamkeit dieser Araber erfuhr man im Jahre 1786, da vierzig Pilgrimme auf ihrer Rückreise von Mekka ermordet wurden. Sie baten die Bewohner der Gebirge von Zamor, nahe bei Mequinez, nur auf Eine Nacht um Gastfreiheit; da sie aber einige Güter von Werth bei sich hatten, so glaubt man, daß sie deshalb sämmtlich ermordet worden sind.

Sogar das Land jenseits des Gebirges Atlas, ungefähr sechs Tagereisen östlich von Marokko, ist noch nicht

*) Dies scheint mir gar nicht so leicht, wie dem Verfasser. Es ist aus den beiden letzten Beispielen von Ledyard und Lukas (Unternehmungen der Gesellschaft zur Beförderung der Entdeckungen im Innern von Afrika; Magazin von Reisebeschreibungen, B. V.) und aus mehrern andern bekannt, wie sehr man von Seiten der Muhamedaner die Europäer abzuhalten sucht, in das Innere dieses Landes zu bringen. Sich ganz allein unter eine Menge bigotter und zugleich eigennütziger Muhamedaner zu wagen, wäre offenbar gegen alle Klugheit und Sicherheit. 3.

einmal bekannt, ob man gleich wahrscheinlich so weit sicher kommen könnte, wenn man nur dieselben Mittel, wie bei den nach Süden gehenden Karavanen gebrauchte; das heißt: einige Gewalt und einige Freigebigkeit.

So beträchtlich, wie die Karavanen nach Mekka, ist keine von denen, die nach Süden gehen. Da diese bloß Handel zur Absicht haben, so bestehen sie selten aus mehr, als hundert und funfzig, vielleicht auch zweihundert, oder höchstens dreihundert Personen, die Maulesel- und Kameeltreiber, nebst den andren Bedienten mitgerechnet. Einige von diesen Karavanen reisen von Marokko ab; andre von Tarudant, Fez und Tetuan. Die erste reist neben Domnet hin; die andren aber versammeln sich in Tafilet, und setzen von da ihre Reise nach der Wüste fort. Diese Karavanen gehen nicht weiter, als bis Tombut*), wo einige Marokkanische Kaufleute sich niedergelassen haben, um mit dem inneren Theile von Guinea Handel zu treiben, wo sie Sklaven, Elfenbein, Goldstaub u. dgl. eintauschen. Die Waaren, welche die Karavanen von Marokko, Tarudant u. s. w. ausführen, sind Haiks und blaue Zeuge, wofür sie im ganzen Lande der Mohafern und zu Thuat*) (*Thouat*) guten Absatz finden.

Die Stadt Thuat liegt im Innern des Landes, ungefähr dreißig Tagereisen von Tafilet. Von Thuat gehen die Karavanen gerade nach Tombut (Tombuktu). Die Wüsten zwischen Tafilet und Thuat sind weit

---

*) Auf Rennels Karte bei den Unternehmungen der Gesellschaft zur Beförderung der Entdeckungen im Innern von Afrika, und auch bei d'Anville heißt der Name: Tombuktu. Man findet diese Karte in dem fünften Bande des Magazins von Reisebeschreibungen, und auch in den Neuen Beiträgen zur Kenntniß von Afrika ꝛc, Berlin 1791.

*) Ist dies vielleicht das Tatta auf Rennel's Karte? oder das viel weiter gegen Tombuktu liegende Taudeny? Beide Namen, die einzigen zwischen Marokko und Tombukta, haben einige Aehnlichkeit mit Thouat; allein Tatta liegt, Herrn Mattra zufolge, nur 9½ Tagereise von Marokko, und hier ist die Rede von dreißig Tagereisen.   *J.*

gefährlicher zu durchreisen, als die zwischen dem letztern Orte und Tombut. Da die Araber in den Wüsten dem Raube sehr ergeben sind, so müssen die Karavanen ihnen kleine Geschenke machen, damit sie in Frieden durchziehen können. Die andren Araber, welche z. B. blaue Tücher, kleine Dolche, Spiegel u. s. w. kaufen, geben ihnen dafür gemeiniglich Straußfedern; und bei diesem Handel ist ein ziemlich guter Vortheil *).

Die Artikel, welche die Karavanen unmittelbar nach Tombut bringen, sind Tabak und Salz. Man muß nothwendig darauf denken, wie viele Kameele zum Tragen des Wassers durch die Wüste erforderlich sind, da man in einigen Gegenden vier, und in andern neun Tage reist, ohne einen Tropfen Wasser zu finden. Vorzüglich in dieser Rücksicht sind die Kameele in heißen Himmelsstrichen sehr nützliche Thiere. Wie bekannt, hat ihr Magen eine solche Einrichtung, daß sie viele Tage ohne Speise und Trank zubringen können. An der innern Seite desselben sind viele kleine Zellen, worin sie eine beträchtliche Quantität Wasser einige Zeit lang aufbewahren, und die Natur hat ihnen das Vermögen gegeben, es auslaufen zu lassen, wenn sie durstig sind. Bei der Größe des Magens können sie auch auf einmal eine große Menge Futter zu sich nehmen; und dies benutzen sie, wenn sie hungert, durch Wiederkäuen. Ihre Herren dürfen ihnen also bloß an dem Eingange in die Wüste reichlich Gerste und Wasser geben; daran haben sie so lange genug, bis man ihnen bequem frischen Vorrath schaffen kann.

Dieses außerordentliche Thier trägt, in Verhältniß zu seiner Größe, eine sehr schwere Last, und macht ohne merkliche Ermüdung sehr weite Reisen **). Man braucht

**) Man rechnet, daß die Karavane von Konstantine bei ihrer Rückreise für 15000 Rthlr. an Straußfedern mitbringt, S. Brue bei *Labat Afrique III.* Hier wird noch gesagt, die Karavane mache binnen fünf Monathen 117,000 Rthlr. reinen Gewinn.

*) Tavernier sagt, die großen Kameele trügen bis 1500 Pfund; allein man lege ihnen nur selten eine so schwere Last auf. Höch-

sie theils zum Reiten, theils als Lastthiere. Sie gehen einen weiten langsamen Schritt, und sind leicht zu lenken. Man richtet sie ab, daß sie knieen müssen, wenn sie beladen werden, und beim Reiten regiert man sie bloß mit einem dicken, kurzen Stock, der sowohl zum Zügel, als zur Peitsche dient. Man sieht in der Barbarei nicht selten, daß drei Personen mit einer verhältnißmäßigen Equipage auf Einem Kameele reiten.

Wenn die Karavanen in Tombut angekommen sind, setzen sie ihren Tabak und ihr Salz gegen Sklaven, Goldstaub und Elfenbein um, welches alles aus Guinea dahin gebracht wird. Man nimmt an, daß jährlich vier tausend Sklaven aus Tombut gebracht werden, von denen ein großer Theil nach Maskar, Algier und Tunis geht. Selten bringt man Verschnittene mit, ausgenommen auf besondern Befehl des Kaisers oder eines Prinzen; denn kein Anderer im Lande darf sie halten. Es ist in der That überhaupt sehr schwer, dergleichen zu bekommen. Gemeiniglich werden sie aus Bambara *) gebracht. Unter Muley Ischmaels Regierung rechnete man in dem Reiche Marokko an sieben hundert; jetzt aber hat ihre Anzahl sich so verringert, daß man im ganzen Kaiserthume höchstens hundert aufbringen kann.

stens geschehe es da an den Gränzen, wo man Schleichhandel treiben wolle, und alsdann dauere diese schwere Belastung nur sehr kurze Zeit. (Tavernier's Reise, B. II. S. 334.) Chardin bestimmt die Ladung der Kameele nur auf 1000 bis 1200 Pfund. — Die Fähigkeit des Kameels, länger als irgend ein andres vierfüßiges Thier dürsten zu können, rührt von einem eigenen Beutel, oder einer eigenen Abtheilung des Magens her. Dieser liegt, der genauen Anatomie des berühmten d'Aubenton zufolge, zwischen dem Pansch und der Mütze. Auf diese Weise haben das Kameel und der Dromedar fünf Magen; denn auf die Mütze folgen noch der Faltenmagen und das Laab. M. s. Büffon's Allgem. Histor. der Natur. VI. Band. 1 Theil. S. 142. Taf. XI. und XII. 3.

*) Bambara liegt auf d'Anville's Afrika etwas südlicher, als Tombuktu. Auf Rennels neuer Karte ist dies Reich gar nicht angemerkt, dessen Existenz aber durch die Nachrichten unsers Verfassers noch mehr Gewißheit erhält. 3.

Die Leute, welche in den letzten zwanzig Jahren mit Tombut gehandelt haben, geben den Werth der jährlich aus dem Kaiserthum Marokko dahin ausgeführten Waaren wenigstens zu einer Million Thaler an, und die Einfuhr dagegen an Straußfedern, Elfenbein, Goldstaub, Ambra und Guineischen Sklaven, zu zehn Millionen, wovon zwei Drittheile nach Algier, Tunis u. s. f. gegangen sind. Sklaven werden in der Nähe von Tombut sehr wohlfeil gekauft, und es giebt Beispiele, daß man einen schönen Negerknaben für sechs Pfund Salz bekommen hat *).

Zum Beweise, daß Christen zu Lande längs der Küste von Guinea nach Marokko gelangen können, dient der Umstand, daß im Jahre 1781 zwei Franzosen vom Senegal nach Marokko kamen, und die Nachricht brachten, daß die Engländer an diesem Flusse einige Forts weggenommen hätten. Ich muß indeß erinnern, daß sie von einem Orte zum andern Bedeckung bekommen hatten.

*) Man muß aber hierbei nicht vergessen, daß in diesen inneren Theilen von Afrika, wo es noch den einzigen Salzstock von Tegaza giebt, das Salz, da es größtentheils von der Seeküste eingeführt wird, in sehr hohem Werthe steht.   J.

durch Marokko.

Zwölftes Kapitel.

Befehl vor dem Kaiser zu erscheinen. — Zulassung in den kaiserlichen Harem. — Besuch bei Lella Sara (*Zara*). — Einführung bei Lella Batuhm, der ersten Sultanin. — Einführung bei Lella Duja (*Douyaw*), der Lieblingsgemahlin des Kaisers. — Ihre Geschichte. — Beschreibung des Harems. — Seine Einrichtung. — Beischläferinnen des Kaisers. — Vorfall und Zank mit einer von ihnen. — Kleidung der Frauenzimmer im Harem. — Meinung der Mohren vom weiblichen Geschlechte. — Des Kaisers Kinder. — Kleidung, Sitten und Lage des weiblichen Geschlechtes in der Barbárei.

Nach meinen fruchtlosen Bemühungen, beurlaubt zu werden, hatte ich schon angefangen, mich an den Gedanken, als Gefangner in Marokko zu bleiben, zu gewöhnen, als zu meiner größten Verwunderung einen Monath nach des Prinzen Abreise, Se. Mohrische Majestät mit besondrer Eile zu mir schickten, daß ich mich wieder nach dem Pallaste begeben sollte.

Bei dieser Botschaft lebten die schönsten Hoffnungen in mir auf. Ich erwartete, da jeder Fremde, ehe er abreist, vor den Kaiser kommen muß, natürlicher Weise meine augenblickliche Befreiung, und flog mit aller der Schnelligkeit, die eine solche Aussicht unfehlbar giebt, zu dem Pallaste. Aber wie groß war mein Erstaunen, als mir bei meiner Ankunft daselbst ein Bote von dem Kaiser einen Befehl brachte, dem zufolge ich sogleich eine von seinen Sultaninnen, welche krank war, besuchen, Nachmittages mit den gehörigen Arzneien wiederkommen und zugleich Sr. Majestät meine Meinung über ihren Gesundheitszustand berichten sollte.

Es ist schwer zu sagen, ob, als ich diesen Befehl erfuhr, getäuschte Hoffnung, oder Erstaunen das stärkere Gefühl in meinem Herzen war. Da der Kaiser, aus Abneigung

gegen die Engländer und aus Unkunde von der Wirksamkeit
innerlicher Arzneimittel, so offenbar Vorurtheile gegen mich
gehegt, und da er mich, dem Anscheine nach, bloß in der Absicht, mir als einem Engländer seine Verachtung zu zeigen, so
lange in Marokko aufgehalten hatte: so schien es unbe-
greiflich, daß er nun Befehl geben sollte, mich in den
Harem einzulassen; denn hier kam zu den übrigen Hin-
dernissen ein in den Augen der Mohren noch weit stärkeres,
da es fast, und ich glaube, bei dem Harem des Kaisers
gänzlich, ohne Beispiel war, daß jemand von unserm
Geschlechte Zutritt in diesen heiligen Aufenthalt weiblicher
Reitze erlangt hätte.

Was auch der Bewegungsgrund seyn mochte, aus
welchem Sc. Kaiserliche Majestät in diesem Falle das Maurische Decorum verletzten, so schien es mir doch nicht, als
hätte ich große Ursache, mich über dieses Ereigniß zu freuen.
Ich hatte schon zu viel Undankbarkeit von dem Prinzen,
und zu viel unedles Betragen von dem Kaiser erfahren,
als daß ich dadurch hätte aufgemuntert seyn können, hier
zu Lande mich wieder auf irgend einen Dienst dieser Art
einzulassen; und bei den Schwierigkeiten und Vorurtheilen, mit denen ich, wie ich aus Erfahrung wußte, zu
kämpfen hatte, wenn mich die Mohren in meinem Fache
gebrauchten, verbunden mit der Ungewißheit, ob ich die
Krankheit der Sultanin würde heben können, war es ganz
und gar nicht sicher, meinen Rath zu ertheilen. Selbst Neugierde, die wohl bei den Meisten in einem solchen Falle natürlich erwacht seyn würde, konnte mich nicht mit diesem
neuen Amte zufrieden machen.

Zum Unglück war mir bei dieser schweren Wahl sehr
kurze Zeit zum Entschließen gelassen; denn der Bote wartete schon, um mich in das Thor des Harems zu führen.
Meine Verlegenheit dauerte indeß nur kurze Zeit, da ich
bald daran dachte, daß es vergeblich seyn würde, mich
des Kaisers Befehlen zu widersetzen. Ich schob es also auf,
eine bestimmte Antwort zu geben, bis ich meine Kranke
gese-

gesehen, und mich gänzlich mit der Beschaffenheit ihres Zustandes bekannt gemacht hätte.

Der öffentliche und gewöhnliche Eingang in den Harem geht durch einen sehr großen gewölbten Thorweg, der an der Außenseite mit zehn Mann besetzt sind. Er führt in eine hohe Halle, wo der Kapitain, oder Alkaid, mit einer Wache von siebzehn Verschnittenen steht. In diese Halle wird sonst Niemand gelassen, als von dem man weiß, daß er im Harem etwas zu thun hat.

Des Kaisers Befehl ward an der Außenseite des Thors dem Alkaid übergeben, und ich sogleich von einem der schwarzen Verschnittenen mit meinem Dolmetscher in den Harem geführt. So wie ich in den Hof trat, in welchen sich die Wohnungen der Weiber öffnen, sah ich eine bunte Gruppe von Konkubinen, Aufwärterinnen und schwarzen Sklavinnen, alle auf mancherlei Art beschäftigt. Die Ersteren saßen auf dem Hofe in Kreisen auf dem Boden, und waren, wie es schien, in einer Unterhaltung begriffen. Die Aufwärterinnen und Sklavinnen beschäftigten sich theils mit Nadelarbeit, theils mit dem Zubereiten des Kuskasu. Mein Anblick zog indeß bald ihre Aufmerksamkeit auf sich. Eine beträchtliche Anzahl von ihnen begab sich, so wie sie mich erblickten, auf das eiligste nach ihren Zimmern zurück, weil sie nicht wußten, auf welche Art ich Eingang in den Harem gefunden hätte; andere aber, die mehr Dreistigkeit besaßen, näherten sich, und fragten meinen schwarzen Führer, wer ich wäre, und auf wessen Befehl er mich hieher brächte.

Sobald man erfuhr, daß ich ein Arzt sey, wurden mehrere von ihnen abgeschickt, um den Entflohenen zu sagen: ich käme auf Befehl des Kaisers, um die Lella *) Sarah (so hieß die Patientin) zu besuchen; sie möchten doch zurückkehren und den Christen ansehen. Sie

---

*) Lella bedeutet: eine Dame oder Frau; das Wort wird aber in Marokko nur von den Sultaninnen gebraucht. A. d. Ü.

ranio Tibib! (ein christlicher Arzt) erscholl es von einem Ende des Harems bis zum andern, und in ein Paar Minuten war ich so sehr von Weibern und Kindern umringt, daß ich keinen Schritt von der Stelle thun konnte.

Jede von ihnen schien sich sorgfältig zu bemühen, irgend eine Unpäßlichkeit an sich aufzufinden, über die sie mich um Rath fragen könnte; und die nicht sinnreich genug waren, eine zu ersinnen, denen mußte ich den Puls anfühlen. Wenn ich dann nicht zum Beweise von meiner Vortreflichkeit in meiner Kunst eine oder die andre Unpäßlichkeit an ihnen entdecken konnte, so waren sie sehr unzufrieden. Alle schienen so dringend, zu gleicher Zeit von mir besorgt zu werden, daß, indem ich der Einen den Puls anfühlte, schon Andre hinter mir standen, mich beim Rocke zupften, und mich baten, daß ich doch ihre Krankheiten auch untersuchen möchte, während ein dritter Haufen auf mich schalt, daß ich ihnen nicht dieselbe Aufmerksamkeit bezeigte. In ihren Begriffen von Schicklichkeit kommen sie gar nicht mit unsren Europäischen Damen überein; denn sie zeigten die Schönheit ihrer Glieder und ihrer Gestalt mit einem Grade von Freiheit, den man in einem anderen Lande für unschicklich gehalten hätte: und eben so unzurückhaltend waren sie in ihren Reden.

Diese anscheinende Schamlosigkeit in dem Betragen der Maurischen Frauenzimmer rührt aber gar nicht von schlechten Grundsätzen her. Da man in diesem Lande dem weiblichen Geschlechte die Bewahrung seiner Ehre nicht anvertrauet, so ist Zurückhaltung auch keine Tugend. Eine schlechte Erziehung verderbt sie, anstatt sie in Schranken zu halten. Sie werden nicht als Wesen mit Vernunft und Moralität betrachtet, sondern bloß als Geschöpfe, die nur zum Vergnügen der Männer bestimmt sind. Leidenschaften zu erregen, und Alles zu thun und zu sagen, was nur eine zügellose Einbildungskraft entflammen kann, gehört also in diesem Lande zu den nothwendigen Vollkommenheiten der Weiber, und sie müssen in ihren Sitten, wie in ihrem Betragen, natürlich eine ganz andre Form annehmen, als die Frauenzimmer in einem mehr verfeinerten und edlen Zustande der menschlichen Gesellschaft. In denen Fällen, worauf ich mich beziehe, glaubten sie nicht, die Gränzen der Sittsamkeit zu überschreiten, und in andren bezeigten sie große Aufmerksamkeit auf das, was sie für schicklich hielten. Wenn ich bei einigen Patientinnen, welche Fiebersymptome hatten, die Zunge sehen wollte, so weigerten sie sich, mein Verlangen zu erfüllen, weil sie glaubten, es vertrüge sich nicht mit ihrer Sittsamkeit und Tugend. Einige von ihnen lachten wirklich über diese sonderbare Forderung, und schrieben sie entweder einer unverschämten Neugierde zu, oder der Absicht, sie zum Besten zu haben.

Da die Zahl meiner Kranken immerfort eher zu-, als abnahm, so zeigte sich mir wenig Aussicht, daß ich irgend zu gehöriger Zeit würde bei der Sultanin Lella Sara können eingeführt werden, die ich, dem Befehle gemäß, zuerst besuchen sollte. Die Geduld des Verschnittenen war indeß zu Ende, und er gebrauchte alles das Ansehen, das seine weibische Natur ihm nur zuließ, um sie aus einander zu bringen. Es war auch in so fern wirksam, daß sie mir wenigstens Platz zum Gehen machten; doch folgte der ganze Schwarm von Weibern mir nach, bis ich beinahe an dem Zimmer der Sultanin war.

Aus dem ersten Hofe, in welchen man mich geführt hatte, ging ich noch durch zwei oder drei ähnliche, bis ich zuletzt zu dem Zimmer meiner Patientin kam. Hier mußte ich mich eine Zeitlang aufhalten, bis die Kranke und ihr Zimmer zu meinem Empfange bereit waren. So wie ich hineintrat, fand ich die Dame mit kreuzweis untergeschlagenen Beinen auf einer, an der Erde liegenden und mit feinem Linnen überzogenen Matratze sitzen. An verschiedenen Orten des Zimmers saßen zwölf schwarze und weiße Aufwärterinnen eben so auf der Erde. Neben die Sultanin war ein rundes Polster gelegt, worauf ich mich setzen mußte. Ich sollte eigentlich schon angemerkt haben, daß, wie ich gegen mein Erwarten fand, keine von des Kaisers Weibern ihr Gesicht versteckte, wie ich es in des Prinzen Harem erfahren hatte; vielmehr sah ich sie alle mit eben der Familiarität, als wenn ich in die Wohnung eines Europäers geführt worden wäre.

Lella Sara, die Tochter Mohrischer Eltern, war ungefähr acht Jahre vorher durch ihre Schönheit und ihre Vollkommenheiten ausgezeichnet, und daher in jeder Rücksicht die Favorite des Kaisers. Eines so gefährlichen Vorranges konnte sie nicht genießen, ohne die Eifersucht der andern Frauenzimmer, deren Reize weniger auffielen, zu erregen; denn außer der Kränkung, nicht so schön zu seyn, hatten sie auch noch den Schimpf, von ihrem Herrn vernachlässigt zu werden.

Mit dem Entschlusse, sie zu stürzen, wählten sie das Mittel, irgend ein Gift (wahrscheinlich Arsenik) unter ihre Speisen zu mischen. Diesen teuflischen Anschlag führten sie auch mit so vieler List und Geschicklichkeit aus, daß das Gift nicht eher entdeckt ward, als bis es schon seine verderblichen Wirkungen an ihr äußerte. Sie bekam sehr heftige Krämpfe mit einem immerwährenden Erbrechen; und wäre nicht ihre Natur ungewöhnlich stark gewesen, so hätte sie sogleich ein Opfer von der Bosheit ihrer Nebenbuhlerinnen werden müssen. Nach einem schweren Kampfe zwischen Tod und Leben ließen zwar die Wirkungen des Giftes etwas nach; die unglückliche Frau behielt aber eine schreckliche Schwäche und Reizbarkeit, besonders im Magen, von der vielleicht keine Medicin sie wieder befreien konnte. Auch ihre Schönheit, die traurige Veranlassung zu ihrem Unglücke, ward gänzlich zerstört; und obgleich ihren Feindinnen das Vorhaben, sie zu tödten, nicht gelungen war, so hatten sie doch den boshaften Triumph, die Reize, die ihnen so vielen Verdruß gemacht hatten, bis unter das Gewöhnliche vermindert zu sehen.

durch Marokko.

Als ich sie besuchte, war ihre Verdauungskraft so schwach, daß jede Speise, die sie genossen hatte, nach einigen Stunden völlig unverdauet wieder aus dem Magen kam. Da sie also nicht die gehörige Nahrung erhielt, so zehrte sie bis zu einem Schatten ab, und ihr Körper war so schwach, daß sie nicht mehr ohne Hülfe gehen konnte. Ihre Gesichtsfarbe hatte sich gänzlich verändert. Ihre Haut, die, wie man mir sagte, von Natur rein und schön gewesen war, hatte ein krankes Braun angenommen; ihre Zähne waren verdorben, ihr Gesicht todtenbleich, kurz, jede Spur von der Schönheit, die sie sonst mochte gehabt haben, erloschen. Ob ich gleich durch meinen Stand daran gewöhnt bin, Gegenstände der Noth und des Elendes zu sehen, so erschütterten mich doch, bei dem Eintritt in ihr Zimmer, ihre unglückliche Lage und ihre traurige Gestalt so heftig, daß ich alle meine Standhaftigkeit aufbieten mußte, um meine Gefühle nicht zu verrathen.

Lella Sara war jetzt ungefähr sechs und dreißig Jahre alt, und hatte, ihres schwachen Zustandes ungeachtet, doch zwei schöne kleine Kinder, von denen das älteste im sechsten Jahre, das jüngste aber noch unter der Pflege einer Amme, und sehr wenig über zwölf Monathe alt war [*]). Ich erstaunte darüber, von einer Mutter mit so schrecklich geschwächtem Körper solche starke und dem Ansehen nach gesunde Kinder zu sehen. Lella Sara hatte übrigens diese Kinder zu ihrem großen Glück. Nach dem Muhamedanischen Gesetze darf sich nehmlich kein Mann von einer Frau scheiden lassen, mit der er Kinder erzeugt hat; und so mußte der Kaiser, ob er sich gleich um

---

[*]) Dieses merkwürdige Beispiel zeigt, daß in dem schon sehr warmen Klima von Marokko die Fruchtbarkeit gar nicht so früh aufhört, wie wir zu glauben pflegen. Es ist schon bei uns nicht ungewöhnlich, daß ein Frauenzimmer von sechs und dreißig Jahren die Fruchtbarkeit verliert. Dort aber, wie in allen sehr warmen Ländern, werden die Mädchen weit früher fruchtbar, als bei uns, nehmlich schon mit dem dreizehnten oder vierzehnten Jahre. J.

die arme Frau nicht viel bekümmerte, doch sie selbst und ihre Kinder erhalten.

Aus der kläglichen Lage, worin sich, dieser Beschreibung nach, die Unglückliche befand, kann man leicht schließen, daß bei der entferntesten Aussicht, Erleichterung in ihrer traurigen Krankheit zu bekommen, ihr Muth wieder aufwachen mußte. Dies war auch wirklich der Fall; sie empfing mich mit allem dem Vergnügen, welches Hoffnung, mit einem gewissen Grade von Zutrauen verbunden, natürlicher Weise erregt.

Ich muß gestehen, daß ich mich bei diesen Umständen in großer Verlegenheit befand. Es war eine von denen unangenehmen Situationen, wo Pflicht und Interesse einander gerade entgegenstehen, oder vielmehr, wo mitleidiges Gefühl und eigene Wohlfahrt wider einander streiten. Die Menschlichkeit sagte mir, es sey meine Pflicht, der Leidenden wo möglich Erleichterung zu schaffen; aber auf der andren Seite rief die Selbsterhaltung mir eben so nachdrücklich zu: meine Sicherheit und mein Glück erforderten nothwendig, daß ich die erste günstige Gelegenheit ergriffe, ein Land zu verlassen, worin ich mich in der unangenehmsten und gefährlichsten Lage befand. Beide Gedanken wirkten eine Zeitlang gleich stark auf mich, und machten mich unschlüssig, was ich thun sollte. Endlich nahm ich mir vor, einen Mittelweg einzuschlagen, von dem es wahrscheinlich schien, daß er zum Besten des Frauenzimmers gereichen könnte, ohne mein eignes in Gefahr zu setzen. Dieser Mittelweg bestand denn darin, vierzehn Tage lang die gehörigen Arzneien treulich zu versuchen; wenn sich dann nur die geringste Aussicht zur Besserung der Kranken zeigte, so wollte ich ihr einen Vorrath davon zurücklassen, und ihr gehörige Anweisung geben, sie auch ohne den Besuch eines Arztes zu gebrauchen.

Ich hielt es für das rathsamste, meiner Patientin diesen Plan nicht sogleich mitzutheilen; daher versicherte ich, ohne ihr im mindesten schmeichelhafte Hoffnung zu ihrer

Genesung zu machen: ich würde alle Mittel, die ich nur kennte, anwenden, ihre Gesundheit wieder herzustellen. Lella Sara war ganz das Gegentheil von den meisten andern Maurischen Frauenzimmern: in allem Betracht ohne Stolz und höflich. Auch in ihrem zerrütteten Gesundheitszustande, behielt sie doch ihre natürliche Lebhaftigkeit, und trotz allen Verwüstungen, welche die eingewurzelte Krankheit bei ihr angerichtet hatte, war sie noch immer eine angenehme und anziehende Person.

Als ich eben in Begriff stand, mich bei Lella Sara zu beurlauben, kam eine Abgesandtin, um mich zur Lella Batuhm zu rufen. Diese heißt, weil sie zuerst an den Kaiser verheirathet ist, seine erste Gemahlin, und hat eigentlich mehr Anrecht auf den Titel Sultanin, als alle die andern.

Da der Kaiser bloß Befehl gegeben hatte, daß ich zur Lella Sara gelassen werden sollte, und da ich bald merkte, daß der Verschnittene mich mit sehr eifersüchtigen Augen ansah: so fühlte ich, offenherzig gestanden, trotz meiner rege gemachten Neugier, einige Besorgniß, als auch andre Damen meinen Besuch verlangten, weil ich mich durch Uebertretung des Kaiserlichen Befehles in Gefahr setzte. Auf der andern Seite dachte ich aber daran, daß sowohl der Verschnittene, als die Frauenzimmer, ebenfalls in die übeln Folgen einer Entdeckung verwickelt werden würden: jener, weil er mich hingeführt, diese, weil sie mich in ihre Zimmer gelassen hatten; und daß also ihnen so viel, wie mir, daran liegen mußte, behutsam zu seyn und zu verhindern, theils, daß der Umstand dem Kaiser nicht zu Ohren käme, theils, daß sie mich nicht zu einer Zeit in ihr Zimmer ließen, wo es wahrscheinlich war, daß er den Harem besuchen könnte. Alle diese Gründe, nebst dem Verlangen, eine so günstige Gelegenheit zu nützen, und einen Ort zu sehen, wohin vorher noch kein Europäer gelassen worden; — alle diese Gründe hatten so viel Gewicht, daß meine Einwürfe dagegen bald nicht mehr aufkamen.

Ich fand an Lella Batuhm eine vollkommne Maurische Schönheit. Sie war übermäßig fett, ungefähr vierzig Jahre alt, und hatte hervorstehende, runde, dunkelroth geschminkte Backen, kleine schwarze Augen und ein Gesicht ohne allen Ausdruck. Sie saß an der Erde auf einer, wie gewöhnlich, mit feiner, weißer Leinwand bedeckten Matratze, und war von einer großen Menge Konkubinen umgeben, die sie, wie ich erfuhr, zu dieser Gelegenheit eingeladen hatte. Ihr Zimmer sah weit prächtiger aus, als das Zimmer der Lella Sara; auch war ihr ein ganzes Viereck eingeräumt.

So wie ich in der Lella Batuhm Zimmer kam, bat sie, ich möchte mich dicht neben sie setzen und ihr den Puls fühlen. Ihr Uebel bestand in einem Schnupfen, den wahrscheinlich ihre unbezwingliche Begierde, mich zu sehen, verursacht haben mochte. Sobald ich ihren Puls gefühlt und ihr meine Meinung gesagt hatte, mußte ich mit allen andern im Zimmer befindlichen Frauenzimmern dieselbe Ceremonie vornehmen. Jede verlangte, ich sollte sie, ohne weitere Nachfrage, alle ihre Uebel kennen lehren. Da ich in dieser Art von Praxis in Tarudant so viel Erfahrung gesammelt und von ihren Krankheiten schon gelernt hatte, daß sie meistens von zu gierigem Genusse des Kuskasu herrühren: so konnte ich in dieser geheimnißvollen Kunst eine gar nicht verächtliche Figur machen, und war sehr glücklich in meinen Vermuthungen.

Von ihrem Gesundheitszustande ging die Unterhaltung sogleich zur Beurtheilung meiner Kleidung über. Es war nicht ein einziges Stück daran, das sie nicht untersuchten und worüber sie nicht mit ihrer gewöhnlichen Geschwätzigkeit Anmerkungen machten. Nun fragten sie meinen Dolmetscher, ob ich verheirathet wäre? ob ich meine Frau mitgebracht hätte? und noch mancherlei eben so wichtige Dinge. Mitten unter diesem Gespräche ward Thee hereingebracht, ob es gleich schon Mittags um elf Uhr war. Ein kleines Theebrett mit vier niedrigen Füßen vertrat die Stelle eines Tisches, und das Theegeschirr stand darauf. Die Tassen waren vom besten Chinesischen Porzellan, und ungefähr so groß, wie eine große Wallnußschale; man trank ihrer aber eine sehr beträchtliche Anzahl.

Als ich meinen Besuch bei der Königin des Harems geendigt hatte, brachte man mich zunächst zu der Lella Duja, (*Lalla Dauyaw*) der Favorite des vorigen Kaisers, einem Frauenzimmer, das man in Europa sehr artig und schön finden würde. Sie ist aus Genua gebürtig, litt mit ihrer Mutter an der Küste der Barbarei Schiffbruch, und ward, so wie die letztere, des Kaisers Gefangene. Ob sie gleich damals erst acht Jahre alt war, so hatte sie doch schon so viel versprechende und so anziehende Reize, daß der Kaiser dadurch zu dem Befehle bewogen ward, sie ihrer Mutter mit Gewalt zu entreißen und in seinen Harem zu bringen. Hier wurden nun, ungeachtet ihres zarten Alters, alle Mittel, sie zur Veränderung ihrer Religion zu verleiten, vergebens versucht, bis der Kaiser zuletzt drohte, ihr jedes Haar mit der Wurzel aus dem Kopfe reißen zu lassen, wenn sie sich länger widersetzte; und dann war sie auch genöthigt, sich seinen Neigungen zu unterwerfen.

Nachdem sie eine Zeitlang des Kaisers Beischläferin gewesen war, heirathete er sie; und durch große Schönheit, artiges Betragen und vorzügliche Geistesvollkommenheit gewann sie bald seine stärkste Zuneigung, die sie auch nachher immer behalten hat. Ihr Einfluß auf ihn war in der That groß, und man hat, ungeachtet seines natürlichen Eigensinnes, doch nie erfahren, daß sie irgend eine Bitte vergebens gethan hätte, wenn sie anders darauf beharrte.

Als ich sie sah, mochte sie ungefähr dreißig Jahre alt seyn. Sie war etwas korpulent, und ihr Gesicht durch jene ausdrucksvolle Schönheit ausgezeichnet, die den Italiänischen Weibern fast besonders eigen ist. Sie hatte ein angenehmes Wesen, und ihr Betragen war fein und zuvorkommend. Weil sie den Vorzug besaß, das Arabische gut zu lesen und zu schreiben, so ward sie von den andern Frauenzimmern im Harem als ein höheres Wesen betrachtet.

Da sie so jung in den Harem gekommen war, so hatte sie ihre Muttersprache beinahe ganz vergessen, und konnte nur Arabisch geläufig sprechen. Von den Begebenheiten, die sie zuerst in ihre gegenwärtige Lage brachten, war ihr nur noch eine dunkle Erinnerung übrig geblieben. Sie sagte mir indeß: wir wären Bruder und Schwester, (eine gewöhnliche Redensart der Mauren, um auszudrücken, daß die Christen in Ansehung der Religion mit einander verwandt sind.) Auch hatte sie Beurtheilungskraft genug, um zu bemerken, daß sie unter einem rohen, unwissenden Volke lebte. Sie setzte hinzu: ihre Mutter (die ich nachher in dem Hause eines Venetianischen Kaufmannes zu Mamora zu sehen Gelegenheit hatte) wäre noch eine Christin, obgleich sie selbst es nicht mehr wäre; übrigens hoffte sie, ich würde sie jedesmal besuchen, wenn ich in den Harem käme.

Ihre Krankheit war ein Skorbut am Zahnfleische, welcher ihr den Verlust einiger Vorderzähne drohete. Dieser Umstand war ihr höchst unangenehm, da sie fürchtete, das möchte ihre anderen Züge entstellen, und dann die Neigung des Kaisers zu ihr sich vermindern. In dieser Rücksicht war sie äußerst begierig, Rath von mir zu bekommen, ob sie gleich, wenn ich sie besuchte, immer die stärkste Besorgniß äußerte, daß der Kaiser meine Besuche bei ihr erfahren möchte, welches für uns beide die traurigsten Folgen gehabt hätte.

Lella Sara war, wegen ihres schlechten Gesundheitszustandes und des daraus folgenden Verfalls ihrer körperlichen Reize, längst von dem Kaiser vernachlässigt worden; und höchst wahrscheinlich hatte er ihr die Erlaubniß zu meinem Besuche mehr in der Absicht ertheilt, ihrer ungestümen Bitten los zu werden — denn es währte geraume Zeit, ehe sie seine Einwilligung erhalten konnte — als aus einem sonderlich starken Verlangen nach ihrer Wiederherstellung. In Rücksicht einer Person von dieser

Art war es dem Kaiser vielleicht gleichgültig, ob jemand sie sähe, oder nicht, und deswegen fand hier kein Grund zu Eifersucht Statt, der die Mohren sonst überhaupt stark ergeben sind.

Lella Duja befand sich in einer ganz andern Lage. Sie hatte blühende Gesundheit, Schönheit, und zugleich die äußeren Vollkommenheiten, welche die glühendste Leidenschaft erregen konnten; und in der That war des Kaisers Anhänglichkeit an ihr beispiellos. Wenn man nun bedenkt, mit welcher Vorsicht die Mohren allgemein sich bemühen, fremden Umgang mit ihren Weibern zu verhüten, so konnte bei diesen Umständen dem Kaiser die Idee, daß besonders ein Europäer zu dem ersten Gegenstande seiner heißesten Liebe oft, und fast allein, Zutritt bekäme, nicht sehr angenehm seyn.

Lella Duja hatte indeß, um die Möglichkeit einer Entdeckung zu verhüten, ihren Sklavinnen befohlen, wenn nur das Geringste zu befürchten wäre, ihr sogleich Nachricht davon zu geben; und auf der anderen Seite machte sie dem Verschnittenen, der mich zu ihr führte, immer Geschenke, damit er keinem aus dem Harem anvertrauen möchte, daß sie mich in ihr Zimmer gelassen hätte. Hierdurch bekam sie so viel Gewalt über ihn, daß ich oft eine Stundelang bei ihr geblieben bin. Wir unterhielten uns dann von Europäischen Gebräuchen; und ob sie gleich wenig davon wußte, so schien doch dieser Gegenstand ihr immer viel Vergnügen zu machen. Sobald sie glaubte, daß es unbedachtsam von mir seyn würde, noch länger zu bleiben, so bat sie mich, wegzugehen; doch mußte ich versprechen, daß ich sobald ich in den Harem käme, sie wieder besuchen wollte. Ihre Furcht vor einer Entdeckung schränkte sich nicht bloß darauf ein, daß unglücklicher Weise der Kaiser kommen oder der Verschnittne treulos werden könnte; sondern sie erstreckte sich auch auf die Eifersucht der andern Weiber im Harem, die sich wahrscheinlich über eine Gelegenheit, sie zu stürzen, würden gefreuet haben.

Es war indeß vielleicht ein Glück für uns Beide, daß die meisten von ihnen mich ebenfalls hatten zu sich kommen lassen, und daß also ihr eigner Vortheil Stillschweigen erforderte, da mit der Einen unvermeidlich auch alle andern entdeckt worden wären.

Die vierte Gemahlin ist die Tochter eines Englischen Renegaten, und die Mutter des jetzigen Kaisers. Da sie damals, als ich den Harem besuchte, gerade zu Fez war, so hatte ich keine Gelegenheit, sie zu sehen.

Als ich wegen meines Besuches im Harem dem Kaiser meine Aufwartung machte, ward ich mit einer ganz geheimen Audienz beehrt; denn er nahm mich in dem Hofe dicht an seinem Pallaste an, wo sich, so lange der Kaiser da ist, außer wenigen Pagen und denen, die unmittelbar zu seinem Wagen oder Pferde gehören, niemand zeigen darf.

Der Kaiser saß in einem offenen vierrädrigen Wagen, der sehr niedrig hing, grade für Eine Person groß genug war, und von den Söhnen vier Spanischer Renegaten gezogen wurde. Sobald er mich bemerkte, befahl er, daß ich mit meinem Dolmetscher näher kommen, ihm die Arzneien bringen, und sie vor seinen Augen kosten sollte; vermuthlich, um ihn zu überzeugen, daß nichts Schädliches darin wäre. Er untersuchte sie nun sehr genau, und befahl mir, ihm zu sagen, woraus sie beständen, und was für Wirkung sich von ihnen erwarten ließe. Als er dann meine Meinung über die Krankheit der Patientin zu wissen verlangte, sagte ich ihm: sie wäre von der Art, daß sie sehr langwierigen Gebrauch von Arzneien erforderte, die aber, wie ich glaubte, nicht verändert zu werden brauchten; ich schlüge daher vor, daß ich die Sultanin vierzehn Tage lang besuchen, ihr dann einen gehörigen Vorrath zurücklassen, und ihr zugleich Anweisung geben wollte, dieselben fast mit eben dem Vortheile zu gebrauchen, als wenn ich gegenwärtig wäre. Noch setzte ich hinzu: der Gouverneur von Gibraltar hätte mir befohlen, sogleich nach meiner Garnison zurückzukommen, und, wenn ich nicht gehorchte, so würde ich gewiß eine sehr gute Stelle verlieren. Da des Kaisers Versprechungen bei meiner ersten Audienz mich seiner gnädigen Gesinnung gegen mich versichert hätten, so wäre ich überzeugt, daß er mich keinen Tag länger, als die erwähnte Zeit, zurückhalten würde. Seine Antwort hierauf war: er wünschte bloß, ich möchte die Sultanin etwa zehn Tage lang besuchen, und ihr nach Verlauf derselben, wenn die Arzneien eine gute Wirkung zu versprechen schienen, einen gehörigen Vorrath davon zurück lassen; nachher wollte er mich (wie er sich ausdrückte) auf einem schönen Pferde nach Hause schicken. Dann wies er seinen ersten Minister an, mir zehn harte Thaler als ein Geschenk auszuzahlen, und zugleich befahl er, daß mir, so oft ich es für nöthig fände, der freie Zutritt in den königlichen Harem sollte gestattet werden.

Der Harem macht, wie ich schon bemerkt habe, einen Theil des Pallastes oder Serails aus, indeß ohne eine andre unmittelbare Kommunikation mit ihm, als durch eine besondre Thür, durch welche bloß der Kaiser geht.

Die Zimmer sind alle an der Erde, viereckig und sehr hoch. Viere von ihnen schließen immer einen geräumigen viereckigen Hof ein, in den sie sich durch große Flügelthüren öffnen. Diese dienen, wie in andern Mohrischen Häusern, welche allgemein keine Fenster haben, zum Einlassen des Lichts in die Zimmer. Auf diesen Höfen, die mit blauen und weißen viereckigen Ziegeln gepflastert sind, steht in der Mitte ein Springbrunnen, der sein Wasser durch Röhren aus einem großen Behälter vor dem Pallaste bekommt, und sowohl zu den häufigen Abwaschungen, welche die Muhamedanische Religion vorschreibt, als zu andren Zwecken dient.

Der ganze Harem besteht ungefähr aus zwölf solchen viereckigen Plätzen, die durch enge Gänge mit einander zusammenhangen. Diese gestatten einen freien Zutritt, von einem Theile desselben zu dem andern, und alle Weiber dürfen sich ihrer bedienen.

Die Zimmer sind von außen mit schönem Schnitzwerke verziert, das sowohl an künstlicher Arbeit, als an Geschmack, weit schöner ist, als ich jemals in Europa dergleichen gesehen habe. Inwendig sind die meisten mit reichem Dammaste von verschiedenen Farben austapeziert; der Boden ist mit schönen Teppichen belegt, und an verschiedenen Stellen liegen Matratzen zum Sitzen und Schlafen.

Ueberdies sind die Zimmer auch noch an jedem Ende mit schönen Europäischen Bettstellen von Mahoganyholze versehen, welche dammastene Umhänge haben. Es liegen verschiedene Matratzen über einander darin, die man mit seidenem Zeuge von verschiedenen Farben bedeckt. Diese Betten stehen aber bloß zum Staate da. In allen Zimmern ohne Ausnahme ist die Decke Täfelwerk mit Schnitzwerk und Malerei. Die Hauptzierde in einigen waren große, kostbare Spiegel, die an verschiedenen Stellen an der Mauer hingen; in andern hingen auf eben die Art Wand- und Taschenuhren in Glasgehäusen. In einigen bemerkte ich einen aus der Wand hervortretenden Theil, der etwa bis an die Mitte des Täfelwerks hinan reichte, und worauf verschiedene, mit seidenen Zeugen von mancherlei Farbe bedeckte Matratzen über einander lagen. Ueber und unter diesem hervortretenden Theil, hatte man die Wand mit Stücken Atlaß, Sammet und Dammast von verschiedenen Farben behängt, die rund umher mit einem breiten Streife von schwarzem, und in der Mitte mit Gold gesticktem Sammet eingefaßt waren.

Der ganze Harem stand unter der ersten Sultanin, Lella Batuhm; d. h. diese führte zur Auszeichnung allgemein den Titel Gebieterin des Harems, doch ohne irgend eine besondre Aufsicht über die andren Weiber zu haben. Ihr, so wie der Favorite Lella Duja, war ein ganzes Viereck eingeräumt, da Lella Sara und alle Konkubinen jede nur ein einzelnes Zimmer hatten.

Jedes Frauenzimmer bekommt vom Kaiser für sich täglich etwas Gewisses, das sich nach der Gunst richtet, in der es bei ihm steht. Hiervon sollen sie sich mit Allem, was sie bedürfen, selbst versehen; man kann daher den Harem als einen Ort betrachten, wo eine gewisse Anzahl Personen freie Wohnung haben, und wo die erste Sultanin Gebieterin des Ganzen ist.

Das, was die Weiber des vorigen Kaisers zu ihrem Unterhalte bekamen, war in der That sehr unbedeutend. Die Favorite Lella Duja hatte täglich nicht viel über eine halbe Englische Krone, und die andren nach Verhältniß noch weniger. Freilich machte der Kaiser ihnen bei Gelegenheit noch Geschenke an Gelde, Kleidungsstücken und Spielereien; dies war aber doch nicht hinlänglich, die Menge von Bedienten zu erhalten und so viele andre Ausgaben zu bestreiten. Am meisten mußten sie sich daher auf Geschenke von denen Europäern und Mauren verlassen, die an den Hof kamen, und sich ihres Einflusses bedienten, um irgend eine besondere Gunst von dem Kaiser zu erlangen. Der Monarch hatte auch nicht feines Gefühl genug, diese Art von Unterhandlung zu stören. Er wußte sehr wohl, daß seine Weiber, wenn sie nicht auf andre Weise Geld bekämen, ihre Zuflucht zu seiner Börse nehmen müßten; und da er zu gute Vorsichtsmittel gegen allen von dieser Sitte zu befürchtenden Unfug angewandt hatte, so war er immer sehr damit zufrieden, wenn Geschäfte durch diesen Kanal verhandelt wurden. Gesandte, Konsuln und Kaufleute, welche die Beschaffenheit des Hofes kannten, wußten in der That sehr wohl, daß sie keinen bessern Weg einschlagen konnten. Zum Beweise dieser Behauptung will ich nur Ein Beispiel anführen. Als ich in Marokko war, suchte ein Jude bei dem Kaiser eine sehr einträgliche Begünstigung. Da er sich lange Zeit vergebens darum bemühet hatte, so schickte er allen den vornehmsten Damen des Harems sehr beträchtliche Geschenke an Perlen. Die Folge davon war, daß sie sämmtlich zu dem Kaiser gingen, und auch sogleich die gewünschte Begünstigung für ihn erhielten.

Jede Dame muß ihr Zimmer sich selbst möbliren und sich selbst ihre Bedienten halten. Sie kann in der That im Harem machen, was sie will; nur darf sie ohne ausdrücklichen Befehl des Kaisers nicht ausgehen. Diese Begünstigung gewährt aber der Kaiser den Frauenzimmern äußerst selten anders, als wenn sie von einem Pallaste nach dem andern gebracht werden. Dann geht ein Trupp Soldaten etwas vor ihnen her, um vorzüglich die Personen männlichen Geschlechtes zu zerstreuen, und alle Möglichkeit, daß irgend jemand sie sehen könnte, zu verhüten. Ist dies vorläufig gethan, so wird ihnen um den unteren Theil des Gesichtes ein Stück Leinwand gebunden, und die unglücklichen Weiber hüllen sich dann ganz in ihre Haiks. So besteigen sie entweder Maulesel, auf denen sie nach Art der Männer reiten, oder sie werden — und dies ist gewöhnlicher — in eine viereckige Kutsche oder Sänfte gesetzt, die zu diesem Zwecke besonders verfertigt ist, so daß sie durch das Gitterwerk derselben sehen können, ohne wieder gesehen zu werden. Auf diese Art reisen sie unter einer Bedeckung von schwarzen Verschnittenen ab. Solche Reisen, und bisweilen ein Spaziergang innerhalb der Mauern des Pallastes, der ihnen indeß sehr selten erlaubt wird, sind die einzige Leibesbewegung, die sie sich machen dürfen.

Der Harem des vorigen Kaisers bestand aus sechzig bis hundert Frauenzimmern, die sehr zahlreiche Menge ihrer Mägde und Sklavinnen nicht mitgerechnet. Von den erwähnten vier Weibern darf man keinesweges glauben, daß es die ersten waren, die der Kaiser besaß; denn einige hatte er verstoßen*), und andre waren gestorben. Daher ist es schwer zu bestimmen, wie viele Weiber er eigentlich gehabt habe.

Viele

---

*) Das Muhamedanische Gesetz erlaubt einem Manne, sich von seiner Frau zu scheiden, wenn sie ihm keine Kinder gebiert, und er das bei der Ehestiftung Bestimmte herausgiebt. A. d. Vf.

Viele von des Kaisers Konkubinen waren Maurinnen, die er zum Geschenk bekommen hatte, weil die Mauren es für eine Ehre halten, ihre Töchter in dem Harem zu haben; verschiedene waren Europäische Sklavinnen, die der Kaiser entweder gefangen gemacht, oder gekauft hatte; und einige auch Negerinnen.

In dieser Gruppe konnten die Europäerinnen, oder ihre Kinder, bei weitem den größten Anspruch auf Schönheit machen. Vorzüglich fand ich an einer gebornen Spanierin, die man ungefähr in eben dem Alter wie die Lella Duja in den Harem genommen hatte, eine vollkommene Schönheit; doch war sie nicht ganz die einzige in ihrer Art, sondern viele andere besaßen fast eben so viele Reize.

Die Maurischen Weiber haben insgemein keinen Ausdruck im Gesichte, und bäurisch plumpe Sitten. Sie sind unter mittlerer Größe, dabei aber sehr fett und vierschrötig, und haben sehr große Hände und Füße. Ihre Farbe ist entweder hellbraun, oder noch gewöhnlicher schielt sie ins Gelbe. Ihr Gesicht ist rund, ihre Augen gemeiniglich schwarz, Nase und Mund sehr klein, und die Zähne gewöhnlich schön.

Unter meinen Patientinnen im Harem war auch eine von den Maurischen Konkubinen, die bei hübschen Gesichtszügen unerträglich viel Stolz und Ziererei hatte, deren Aeußerung ich auch auf die unangenehmste Art empfinden mußte. Ich sollte ihr ein Mittel gegen eine unbedeutende Magenbeschwerde geben, die sie seit ein Paar Tagen gehabt hatte; die Medicin sollte aber so gelinde seyn, daß sie ihr nicht im geringsten Schmerz oder Unbequemlichkeit machen könnte. Damit sie nun hierüber nicht zu klagen Ursache hätte, bereitete ich ihr ein Pulver, das einem neugebornen Kinde eben so unschädlich gewesen seyn würde, wie ihr.

Die Dame fürchtete indeß noch immer, daß es ihr schaden könnte, und zwang ihre jüngere Schwester, ebenfalls eine Konkubine im Harem, es zur Probe einzunehmen; wenn es dann dieser gut bekäme, so sollte eine andere Dosis für sie selbst seyn. Durch die Vorstellung, daß man ihr ein Mittel eingezwungen hätte, dessen sie nicht bedurfte, ward das junge Frauenzimmer zu meinem Unglücke bald nachher als sie es niedergeschluckt hatte, sehr krank. Darüber ward ihre Schwester so unruhig, daß sie mich sogleich holen ließ, und mir in den härtesten Ausdrücken Vorwürfe machte, daß ich ihr eine Arznei geschickt, die das junge Mädchen, welches den ganzen Tag in dem heftigsten Todeskampfe gelegen, beinahe getödtet hätte. Sie setzte noch hinzu: wenn ihre Schwester nicht eine so starke Natur besäße, so würde sie unfehlbar haben sterben müssen. Spöttisch sagte sie auch: sie hätte von den Christen eine bessere Meinung gehabt, als dieselben, wie sie nun wohl sähe, verdienten. Dann fragte sie mich gebieterisch: ob ich der Mann wäre, die Kur der Sultanin zu übernehmen? Diese einfältigen und unverdienten Vorwürfe konnten mir unmöglich angenehm seyn; und da ich bedachte, daß es überhaupt nur Gefälligkeit gewesen war, ihr Verlangen zu erfüllen, indem ich bloß die Lella Sara zu besuchen Befehl hatte: so ergriff ich die Gelegenheit, ihrem übel angebrachten Geschwätz auf einmal ein Ende zu machen und eine gleiche Unverschämtheit in allen andern Quartieren zu verhindern. Ich erklärte ihr also: die Arznei hätte gar nicht die Wirkung, deren sie dieselbe beschuldigte, und wäre vielmehr für eine Person von ihrer Konstitution in der That viel zu gelinde. Da sie aber gleich solches Mißtrauen dagegen gehabt — wie sie denn so ohne alle Liebe, ja ohne alles Gefühl, hätte seyn können, ihrer Schwester, ohne Rücksicht auf den Unterschied des Alters oder des Gesundheitszustandes, eine Arznei einzuzwingen, die sie selbst zu nehmen nicht hätte wagen wollen! Ihr undankbares Betragen würde mich abschrecken, manchen von den andern Frauenzimmern, deren Krankheit wohl mehr Aufmerksamkeit erfordern möchte, als die ihrige, Rath zu ertheilen; und von nun an dürfte sie nicht den mindesten Beistand von mir erwarten, wenn er ihr auch wirklich nöthig wäre. Nun fing sie an nachzugeben, gestand, daß sie wohl zu hitzig gewesen wäre, setzte noch viele Rechtfertigungen hinzu, und schloß damit, daß sie mir eine glückliche Rückkehr in mein Vaterland und zu meinen Freunden wünschte.

Ich könnte noch viele andere Anekdoten zum Beweise von der Unwissenheit und dem Stolze dieser armen Geschöpfe anführen; doch dies, glaube ich, überzeugt schon hinlänglich davon. Indeß muß ich noch hinzusetzen, daß dieser kleine Zank mir nachher im Harem große Dienste that, weil er die einfältigen Weiber überführte, daß ich mich wenig um ihre Launen kümmerte.

Da ich bemerkte, daß die Verschnittenen immer ein sehr wachsames Auge auf mich hatten, wenn ich den Harem besuchte, so beobachtete ich in ihrer Gegenwart ein solches Betragen, daß sie keine Klage über mich führen konnten. Vergaß ich mich bisweilen in dem Zimmer meiner Kranken in so weit, daß ich mich in ein ziemlich langes Gespräch einließ, so bemerkte ich immer, daß die Verschnittenen Lust hatten, unsere Unterhaltung zu unterbrechen und mir zu verstehen zu geben, ich wäre schon zu lange geblieben und müßte mich also entfernen. Ueber Lella Duja schienen sie indeß nicht so viele Gewalt zu haben; und obgleich diese ihnen zuweilen Geschenke machte, so litt sie doch nie, daß ich eher wegging, als bis sie selbst es verlangte.

Bei einem meiner Besuche im Harem sah ich eine Procession, von der ich durch Nachfrage erfuhr, daß man dabei die Absicht hätte, Gott und Muhamed um Regen anzurufen, woran es seit verschiedenen Monathen fehlte. Die Procession ward von den jüngsten Kindern im Harem, die kaum schon gehen konnten, paarweise eröffnet. Ihnen folgten die etwas erwachsenen, bis zuletzt sich ein großer Theil der Weiber anschloß, so daß die ganze Anzahl mehr als hundert Personen ausmachte. Auf den Köpfen trugen sie ihre Gebete, die auf Papier geschrieben und auf viereckige Bretter geklebt waren, und so zogen sie unter

Gesängen, deren Inhalt sich zu dieser Feierlichkeit schickte, durch alle Höfe. Man sagte mir, sie hätten diese Ceremonie seit der trockenen Witterung alle Tage wiederholt, und würden auch damit fortfahren, bis ihre Gebete erhört wären.

Obgleich der Kaiser bisweilen den Harem besuchte, so war es doch gewöhnlicher, daß er denen Frauenzimmern, deren Gesellschaft er wünschte, sagen ließ, sie sollten zu ihm kommen; und dann ließen sie es sich angelegen seyn, ihre Reize erst in das vortheilhafteste Licht zu setzen. Waren sie bei ihm, so erwiesen sie ihm alle die Aufmerksamkeit, wie ein gemeiner Sklav seinem Herrn, und nie wagten sie es, ihre Meinung über etwas zu sagen, wenn er ihnen nicht Erlaubniß dazu gab. — Doch ich komme wieder auf die Maurischen Frauenzimmer.

Wegen des hier zu Lande so herrschenden Begriffes, daß Wohlbeleibtheit das untrüglichste Zeichen von Schönheit sey, bedienen sich die Weiber eines Saamens, den sie Elhuba nennen, um dadurch den Grad von persönlicher Vollkommenheit, nach dem sie streben, zu erlangen. Sie pülvern ihn nehmlich, und essen ihn mit ihrem Kuskasu. Aus eben der Absicht nehmen sie große Portionen Teig zu sich, den sie durch den Dampf von kochendem Wasser heiß machen und bissenweise hinunterschlucken. Es ist zwar gewiß, daß es in diesem Lande sehr viele korpulente Frauenzimmer giebt; aber wahrscheinlich rührt dies eben so wohl von ihrer sehr eingeschränkten und unthätigen Lebensart her, als von irgend einem besonderen Mittel, das sie in dieser Absicht gebrauchen.

Ihre Kleidung besteht aus einem Hemde mit langen, weiten, beinahe bis auf die Erde herunter hangenden Aermeln, das am Halse, so wie an der Brust, offen, und an den Säumen sauber mit Gold gestickt ist. Ferner tragen sie leinene weite Beinkleider, und über dem Hemde einen von Seide oder Baumwolle, oder auch von Goldstoff, gemachten Kaftan, der fast wie ein großer weiter Rock ohne Aermel aussieht, und beinahe bis auf die Füße heruntergeht. Ein Gürtel von zusammen gefalteter feiner Leinewand oder von Kattun wird geschmackvoll um die Hüften gebunden, und seine Enden fallen bis unter die Kniee herunter. An diesem Gürtel sind zwei breite Streifen befestigt, die unter jedem Arm durch über die andre Schulter gehen, so daß sie sich auf der Brust kreuzen; und an dem Theile desselben, der zwischen der Brust und der Schulter sitzt, ist an jeder Seite eine goldene Schildkröte befestigt, von der vorn eine goldne Kette nachlässig herunterhängt. Ueber dies alles kommt noch ein breites seidenes Band aus den Manufakturen zu Fez, welches rund um die Hüften gebunden wird, und ihre Kleidung vollständig macht, außer wenn sie ausgehen, wo sie noch einen Haik. nachlässig überwerfen.

Ihr Haar ist, von vorn nach hinten zu, in verschiedene Zöpfe geflochten, die hinten frei herunterhangen, und am Ende alle mit gezwirnter Seide zusammen gebunden sind. Auf dem Kopfe tragen sie ein langes, ungefähr anderthalb Fuß breites Stück Seidenzeug, das sie fest um den Kopf binden, und dessen lange, mit gezwirnter Seide gesäumte Enden sie hinten beinahe bis auf die Erde frei hinunter hangen lassen. Der Kopfputz wird dann durch ein gewöhnliches seidenes Tuch vollständig, welches wie eine dicht anliegende Weiberhaube um den Kopf geht, und sich von dieser nur dadurch unterscheidet, daß es nicht vorn, sondern hinten, mit einer großen Schleife zugebunden wird. Im obern Theile jedes Ohres hängt ein kleiner, halb offener goldner Ring, an dessen einem Ende eine Traube von Edelsteinen sitzt, und zwar von der Größe, daß sie seine Oeffnung beinahe füllt. Am Ohrläppchen hängt eben so ein breiter, schlichter goldener Ring, der so groß ist, daß er bis auf den Nacken hinunterreicht, und der gleichfalls eine seiner Größe angemessene Traube von Edelsteinen hat. An den Fingern tragen die Damen auch verschiedene kleine goldene, mit Diamanten oder andern Edelsteinen besetzte

Ringe, und an den Handgelenken breite schlichte Armbänder von Gold, die bisweilen ebenfalls mit Edelsteinen besetzt sind. Ihren Hals schmücken sie mit mancherlei Arten von Korallen und mit Perlen. Unter diesen geht um den Hals eine goldene Kette, woran vorn ein goldener Zierrath hängt.

Die Maurischen Weiber tragen, gleich den Männern, keine Strümpfe, sondern rothe, fein mit Gold gestickte Pantoffeln, die sie immer ausziehen, wenn sie in ihre Zimmer treten. Dicht über den Knöcheln geht um jeden Fuß ein großer schlichter goldener Ring herum, der vorn schmal, hinten aber sehr breit ist.

Ihre Wangen schminken sie dunkel roth; die Augenbraunen und die Augenlieder färben sie mit einem schwarzen Pulver, das ich für Spießglas halte. Ein Theil der künstlichen Schönheit besteht hier zu Lande darin, daß man sich auf der Stirn und Nasenspitze einen langen schwarzen Fleck, und auf jeder Backe mehrere dergleichen macht. Das Kinn wird dunkelroth gemalt, und von demselben läuft ein langer schwarzer Streif bis an den Hals hinunter. Auch die flache Hand und die Nägel färben sie roth, und zwar so dunkel, daß sie selbst im stärksten Lichte ans Schwarze gränzen. Auf die Rückseite der Hand machen sie ebenfalls verschiedene willführliche Zeichen mit derselben Farbe. Die Füße bemalen sie auf eine ähnliche Art, wie die Hände.

Ich sah im Harem die Weiber selten sich mit etwas anderem beschäftigen, als daß sie bisweilen in den offenen Höfen, bisweilen auch in ihrem Zimmer in verschiedenen Kreisen beisammen saßen, um sich mit einander zu unterhalten. Da es ihnen nicht erlaubt ist, in die Moskee zu kommen, so beten sie zu der gehörigen Zeit in ihren Zimmern. Die Mauren haben wirklich das Vorurtheil, welches man gewöhnlich den Muselmännern überhaupt zuschreibt, daß sie das ganze weibliche Geschlecht als eine niedrigere Art von Geschöpfen betrachten, die bloß zum Vergnügen der Männer geschaffen und an deren Seligkeit folglich nicht so viel gelegen wäre; und dieser Meinung ist das Betragen der Männer gegen sie in allen Fällen angemessen. Die Mohren führen indeß noch andere Gründe an, weswegen sie den Weibern nicht erlauben, ihre Gotteshäuser zu besuchen. Sie behaupten nehmlich: es würde nicht allein der in ihrem Lande herrschenden Sitte, welcher zufolge die beiden Geschlechter sich nie an irgend einem besondern Orte zusammen treffen dürfen, entgegen laufen, sondern auch durch Erregung unschicklicher und unkeuscher Gedanken ihre Aufmerksamkeit und Andacht stören.

Die Weiber haben so gut ihre Talbas, wie die Männer ihre Talbs. Diese Personen sind, wie es sich gerade trift, Weiber oder Beischläferinnen, und ihre Hauptgeschicklichkeiten scheinen im Lesen und Schreiben zu bestehen. Sie lehren den jüngern Theil des Harems die Gebete hersagen: die ältern Frauenzimmer aber unterrichten sie in den Vorschriften und Grundsätzen ihrer Religion.

Alle Töchter des vorigen Kaisers und die Kinder seiner Beischläferinnen wurden, sobald sie das gehörige Alter erreicht hatten, nach Tafilet geschickt, daselbst vollends erzogen, und dann mit den Nachkommen seiner Vorgänger verheirathet. So dienten sie zur Bevölkerung dieser Stadt, welche in der Hinsicht außerordentlich ist, daß alle ihre Einwohner Scherifs, oder angebliche Abkömmlinge Muhameds in gerader Linie, und daß die meisten von ihnen Seiten- oder andere Verwandten der jetzt regierenden Familie von Marokko sind. Muley Ischmael (wie ich schon gesagt habe, der Großvater des vorigen Kaisers) hatte dreihundert Kinder in Tafilet; ihre Nachkommen schätzt man jetzt auf neun tausend, und diese alle leben an demselben Orte.

Die Söhne, die der Kaiser von seinen Frauen hat, werden als Prinzen betrachtet, welche alle gleiches Recht zur Krone haben und dem gemäß auch immer der gehörigen Achtung genießen. Wenn sie sich nicht das Mißfallen ihres Vaters zugezogen haben, bekommen sie gemeiniglich die

Regierung über eine von den Provinzen, wo sie es dann, als Bascha s, ihr vorzügliches Geschäft seyn lassen, Schätze aufzuhäufen.

Es wird dem Leser nicht entgangen seyn, daß ich meine Bemerkungen über das Frauenzimmer in diesem Lande so lange aufgespart habe, bis ich vorher eine allgemeine Beschreibung von dem Harem gegeben hätte, die zu einem schicklichen Eingange für diesen Theil meiner Nachrichten dienen könnte. Durch diese Anordnung habe ich eine unangenehme Wiederholung vermieden, und zugleich den Leser vor der Dunkelheit gesichert, die natürlicher Weise entsteht, wenn Nachrichten zerstückelt vorgetragen werden. Es bedarf itzt nur noch einiger wenigen Bemerkungen, um die Beschreibung vollständig zu machen.

Man kann die Maurischen Weiber in zwei Klassen theilen: in die Schwarzen oder Negerinnen, und in die Weißen. Die Ersteren sind entweder noch Sklavinnen, oder waren es, und haben für ihre Dienste, oder durch die Gewogenheit ihrer Herren, die Freiheit erhalten. Man bemerkt bei ihnen allem in Gemüthsart, Gesichtszügen und Farbe den ihrem Vaterlande eigenen Charakter. Viele von ihnen sind Beischläferinnen; andere sind Domestiken. Ihre Kinder männlichen Geschlechtes werden alle zum Dienst in des Kaisers Armee erzogen. Zu dieser Klasse kann man auch die Mulatten männlichen und weiblichen Geschlechtes rechnen, welche Kinder von einem Mauren und einer Negerin sind, und deren es folglich in diesem Lande sehr viele giebt. Da sie aber in ihrem Charakter sehr wenig von den Negern abweichen, und sich bloß dadurch von ihnen unterscheiden, daß sie ihre Freiheit haben, so will ich nichts weiter über sie bemerken.

Die vom weiblichen Geschlechte, die man eigentlich als Eingeborne betrachten kann, haben eine weiße, oder vielmehr bleiche Farbe. Wegen der äußerst eingeschränkten Sphäre, in der sie leben müssen, und wegen der Verachtung, in der sie als Glieder der menschlichen Gesellschaft stehen, können sie in ihren Charakteren nur wenig von der Mannichfaltigkeit haben, welche die Europäerinnen unterscheidet. Es ist vielleicht ein Glück für sie, daß das Licht der Kenntniß nie in ihren finstern Kerker bringt; denn es würde ihnen nur ihr Elend, ihre Schande, ihre Sklaverei sichtbar machen! Wohl uns, daß die Vorsehung dem Menschengeschlechte die Kräfte verlieh, sich nach seinen verschiednen Lagen zu richten! Wohl den Menschen, daß ihre Kenntnisse sich immer nach der Sphäre richten, in der sie wirken sollen!

Da die Weiber in diesem Lande bloß für die Sinnlichkeit ihres Herrn oder Mannes erzogen werden, so ist es ihr Hauptzweck, ihm zu seinem Vergnügen zu dienen und durch die niedrigste Unterwürfigkeit die strenge Sklaverei, zu der sie verurtheilt sind, zu mildern. Weiber und Konkubinen müssen ihrem Despoten in seiner Gegenwart dieselbe Ehrerbietung beweisen, wie sein gemeiner Sklav; und obgleich nicht alle so fest in ihr Haus eingekerkert sind, wie die im Kaiserlichen Harem; so müssen sie doch, wenn sie ausgehen, äußerst sorgfältig ihr Gesicht bedecken, und in ihrem ganzen Betragen vorsichtig seyn.

Wenn es sich trift, daß sie einem Europäer begegnen, ohne daß ein Mohr sie bemerken kann, so lassen sie die Gelegenheit, ihr Gesicht zu zeigen, selten vorbei, sondern schlagen den Haik auf einer Seite zurück, und lachen wohl gar, oder sprechen mit ihm. Hierbei wagen sie aber immer sehr viel, da bekanntlich das Auge der Eifersucht niemals schlummert.

Wird ein Jude oder ein Europäer in einer geheimen Verbindung mit einem Maurischen Frauenzimmer ertappt, so muß er die Muhamedanische Religion annehmen, oder er hat sein Leben verwirkt. Das Frauenzimmer aber wird, wie man mir erzählte, entweder verbrannt oder ersäuft; doch kann ich nicht sagen, daß ich jemals ein Beispiel von der Vollziehung dieser fürchterlichen Strafe erfahren habe. Ein Mann muß indeß ungemein listig und sehr behutsam seyn, wenn er einen Liebeshandel dieser Art treiben will, ob es gleich von Seiten der Weiber hier zu Lande ihm selten an Aufmunterung fehlt.

Man muß aber auch zugeben, daß die Mittel, deren die Mauren sich zur Verhütung solcher Liebeshändel bedienen, diese gerade befördern. In Weiberkleidern kann ein Mann leicht unbemerkt über die Straßen kommen, da er sicher ist, daß ihn kein Mohr anreden, oder auch nur ansehen wird. Macht er nun Mittel ausfindig, das Haus zu einer Zeit, wo der Mann abwesend ist, zu besuchen, so darf er gar nicht befürchten, bei dessen Rückkehr entdeckt zu werden; denn, wenn der Herr vom Hause Pantoffeln von einem fremden Frauenzimmer vor der Thür seines Harems stehen sieht, so schließt er daraus, es sey eine Nachbarin da, und nähert sich dem Zimmer nicht eher, als bis die Pantoffeln wieder weggenommen sind.

Die Kleidung der reichen Frauenzimmer bei den Mauren ist der gleich, welche die Weiber des Kaisers tragen, und bloß durch den Werth der Materialien unterschieden. Die geringere Klasse trägt leinene weite Beinkleider und darüber einen groben wollenen Kittel, der mit einem Bande um die Hüften festgebunden wird. Ihr Haar flechten sie in zwei Zöpfe von vorn nach hinten ganz hinunter, und binden dann ein gewöhnliches Tuch fest um den Kopf; aber wenn sie ausgehen, tragen sie noch außerdem einen Haik.

Dreizehntes Kapitel.

Falschheit des Kaisers. — Plan des Verfassers, seine Loslassung zu bewirken — er scheitert. — Verwendung durch einen andern Kanal. — Sonderbares Geschenk vom Kaiser. — Auffallendes Beispiel von Tyrannei. — Persönliches Ansuchen bei dem Kaiser. — Züge von Despotismus. — Abfertigungsschreiben vom Kaiser. — Aufträge der Frauenzimmer im Harem. — Anekdoten von einem Englischen Mulatten. — Reise nach Buluane. — Beschreibung dieser Forteresse. — Sonderbare Art über den Fluß zu kommen. — Ankunft in Salee — zu Tanger. — Geschenk von dem Kaiser. — Rückreise nach Gibraltar.

Als zehn Tage seit meinem ersten Besuche bei Lella Sera verflossen waren, verlangte der Kaiser, die Kranke sollte ihm sagen, was die Arzneien gewirkt hätten. Da er von ihr erfuhr, daß sie sich augenscheinlich besserte, so schickte er eine Dublone, die in einen Zipfel von einem seidenen Tuche gewickelt war, in den Harem, und befahl der Lella, sie mir für meine ihr schon geleisteten Dienste zu schenken, wobei sie mir zugleich glänzende Versprechungen auf den Fall machen sollte, daß es mir gelänge, sie völlig wieder herzustellen.

Es war wenig Nachdenken nöthig, um mich zu überzeugen, daß es bei diesen Wendungen auf etwas ganz Andres, als auf die Erfüllung des Versprechens in Absicht meiner Rückreise, angesehen wäre. Daher erforderte es einige Ueberlegung, ob es rathsam seyn würde, meine Besuche fortzusetzen, oder mich sogleich mit doppelter Kraft anzustrengen, daß ich meine Loslassung erhielte. Ich entschloß mich zu der letzteren Art von Betragen, und zwar aus folgenden Gründen.

Einmal war ich schon weit länger von der Garnison abwesend, als es die Regierung eigentlich wollte; ich konnte also unmöglich wissen, in wie fern die Verlängerung mei-

nes Aufenthaltes in Marokko der Anordnung meiner
Obern und meinem Dienste zuwider wäre. Für's Andre
rieth mir jeder Europäer, mit dem ich sprach oder Briefe
wechselte, ich sollte ja die erste Gelegenheit, in mein Vaterland zurückzukehren, mit beiden Händen ergreifen; denn
obgleich meine Kranke sich jetzt besserte, so hatte man wegen
des Eigensinnes und der Unwissenheit der Mohren doch
Grund zu glauben, daß sie der Medicin müde werden
möchte. Und wenn man auch die Sache in dem günstigsten Lichte betrachtete, und voraussetzte, daß sie von ihrer Krankheit gänzlich wieder hergestellt werden könnte, so
schien es doch gar nicht unwahrscheinlich, daß die Weiber,
welche die Ursache ihrer Krankheit gewesen waren, wenn
sie ihre Genesung merkten, mit eben der teuflischen Bosheit, womit sie ihr die erste Portion Gift beigebracht hatten, geneigt seyn möchten, meine Besuche bei der Kranken
zu benutzen und ihrer Gesundheit zum zweitenmal zu schaden, da denn alle üble Folgen unfehlbar auf Rechnung
meiner Behandlung gekommen wären. Weil nun überdies
auch das Alter und die Schwachheit des Kaisers meine
Lage unsicher machten, so entschloß ich mich, die erste Gelegenheit, glücklich fortzukommen, zu benutzen. Der Plan,
der mir am wahrscheinlichsten einen glücklichen Ausgang
zu versprechen schien, war folgender.

Ich sagte meiner Kranken: ich hätte nicht viel mehr
Arznei mitgebracht, als zu Muley Absulem's Kur
hinlänglich gewesen wäre, und ihr hätte ich das wenige
übrig Gebliebene gegeben; da es aber nothwendig bald
verbraucht seyn müßte, und ohne Arznei mein Besuch
ihr zu nichts hülfe, so empföhle ich ihr zu ihrem eigenen Besten, dem Kaiser zu rathen, er möchte mich nach
Gibraltar schicken, daß ich einen neuen Vorrath holen
könnte. „Ach, rief hier das Frauenzimmer aus, deswegen ist keine Reise nöthig; der Kaiser kann ja darum an
den Konsul schreiben." Ich war nicht ganz unvorbereitet
auf eine solche Antwort; und da ich es nöthig gefunden

hatte, in diesem Falle eine fremde Rolle zu spielen, so beschloß ich itzt auch, sie durchzuführen und gern oder ungern den Empiriker zu machen. Ich sagte meiner Patientin daher: nur ich allein wüßte die Bereitung dieser Arzenei, und es würde folglich ganz vergeblich seyn, danach zu schreiben. Darauf wußte sie nichts zu antworten, und mein Plan ward also in so fern mit glücklichem Erfolge gekrönt. Nun verwendeten sich sogleich die vornehmsten Weiber, welche Lella Sara dazu bewogen hatte, sämmtlich zu meinem Besten bei dem Kaiser.

Aber dieser, dessen Beurtheilungskraft in seiner Jugend vortreflich gewesen war, und der von Zeit zu Zeit noch so starke Verstandeskräfte hatte, wie jemals, ließ sich nicht hintergehen. Er versprach den Weibern mehr, als er zu halten Willens war, und nach Verlauf von andern zehn Tagen stand es mit meiner Rückreise noch um nichts besser, als bei meiner Ankunft in Marokko.

Da also dieser Versuch fehlschlug, obgleich meine weiblichen Agenten unermüdlich ihr Anliegen, nicht weniger als zweimal täglich, wiederholten, so wandte ich mich an einen Deutschen Renegaten, der Englisch sprach und wegen seines Verhältnisses am Hofe öfters Gelegenheit hatte, den Kaiser insbesondre zu sprechen. Diesen bat ich, mir die Erlaubniß zur Abreise zu verschaffen; aber Alles, was er für mich ausrichten konnte, war eine Erneuerung derselben Versprechungen, die der Kaiser mir schon so oft gemacht hatte und auch jetzt mit derselben Aufrichtigkeit wiederholte. Ich muß indeß doch anführen, daß ich ein Paar Tage nach dieser Verwendung von dem Kaiser zwei Pferde zum Geschenk, und zugleich die bestimmte Versicherung bekam, daß ich unverzüglich nach Hause geschickt werden sollte.

Eins von den Pferden war noch jung, aber in einem so elenden, kraftlosen Zustande, daß es besser zu Futter für die Hunde, als zum Gebrauch für einen Reisenden zu taugen schien. Das andre sah freilich nicht so abgehungert und elend aus; aber dagegen war es schon überall, und daher völlig eben so unbrauchbar, wie sein Kamerad. Der Kaiser hatte es am Morgen von einem armen Manne geschenkt bekommen, der es ihm wegen einer unbedeutenden Ungnade, die er sich zugezogen, als ein Söhnopfer brachte. Der Mann ward indeß ins Gefängniß geführt, und Nachmittags bekam ich das Pferd geschenkt.

Ehe ich noch diese unvergleichlichen Renner aus den Mauern des Pallastes herausbringen konnte, ward ich von den Hütern bei vier Pforten angehalten, von denen jeder einen harten Thaler, als ein mit seinem Dienste verbundenes Accidenz, verlangte. Als ich zu Hause war, kamen auch zwei Unter-Stallmeister nach meiner Wohnung, und forderten ein Geschenk für sich und ihren Vorgesetzten; so daß sich leicht beurtheilen läßt, wie viel ich bei des Kaisers Freigebigkeit gewann. Nach diesem Vorfalle gingen wieder verschiedene Tage hin, ohne daß sich Aussicht zur Erfüllung meiner Wünsche zeigte. Nun gab mir ein Europäer, der in Geschäften von Mogadore nach Marokko gekommen war, den Rath: ich sollte, als den sichersten Weg, die erste beste Gelegenheit ergreifen, wo der Kaiser sich öffentlich zeigte, (welches er aber selten so thut, daß Fremde ihn sehen können) und mich nicht länger auf die Vermittlung von Andren verlassen, sondern ihn selbst um meine Abfertigung bitten. Am folgenden Tage gab mir, wie ich glaubte glücklicher Weise, der Kaiser Gelegenheit, ihn zu sehen. Da mich die Soldaten nicht so nahe wollten kommen lassen, daß ich mit ihm hätte sprechen können, so stellte ich mich an einen Platz, wo ich ihm in die Augen fallen mußte. Aber nachdem der Kaiser ungefähr eine halbe Stunde geblieben war, entfernte er sich wieder, ohne sich im Geringsten um mich zu bekümmern, ja, wie es schien, ohne mich auch nur zu bemerken.

Der Kaiser war bei dieser Gelegenheit zu Pferde auf einem von seinen offenen Höfen. Ein Soldat von seiner Neger-Infanterie, der vor ihm stand, hielt ihm einen großen Sonnenschirm über den Kopf, und zwei andre Bediente an jeder Seite wehrten ihm durch ein leichtes, aber immerwährendes Wehen mit Stücken Seidenzeug, die an einem Rohre befestigt waren, die Fliegen vom Gesichte ab. Die Staatsminister standen vorn, und hinter ihnen etwa hundert Mann Fußvolk in verschiedenen Divisionen, so daß Alle zusammen eine Art von halbem Monde bildeten. Einige von diesen Soldaten hatten Musketen, welche sie, die Mündung senkrecht in die Höhe gerichtet, auf eine sehr steife Art dicht an den Leib hielten; andere aber zu Vertheidigungswaffen, bloß dicke Knüppel.

Der Kaiser, der in diesem Augenblicke gerade bei guter Laune war, unterhielt sich mit seinen Ministern, und pralte, wie mein Dolmetscher mir sagte, mit den wichtigen Aktionen der Mohren gegen die Christen, wobei er bemerkte, daß seine Vorgänger ihnen beinahe alle Plätze, die sie ehemals in der Bärbärei besessen, wieder abgenommen und er selbst das Vergnügen hätte, den Portugiesen Mazagan entrissen zu haben. Die Minister ließen sich nicht viel weiter in das Gespräch ein, als daß sie bei dem Schlusse jedes Satzes ausriefen: *Alla cormut Sîdi!* (Gott erhalte den Kaiser!) Dieser Ausruf ging dann zu den nächsten Soldaten fort, und von diesen wieder zu den anderen, bis der ganze Pallast davon widerhallte.

Der üble Erfolg schreckte mich nicht ab, ein andermal einen Versuch zu machen, wozu sich nach einigen Tagen wieder eine günstige Gelegenheit zeigte. Ich hatte itzt Einfluß genug auf die Soldaten, um von ihnen so nahe zu dem Kaiser hinangelassen zu werden, daß er mich nothwendig sehen mußte, ob ich gleich nicht nahe genug stand, um mit ihm sprechen zu können. Er schickte sogleich einen Boten ab, um zu wissen, was der Christ verlangte, (dies war sein eigener Ausdruck). Ich antwortete: ich käme, um Sr. Majestät für die Ehre, daß Sie mir die zwei Pferde geschenkt hätten, zu danken; und Sie zugleich an Ihr königliches Versprechen, mich nach Hause zu schicken, zu erinnern. Nach seiner Aufmerksamkeit bei meinem Anblick zu urtheilen, erwartete ich jeden Augenblick den Befehl, unmittelbar vor ihn zu kommen; aber diese Hoffnung ward vereitelt: denn, nachdem er sich beinahe eine halbe Stunde mit seinen Ministern unterhalten, begab er sich wieder weg, und ließ mich in demselben Zustande der Ungewißheit, den ich wenige Tage vorher erfahren hatte. Der Kaiser war zu Pferde, und bemühete sich, seinen Zuhörern die Schönheiten verschiedene Kapitel im Koran zu erklären, und legte besondern Nachdruck auf die Stellen, welche die Anhänger Muhameds die Christen verabscheuen lehren.

Da ich auf jedem nur ersinnlichen Wege alles angewendet hatte, und doch meine Erwartungen immer getäuscht wurden, so konnte ich wohl ohne Zweifel meine Lage für hoffnungslos halten. Ich wußte auch gar nicht, was für einen Schritt ich bei diesen kritischen Umständen thun sollte. Zum Glück dauerte indeß mein unangenehmes Gefühl in diesem Augenblicke nicht lange; denn am folgenden Tage brachte mir der Deutsche Renegat des Kaisers Abfertigungsschreiben. Es bestand bloß in einigen Zeilen an den Gouverneur von Tanger, worin der Kaiser ihm befahl, mir zu erlauben, daß ich mich mit meinen zwei Pferden nach Gibraltar einschiffen könnte.

Meine außerordentliche Freude bei dem Gedanken, nun bald ein Land verlassen zu dürfen, wo ich eine beständige Reihe von Undankbarkeit, getäuschten Hoffnungen und Unannehmlichkeiten erfahren hatte — wird der Leser sich leicht vorstellen können, und es ist also nicht nöthig, mich weiter darüber zu äußern. Ich darf bloß sagen, daß ich ohne Zeitverlust die zur Reise nöthigen Anstalten traf, und die erste Gelegenheit benutzte, von den Weibern im Harem Abschied zu nehmen. Ich hütete mich aber sorgfältig, ihnen den Inhalt des kaiserlichen Briefes mitzutheilen; denn hätten sie gewußt, daß ich nicht wiederkäme, so würden sie wahrscheinlich sich mit eben dem Einfluß, wie vorher für meine Befreiung, nun für meine Zurückbehaltung verwendet haben, und wahrscheinlich mit besserem Erfolg.

Es

Es ist im höchsten Grade unangenehm und demüthigend, sich in irgend einem Falle zum Betrügen erniedrigen zu müssen; daher war es nicht die kleinste Widerwärtigkeit, die ich in diesem Lande zu erdulden hatte, daß ich aus Billigkeit gegen mich selbst, und zu meiner eignen persönlichen Sicherheit, einen systematischen Verstellungsplan ausführen mußte. Itzt konnte ich indeß nicht wieder zurück, und da ich wußte, daß in Gibraltar mancherlei zu bekommen wäre, was in der Bärbárei nicht zu haben ist; so bot ich den Frauenzimmern meine Dienste an, und bekam von ihnen folgende Aufträge, deren treue Besorgung bei meiner Rückkehr von Gibraltar ich ernstlich versprechen mußte.

Für Lella Batuhm, die Königin des Harems, ein schönes Service von sehr kleinen Tassen.

Für Lella Duja, des Kaisers Favorite, ein hübsches Theebrett von Mahoganyholz mit vier kleinen Füßen und zwei Schubladen, auch schön mit Spiegeln verziert; ein Service von sehr kleinen porzellanenen Tassen; eine Quantität von mancherlei wohlriechendem Wasser.

Für meine Patientin, Lella Sara, gelben, karmoisin- und scharlachrothen Dammast, von jeder Sorte neun Yards, (ungefähr 13¼ Ellen) eben so viel Atlaß von denselben Farben; ein Dutzend Tassen von Porzellan; hundert große rothe Korallen; eine Kiste Thee und Zucker; eine ansehnliche Quantität Kaffee und Muskatennüsse.

Für eine von den Konkubinen eine beträchtliche Menge Atlaß und Taffent von verschiedenen Farben; mancherlei schöne Perlen; ein Theeservice von Porzellan; zwei kleine Kasten zu Kleidern von Mahagonyholze; ein weiß und ein gelb lackirtes Theebrett.

Für eine andre Konkubine einige Sorten von wohlriechenden Wassern; eine Bettstelle von Mahogany; eine grüne Holländische Dose.

Für Lella Talba, eine Priesterin, ein hübsches Geschenk, das sie meiner Wahl und meinem Geschmacke überließ.

Für Muley Hasem's Tochter einen Kasten von Mahogany mit zwei Schubladen, eine Flasche Lavendelwasser.

Für Lella Sara's Amme zwölf große rothe Korallen.

Zweien von den Verschnittenen, jedem eine silberne Uhr.

Vielleicht mögen dem Leser diese Aufträge zu unbedeutend scheinen, als daß sie Erwähnung verdienten; ich habe sie aber angeführt, weil solche kleine Umstände oft den besondern Geschmack, die Sitten und den Genius eines Landes besser zeigen, als wichtigere Angelegenheiten, wobei die, der menschlichen Natur gemeinen, Leidenschaften im Spiele sind, und daher alle Menschen unter ähnlichen Umständen gleich handeln und fühlen müssen.

Es hätte eine nicht geringe Summe erfordert, alle diese Sachen zu kaufen; und selbst wenn dies Hinderniß gehoben gewesen wäre, so hätte doch noch ein weit größeres Statt gefunden, nehmlich der beschwerliche Transport in der Bärbärei. Da Marokko tief im Lande liegt, so war die sicherste und leichteste Art von Transport gar nicht anzuwenden; und zu Lande ließen sich, bei der Schwere mancher Artikel und bei dem schlechten Wege, Maulesel schlechterdings nicht dazu gebrauchen. Ich hätte mich also genöthigt gesehen, Kameele zu miethen, und die Kosten für dieselben und für den Einkauf würden ungeheuer groß gewesen seyn.

Nachdem ich der Lella Sara die noch übrige Arznei gegeben und meinen letzten Besuch im Harem abgelegt hatte, bemühete ich mich vor allen Dingen, einen neuen Dolmetscher ausfindig zu machen, weil der, den ich in Mogadore angenommen, mich nicht nach Tanger begleiten konnte. An seiner Stelle wählte ich einen Mulatten, welcher ein geborner Christ aus dem Englischen Westindien war, auf den aber, da er als Matrose mit einem Englischen Fahrzeuge nach Mogadore kam, die Mauren, seiner Farbe wegen, als auf einen Landsmann, Anspruch gemacht hatten. Sie führten ihn sogleich in ein Gefängniß, und zwangen ihn durch harte Behandlung endlich, ihre Religion anzunehmen. Dieser Mann, der zwischen sechzig und siebzig Jahr alt, und etwa sieben in diesem Lande ist, ward von dem vorigen Kaiser bisweilen zu öffentlichen Geschäften gebraucht. Er spricht Englisch, Französisch, Spanisch, Italiänisch und Arabisch; das Englische ist ihm aber am geläufigsten.

Das Pferd, welches Muley Abfulem mir geschenkt hatte, ritt ich selbst, und meinen Dolmetscher ließ ich die von dem Kaiser wechselsweise reiten, damit ich sie, wenn es nur irgend möglich wäre, lebendig nach Tanger brächte, falls ich sie auf dem Wege nicht verkaufen könnte. Diese, drei Reiter, die mir der Kaiser mitgegeben hatte, zwei Maulesel für mein Gepäck, und ein Mauleseltreiber machten mein ganzes Reisegefolge aus.

Den 12ten Februar 1790 reisten wir von Marokko ab, und kamen in drei Tagen nach dem Kastell Buluane. Der Weg dahin beträgt ungefähr achtzig Englische Meilen, und besteht aus einer ununterbrochenen Reihe unbebauter Heiden. Das Kastell war das erste Gebäude, das wir seit unserer Abreise von Marokko sahen; denn die Gegend ist sehr sparsam und nur von einigen wenigen Arabern bewohnt, welche in Zelten leben. In ihren Duhars, oder Lägern, suchte ich, der Sicherheit wegen, immer des Nachts mein Zelt aufzuschlagen.

Das Kastell liegt auf der Spitze eines sehr hohen und rauhen Berges, der an seiner Nordseite eine steile Jähe bildet; und an dem Fuß desselben fließt ein tiefer und reißender Strom hin, der Morbeha*) genannt wird und über den ich vorher bei seinem Einflusse in den Ocean zu Azamore gekommen war. In Rücksicht der Baukunst hat dieses Kastell weiter nichts Empfehlendes, als die starken Mauern. Es wird von einigen Negern bewohnt, die zu der Zeit, als der vorige Kaiser es für rathsam hielt, ei=

*) Diesen Fluß nennt Höst: *Omarbae*. Den Uebergang über ihn beschreibt er völlig eben so, wie unser Verfasser. J.

ten großen Theil seiner schwarzen Truppen zu entlassen, hieher verbannt wurden. Der Kaiser hatte nehmlich die Absicht, dadurch zu verhindern, daß sie keine Meuterei oder Rebellion erregen könnten, wozu sie, wie ich schon bemerkt habe, immer geneigt sind. Diese Art, mit ihnen zu verfahren, war also einer vernünftigen Politik völlig gemäß; denn sie konnten nun für jetzt keinen Schaden anrichten und im Nothfalle doch sogleich wieder versammelt werden.

Die Höhe dieser Festung, der jähe, rauhe Absturz, der tiefe reißende Fluß unten, und die wilde Gegend umher — dies alles erfüllt die Seele mit einer Mischung von Bewunderung und tiefem Schauder. Was aber meine Aufmerksamkeit noch mehr als alles andere erregte, war die Art, über diesen gefährlichen Fluß zu kommen. Bei Azamore, Salee, Mamora, Larache und an andern Orten, wo die Flüsse zum Durchwaten zu tief sind, wird der Reisende mit einem Boote übergesetzt; aber an diesem Orte, der doch von keinem der obigen sehr weit entlegen ist, weiß man gar nicht, was für eine Art von Maschine ein Boot seyn mag. Doch, was noch mehr auffällt — die Vornehmsten des Landes, die auf dem Wege von Marokko nach allen nördlichen Provinzen über diesen Fluß müssen, und den Gebrauch der Boote so gut, wie die Europäer, kennen, vertrauen sich lieber dem gebrechlichen Ersatze dafür an, den sie hier finden, als daß sie den Einwohnern des Kastells einen so leichten Unterricht ertheilen sollten.

Die Art, wie diese Leute über den Fluß setzen, erinnerte mich an ein Kindervergnügen, womit sich die meisten Knaben zu einer oder der andern Zeit belustigen. Sie verfertigen nehmlich von acht aufgeblasenen, und mit dünnen Strikken zusammengebundenen Schaffellen ein Floß, legen einige schwache Stangen darüber, und befestigen die Felle daran. Dies ist die einzige zu Buluane übliche Art, Reisende mit ihrem Gepäck über den Fluß zu bringen.

durch Marokko.

Sobald das Floß beladen, das heißt, mit so viel, als es ohne unterzusinken tragen kann, beschwert ist, entkleidet sich jemand, springt ins Wasser, und zieht, indem er mit einer Hand schwimmt, mit der andern das Floß nach sich. Zu gleicher Zeit schwimmt ein Anderer hinter her, und schiebt es fort. Anfangs treibt die Strömung diese Maschine eine beträchtliche Strecke den Fluß hinunter; durch die Thätigkeit der Schwimmer wird sie aber bald herausgerissen und die Ladung geschwind ans Land gebracht. Pferde, Maulesel u. s. w. werden völlig abgepackt, und in einen Haufen am Ufer zusammen getrieben. Hier gehen die Mohren dicht hinter sie, und erschrecken sie durch ihr fürchterliches Geschrei so sehr, daß eins oder zwei von ihnen sogleich durch Schwimmen die Flucht nehmen; und ihrem Beispiele folgen dann die andern sogleich.

Vier Tage nachher, als wir diesen Fluß verlassen hatten, langten wir zu Salee an, welches ungefähr hundert und zehn Englische Meilen von Buluane und hundert und neunzig von Marokko liegt. Auf diesem Wege kam uns nichts Bemerkenswerthes vor. Das Land bleibt eine unbebauete Heide bis nach Mensuria hin, welches ich schon oben beschrieben habe.

Da Salee die erste Stadt war, die ich seit meiner Abreise von Marokko, folglich seit sieben Tagen, zu sehen bekam, so freuete ich mich sehr, daß ich meine vorige Einführung bei dem Französischen Konsul benutzen und ein Paar Nächte bei ihm bleiben konnte. Nach dieser angenehmen Erholung reiste ich nach Tanger ab, und langte den 26sten Februar daselbst an.

Da die Pferde, die der Kaiser mir geschenkt hatte, offenbar nicht die Transportkosten werth waren, und kaum die Reise aushalten zu können schienen, so versuchte ich unterweges bei jeder Gelegenheit, sie zu verkaufen; aber meine Bemühungen schlugen fehl, und als ich in Mamora ankam, waren sie so sehr abgemattet, daß sie gewiß umgefallen wären, wenn ich sie noch einen Tag gebraucht hätte. Ich

fand es daher nöthig, sie zurückzulassen und einem in Ma=
mora wohnenden Herrn aus Venedig zu übergeben, daß
er sie so gut wie möglich verkaufen möchte. Da ich aber
den Vortheil von der Erlaubniß, sie einschiffen zu dürfen,
nicht gern verlieren wollte, — man kann nehmlich eine
solche Erlaubniß immer als sehr schätzbar ansehen, da kein
Pferd anders ausgeführt wird, als auf einen ausdrückli=
chen, von dem Kaiser selbst unterzeichneten Befehl; — so
bat ich ihn zugleich, zwei Pferde, so schön sie nur in der
Provinz zu bekommen wären, für mich zu kaufen und sie
mir nach Tanger nachzuschicken. Unglücklicher Weise tra=
fen sie aber nicht zu rechter Zeit ein.

Ungefähr vierzehn Tage nach meiner Ankunft in Tan=
ger kam von dem Kaiser Befehl an den Gouverneur, auf
Rechnung des kaiserlichen Schatzes zwei Ochsen, zehn
Schafe, zehn milchende Ziegen mit ihren Jungen, hundert
Stück Hühner und einen großen Vorrath an Früchten und
allerlei Vegetabilien zu kaufen. Diese Artikel sollten
mir im Namen des Kaisers für die Kur der Lella Sara
geschenkt und mir erlaubt werden, sie frei von allen Ab=
gaben nach Gibraltar einschiffen zu dürfen. Zugleich ver=
langte aber der Kaiser, ich möchte versprechen, meiner Kran=
ken einen neuen Vorrath von Arzneien zu schicken.

Den 27sten März kam ich zu Gibraltar an. — Die
Leser würden es unbedeutend finden, wenn ich das Gefühl
beschriebe, das ich hatte, als ich zuerst wieder einen Ort er=
blickte, der durch Englische Gesetze geschützt und durch
Englische Sitten angenehm wird. Meine Empfindungen
lassen sich in der That leichter denken, als beschreiben.
Ich will nur sagen, daß kein Unglücklicher, der aus sei=
nem finstern Kerker entkommen ist, bei dem ersten Erblicken
des Tageslichtes eine größere Freude empfinden kann, als
ich bei dem ersten Anblick einer Englischen Garnison
empfand.

Da bei meiner Ankunft die Kommunikation zwischen
Gibraltar und Marokko gesperrt war, so fand ich

das Geschenk des Kaisers von größerem Werthe, als ich Anfangs geglaubt hatte. Es ist indeß in die Augen fallend, daß der Betrag deſſelben, ja in der That alles deſſen, was ich während meines Aufenthaltes in dem Lande bekommen hatte, nicht viel mehr ausmacht, als meine Ausgaben; und noch weniger läßt es sich als einen Ersatz für meine große Gefahr, Unruhe und Angst betrachten. Außer dem, was ich durch andre Kanäle bekommen, hatte ich beträchtliche Wechsel auf den Konsul ziehen müſſen. So war bei meiner Zurückkunft meine Neugierde befriedigt, und mein Geist, glaube ich, mit einigen Kenntniſſen bereichert (in so fern Beobachtungen über ein fremdes Land und fremde Sitten ihn bereichern können) aber in Rücksicht des Geldes kam ich nicht viel reicher wieder, als ich abgereist war.

Vierzehntes Kapitel.

Zweite Reise des Verfaſſers nach der Barbárei. — Tetuan. — Die Stadt mit ihren Gebäuden. — Hafen. — Gegenwärtiger Zustand des Kaiserthums Marokko unter Muley Jazid. — Anekdoten von seiner Thronbesteigung. — Muley Jazid wird von seinem Vater nach Mekka geschickt. — Seine Rückreise. — Er flieht in eine Heiligenkapelle. — Zustand des vorigen Kaisers. — Sidi Mahomets Tod. — Streit unter den Prinzen. — Muley Hasem wird zum Kaiser ausgerufen. — Er thut auf seine Ansprüche Verzicht. — Anekdote von Muley Abbrahaman. — Sonderbarer Brief von ihm an Muley Jazid. — Seine Unterwerfung. — Muley Jazid's friedliche Gelangung zum Throne. — Plünderungen der Araber. — Verfolgung der Juden. — Hinrichtung des Alkaiden Abbas. — Muley Jazid's Charakter.

Bald nach meiner Ankunft zu Gibraltar überredete man mich, meine während meines Aufenthaltes in der

Bárbárei gemachten Bemerkungen in Ordnung zu bringen, und eine Beschreibung meiner Reise anzukündigen. Da ich in dieser Ankündigung versprochen hatte, die besondern Umstände von des Kaisers Tode und von seines Sohnes Thronbesteigung zu erzählen, und da ich begierig war, mir alle Belehrungen zu verschaffen, die dazu dienen konnten, meine Beschreibung des Kaiserthums Marokko vollständig zu machen: so bekam ich auf kurze Zeit zu meinem Endzwecke Urlaub, und besuchte aus dieser Ursache Tanger zum zweitenmal. Es würde unnütz seyn, wenn ich den Leser mit einer weiteren Beschreibung dieses Ortes aufhielte; daher will ich bloß bemerken, daß ich alle politische und andere Nachrichten, die ich nur erhalten konnte, sorgfältig sammelte, und dann die günstige Gelegenheit, Tetuan zu sehen, benutzte. Der neue Kaiser hatte nehmlich den Christen den Zugang zu dieser Stadt wieder geöffnet, und ich war schon lange sehr begierig gewesen, sie zu sehen.

Die Stadt Tetuan*) liegt sehr angenehm, da, wo sich die Straße in das mittelländische Meer eröffnet, auf einer Erhöhung zwischen zwei Reihen von Bergen, von denen die eine zu dem kleinen Atlas gehört. Sie ist ungefähr zehn Seemeilen (leagues) östlich von Tanger entfernt, und hat eine sehr schöne Aussicht auf das mittelländische Meer, von dem sie ungefähr fünf (Englische) Meilen entlegen ist. Das Thal, neben welchem sie liegt, hat Abwechselungen von Gärten, Olivenpflanzungen und Weinbergen; und ein Fluß, der mitten durch dasselbe hinfließt, verschönert es noch mehr.

Der finstre Anblick der unfruchtbaren hohen Gebirge, die an jeder Seite beinahe über die Stadt hinüber zu hangen scheinen, in Kontrast mit dem schönen Grün, das die Stadt unmittelbar umgiebt, die weite Aussicht auf das Meer, der sich schlängelnde Lauf des Flusses, der bis Mar-

---

*) Höst nennt die Stadt Tetaun. Er giebt ihr 14,000 Einwohner, und rühmt ebenfalls ihre Vorzüge vor allen übrigen Städten in Marokko. 3.

tihn Boote trägt — dies alles bildet zusammen eine sehr malerische und romantische Scene.

Die Stadt selbst ist von sehr ansehnlicher Größe, und ihre Mauern sind an verschiedenen Stellen von viereckigen Forts gedeckt, auf denen einige kleine Stücke aufgepflanzt stehen. Man hat diese Festungswerke indeß bloß angelegt, um den Ort gegen Angriffe der Araber zu schützen, die, wenn sie unzufrieden werden, immer bereit sind, alles zu plündern, was ihren Räubereien ausgesetzt ist. Gegen den Angriff einer regelmäßigen Armee könnten diese Festungswerke sich keineswegs halten. Außer diesen kleinen Forts steht auf der Spitze des Hügels auch noch ein viereckiges Kastell mit vier und zwanzig aufgepflanzten Kanonen. Obgleich auch dies sehr schwach und übel angelegt ist, so kann es doch die Stadt in jeder Richtung bestreichen.

Die Straßen von Tetuan sind sehr enge, kothig, und viele beinahe von den Häusern ganz überwölbt. Was man bei diesem Vorbauen für eine Absicht gehabt hat, kann ich nicht begreifen, wenn es nicht etwa, durch Abhaltung der Sonnenstralen, die Straßen im Sommer kühler machen soll. War dies die Absicht, so verhindert es auf der andern Seite, wie sich nicht leugnen läßt, auch die freie Circulation der Luft, welches in einem heißen Klima und in so engen kothigen Straßen der Gesundheit höchst nachtheilig seyn muß.

Die Häuser haben zwar von außen ein sehr schlechtes Ansehen; aber die Zimmer darin sind im Ganzen geräumig, ziemlich bequem und gut möblirt. Auch haben sie nicht, wie die Häuser in Tanger, Ein, sondern zwei Stockwerke. Der Elkásseria, oder Markt, ist voll von Läden mit sehr mannichfaltigen und kostbaren Artikeln, theils von Europäischer, theils von einländischer Manufaktur. Von Fez bekommen sie sowohl die dasigen Waaren, als die von Tunis, Algier, Alexandria und Guinea; von Gibraltar und aus Spanien aber die Europäischen, wofür sie Lebensmittel und Früchte aller Art geben.

Man kann also Tetuan, nächst Fez, für die wichtigste Handelsstadt im Kaiserthume halten.

Da die Maurischen Einwohner hauptsächlich aus großen Kaufleuten bestehen, so sind sie reich, auch weit gebildeter und gefälliger gegen Fremde, als die in den meisten andern Städten des Kaiserthums. Ihre Gesichtsfarbe ist im Ganzen hell, und sie sind alle wohlgebildet. Als wir ankamen, war es hier etwas ganz Neues, Christen zu sehen, weil ihnen beinahe zwanzig Jahre lang die Stadt verboten gewesen war; die Leute stürzten daher, wenn wir über die Straße gingen, aus den Häusern, um uns anzugaffen, und bisweilen folgte uns eine sehr beträchtliche Menge von ihnen allenthalben hin nach. Sie beleidigten uns indeß auf keine Weise, und bezeigten im Gegentheil wirklich auf alle Art ihre Freude, als sie erfuhren, daß wir Engländer wären; ja, viele von ihnen luden uns auch in ihre Gärten ein. Die Mauren hatten immer zu den Engländern mehr Vorliebe, als zu allen andren Europäischen Nationen; ja, selbst damals, als ihr Kaiser mit unserm Hofe in einem so schlechten Vernehmen stand, äußerten sie ihre Zuneigung gegen uns, und seit Muley Jazid's Thronbesteigung setzen sie ihrer Vorliebe keine Gränzen.

Die vielen Moskeen in Tetuan sind sehr groß und bei weitem prächtiger, als die in irgend einer andern Stadt des Kaiserthums.

Die hiesigen Juden waren, ehe sie auf Befehl des neuen Kaisers geplündert wurden, reich. Sie wohnen für sich, in einem besondern Theile der Stadt, worin sie jede Nacht eingeschlossen werden. Ihre Weiber zeichnen sich durch ihre helle Farbe und durch schöne Gesichtszüge aus.

Der Hafen von Tetuan liegt ungefähr zwei Englische Meilen von der See, und heißt Martihn; es steht aber daselbst bloß ein einzelnes Haus, wo der Zoll eingefordert wird. Da die Mündung des Flusses, an welchem es liegt, jetzt beinahe mit Sand verstopft ist, so können nur Kähne einlaufen, und selbst diese nicht weiter, als bis Martihn, wo im Winter gemeiniglich auch einige Kaiserliche Rudergaleeren liegen.

Der Eingang in den Fluß ist durch ein hohes viereckiges Kastell mit zwölf aufgepflanzten Kanonen gedeckt. Diese Festung kann wohl kleinen Fahrzeugen das Einlaufen wehren, aber keinesweges einer beträchtlichen Macht Widerstand leisten. Die Bay, oder vielmehr die Rhede von Tetuan, wird von einer hohen Landspitze gebildet, die sich, westlich von dem Flusse, beträchtlich weit in das Meer erstreckt. Die Fahrzeuge sind also bloß bei Westwind geschützt; wenn sich der Wind nach Osten umsetzt, müssen sie die Bay verlassen und sich nach einem sichern Hafen begeben.

Ich vergaß während meines Aufenthaltes in Tetuan den Hauptzweck dieser Reise nicht; da aber die Nachrichten, die ich dort sammeln konnte, von dem, was ich in Tanger erfahren hatte, nicht wesentlich verschieden sind, so will ich sie mit einander vereinigen, und des Lesers Neugierde in Ansehung dessen, was seit meiner Abreise von Marokko bis zu des jetzigen Kaisers Thronbesteigung vorging, so viel es in meinen Kräften steht, zu befriedigen suchen.

Der jetzige Kaiser Muley Jazid, dessen Mutter die Tochter eines Englischen Renegaten war, hatte sich einige Jahre vorher die Ungnade seines Vaters zugezogen, und dieser schickte ihn deswegen nach Mekka. Er hoffte nehmlich, wenn der Prinz die Welt sähe, würde er sich bei reiferen Jahren bessern und wieder zu seiner Pflicht zurückkommen.

Als er sich etwa vor vier Jahren den Gränzen näherte, verbreitete man sehr stark, und, wie es schien, mit Glaubwürdigkeit, die Nachricht, daß er mit einer großen Armee in Anmarsch wäre, um seinen Vater vom Throne zu stoßen. Dies Gerücht mußte den alten Mann natürlicher Weise sehr ängstigen; indeß ward er bald wieder beruhigt, da

Muley Jazib sich nach Tunis zurückzog, ohne irgend einen feindlichen Angriff gethan zu haben.

Im Sommer 1789 kam der Prinz heimlich wieder ins Land, und floh, wie ich schon oben gesagt habe, in eine Heiligenkapelle, welche Muley Absulem genannt wird und bei den Mauren in großer Achtung steht. Dahin begab er sich, wie nach einem Sicherheitsorte, gar nicht in der Absicht, seinen Vater anzugreifen, sondern bloß, daß er in Bereitschaft wäre, sich zu zeigen, wenn des Kaisers Tod erfolgte, der bei dessen hohem Alter und Schwachheiten offenbar nicht mehr weit entfernt seyn konnte. Er hatte hier Niemand um sich, als drei oder vier treue Diener, und lebte völlig eingezogen, und von der Pracht, dem Ansehen, wonach Prinzen gewöhnlich streben, so weit entfernt, wie man es sich nur denken kann.

Der alte Kaiser betrachtete indeß seines Sohnes Absichten aus einem ganz andern Gesichtspunkte, und wandte alle List an, die er nur ersinnen konnte, um ihn aus der Heiligenkapelle herauszulocken. Doch dies war vergeblich.

Einmal schrieb er ihm: wenn er an den Hof käme, so würde er ihm seine Liebe wieder schenken und jede Forderung bewilligen, die er nur mache; oder wenn er sich lieber außerhalb Landes aufhalten wollte, so würde er ihm so viel aussetzen, daß er in der Türkei oder in Mekka mit dem Ansehen eines Prinzen leben könnte. Ein andermal drohete er, ihn anzugreifen, die Kapelle niederzureißen, und ihn mit Gewalt wegzuführen. Auf den klugen Rath seiner Mutter, mit welcher der Prinz einen geheimen Briefwechsel unterhielt, vermied er es, auf alle diese Briefe eine entscheidende Antwort zu geben. Er versicherte seinen Vater seiner Liebe, seines kindlichen Gehorsams und der Reinheit seiner Absichten; und ohne ihm die Erfüllung seiner Wünsche zu verweigern, schrieb er ihm eine oder die andere Entschuldigung, weswegen es jetzt nicht anginge, was aber, wie er verspräche, bald der Fall seyn sollte.

Es läßt sich schwerlich sagen, ob der Kaiser Gewalt gegen seinen Sohn gebraucht haben würde, falls dieser nach Hofe zurückgekehrt wäre. Uebrigens wünschte der alte Kaiser, wie man weiß, sehr, daß Muley Absulem sein Nachfolger werden möchte; auch hatte er gegen Muley Jazid einen heimlichen Groll: und dieses war Grund genug zu dem klugen Betragen des Letztern.

Die mancherlei Gerüchte, die im ganzen Lande, und besonders am Hof, umherliefen, daß Muley Jazid feindliche Absichten gegen seinen Vater hege; und die große Achtung, worin er, wie der Kaiser wohl wußte, bei Jedermann im ganzen Lande stand, machten, daß er seinen Sohn als einen sehr gefährlichen Nebenbuhler ansah.

Den Zustand, worin der Kaiser zu dieser Zeit war, habe ich schon vollständig geschildert, und ich würde mich nur wiederholen, wenn ich jetzt noch darüber spräche. Es ist hinlänglich, wenn ich sage, daß nach drei oder viermonathlichen fruchtlosen Unterhandlungen der Kaiser seinen Sohn Muley Hasem mit einer Armee von sechs tausend Negern, die noch durch Mannschaft aus den benachbarten Provinzen verstärkt werden sollten, nach Tanger schickte. Der Prinz hatte den Auftrag, denen, welche über die Heiligenkapelle gesetzt waren, im Namen des Kaisers eine ansehnliche Belohnung anzubieten, wenn sie ihm Muley Jazid ausliefern, oder diesen vertreiben wollten; falls sie sich aber weigerten, dieses Verlangen zu erfüllen, so sollte er die Kapelle niederreißen, den Muley Jazid gefangen nehmen, und in der Nachbarschaft Alles, Mann, Weib und Kind, niedermetzeln. Die Scherifs hatten indeß Muth oder Enthusiasmus genug, sich diesem blutigen Befehle zu widersetzen*); und Muley Hasem wagte es auch nicht, seinen Bruder anzugreifen, weil er sich auf seine Truppen nicht verlassen konnte. Als sie bei Tanger gela-

---

*) Man sehe oben S. 130, wo dieser Befehl des Kaisers gegen Muley Jazid, und die Gründe, weswegen die Scherifs ihm nicht gehorchten, hinlänglich erklärt sind. A. d. V.

gert waren, getraute er sich nicht einmal, unter ihnen zu schlafen, sondern begab sich jede Nacht in das Kastell.

Voll Verdruß über diesen fruchtlosen Versuch, schalt der Kaiser seinen Sohn einen Feigen, einen Trödler, und gab sogleich dem Alkaiden Abbas, dem Oberbefehlshaber über die schwarze Armee, und seinen besten Officieren den Auftrag, an Muley Hasem's Statt das Kommando zu übernehmen. Abbas brachte der Armee, die schon bei Tanger war, eine beträchtliche Verstärkung, und bald nachher vereinigte sich auch Muley Slemma, der rechte Bruder des jetzt regierenden Kaisers, mit ihm. Diese zwei Generale sollten sich nahe bei der Kapelle lagern, und daselbst warten, bis der Kaiser selbst mit einer ansehnlichen Armee von Süden her zu ihnen stieße.

In dieser Absicht reiste der Kaiser am 29sten März 1790 zu Pferde von Marokko ab. Als er durch das Stadtthor ritt, zerbrach plötzlich der Sonnenschirm, der hier zu Lande immer vor dem Kaiser hergetragen wird, und das unterscheidende Zeichen der Königlichen Würde ist; und der obere Theil stieg beträchtlich hoch in die Luft, ehe er niederfiel.

Daß das Zeichen der Kaiserlichen Würde auf eine so unerklärliche Art gerade in dem Augenblicke zerbrach, da er eine Reise antreten wollte, von deren Erfolge das Schicksal seines Reiches abzuhangen schien, — dies hielt der sehr abergläubische Kaiser für ein übles Omen, und er war fest überzeugt, daß es ein Unglück vorherbedeute, welches ihm auf dem Wege begegnen werde.

Diese Furcht machte ihn sehr nachdenkend, unruhig und verdrießlich; und es ist nicht unwahrscheinlich, daß, bei seinem schon so schwachen Körper und Geiste, dieser unbedeutende Umstand sehr wesentlich zur Beschleunigung seines Todes beigetragen hat.

Von seiner Abreise an bis zum 2ten April machte er täglich einen ungewöhnlich kurzen Weg. An diesem Tage ließ er dem Muley Slemma und dem Alkaiden Abbas Briefe schreiben, worin er den Muley Jazid mit sehr starken Ausdrücken böser Absichten beschuldigte, und jenen beiden befahl, sich an dem Berge, auf welchem die Kapelle liegt, zu lagern, und diese so einzuschließen, daß es dem Prinzen unmöglich wäre, zu entfliehen. Bald nachher, als er diese Briefe unterzeichnet hatte, klagte er über Kopf- und Magenschmerz, und bekam Erbrechen. Daher blieb er zwei Tage liegen, ohne seine Reise fortsetzen zu können. Am 5ten April fühlte er, daß er nicht zu Pferde aushalten würde, und befahl deshalb seinen Leuten, ihn in seine Sänfte zu bringen, und seinem Arzte, bei ihm zu bleiben. Als er am Abend Halt machte, kamen sehr viele Leute zu ihm, um ihm ihre Ehrfurcht zu bezeugen. Der Kaiser ließ für diese zufälligen Gäste ein großes Mahl bereiten, kostete jede Schüssel die ihnen geschickt ward, und klagte bald nachher über Schmerzen in den Eingeweiden.

Am folgenden Tage setzte er seine Reise fort; allein Abends waren Kopf- und Magenschmerzen weit heftiger geworden, und bald erfolgte ein Blutbrechen. Nun fing er an zu äußern, daß er die Annäherung seines Todes fühlte. Man sagt auch, er habe befohlen, daß man an Muley Jazid schreiben sollte: „er hoffe, Gott werde ihm vergeben und ihn segnen;" da aber über die Wahrheit dieses Umstandes gestritten wird, so führe ich ihn bloß als eine Sage an.

Sein übles Befinden hielt ihn nicht ab, regelmäßig und andächtig alle Abwaschungen, Gebete und Ceremonien seiner Religion zu verrichten. An den zwei folgenden Tagen machte der Kaiser nur sehr kleine Reisen; und da er fand, daß er auf keine Genesung mehr rechnen konnte, so verlangte er, seine Weiber sollten ihn nach Rabat bringen und in einem Gewölbe begraben, das er sich hierzu in seinem Pallaste hätte bauen lassen.

Am 11ten April, gerade als er in die Stadt Rabat kam, starb er in seiner Sänfte, ohne ein einziges Wort zu sprechen. Aber erst am folgenden Tage ward sein Tod bekannt gemacht, und er, seinem Befehle gemäß, in seinem Pallaste mit allen den Ehrenbezeigungen begraben, die man Personen seines Standes zu erweisen pflegt.

Den Tod des Kaisers konnten die Bewohner der nördlichen Provinzen, besonders die, welche einige Anhänglichkeit an Muley Jazid geäußert hatten, gewiß als ein großes Glück ansehen. Seine Absicht war in der That keine andere, als alle diese Leute gänzlich zu vertilgen, und es läßt sich unmöglich bestimmen, wie weit seine Grausamkeit gegangen seyn würde. Auf der andern Seite hatte freilich Muley Jazid nicht die Absicht, sich mit seinem Vater in ein Gefecht einzulassen, und er würde sich daher, so wie sein Vater näher gerückt wäre, zurückgezogen und aus den Besitzungen desselben entfernt haben.

Sidi Mahomet starb im 81sten Jahre seines Alters, und im 33sten seiner Regierung. Die Beschreibung seines Charakters hat einen so großen Theil dieser Blätter angefüllt, daß Zusätze völlig überflüßig seyn würden.

Es ist bekannt, daß er sich wenige Monathe vor seinem Tode völlig überzeugte, wie sehr er durch die Ränke der Spanier hintergangen war. Der Spanische Hof hatte nehmlich durch Bestechung der Minister, und durch Verblendung mit großen und häufigen Geschenken, es dahin gebracht, daß er große Quantitäten Korn ohne alle Abgaben ausführen durfte, da doch der Zoll dafür, nach einem mäßigen Anschlage, fünfmal mehr würde betragen haben, als die Geschenke ausmachten. Doch das Land erlitt von dieser unweisen Bewilligung in der That nicht bloß diesen Einen Nachtheil; denn die Dürre war in dem vorhergehenden Jahre so groß gewesen, daß schon Kornmangel entstand, welcher großes Murren unter dem Volke erregte. Hätte also die Erlaubniß, diesen Artikel ausführen zu dürfen, noch ein wenig länger gedauert, so würde eine allgemeine Hungersnoth und folglich eine völlige Rebellion entstanden seyn. Ueberdies bewogen die Spanier, aus Haß gegen die

Eng=

Engländer, den Kaiser, daß er sich weigerte, Gibraltar mit Lebensmitteln zu versehen, und dies machte denn wieder einen sehr beträchtlichen Ausfall in seinen Einkünften. Zuletzt merkte indeß der Kaiser diesen Betrug sehr wohl, und erhöhete daher die Abgaben von allen Lebensmitteln und von dem Korn, welches die Spanier ausführen wollten, so übermäßig, daß sie ihre Schiffe ledig wieder nach Hause schicken mußten.

Wäre er leben geblieben, so fragt es sich, ob es in den Angelegenheiten mit den Spaniern bloß bei der Erhöhung des Zolles geblieben seyn würde; denn er war über ihr Betragen so aufgebracht, daß es sehr wahrscheinlich einen Bruch zwischen beiden Höfen verursacht hätte. Auf der andern Seite wären wegen eben dieser Umstände höchst wahrscheinlich auch seine Mißverständnisse mit England zur völligen Zufriedenheit unseres Hofes beigelegt worden. In der That hatte er zwei Tage vor seinem Tode deswegen Anordnungen getroffen.

Ich habe schon angeführt, daß die Thronfolge in diesem Lande zwar auf Eine Familie, aber nicht auf einen besonderen Zweig derselben eingeschränkt ist, sondern von dem Ansehen abhängt, das jeder Prinz im Lande und besonders bei der Armee hat. Man kann daher dieses Reich theils als erblich, theils als ein Wahlreich betrachten. Schätze sind übrigens nicht das einzige Mittel, dieses Ansehen zu erlangen; denn der jetzige Kaiser Muley Jazid war unter seinen Brüdern gerade der ärmste.

Als Muley Slemma und der Alkaide Abbas die Nachricht von des Kaisers Tode bekamen, so weiß man, daß sie sich mit der Armee nach Salee zurückzogen. Was für eine Absicht sie aber auch hierbei gehabt haben mögen, so konnten sie doch keine Unterstützung erlangen. In Marokko hatte der Kaiser seine beiden Söhne Muley Hasem und Muley Uffine gelassen, ihnen gemeinschaftlich die Regierung dieser Stadt anvertrauet, und den Einwohnern befohlen, dem erstern zehn tausend, und dem letztern fünf tausend harte Thaler zu zahlen. Diese Partheilichkeit des Monarchen brachte indeß den Muley Uffine so auf, daß er, bei einem zufälligen Zanke, mit einer Muskete nach seinem Bruder schoß, doch ihn verfehlte. Muley Hasem, der schon zu Tanger Beweise von seiner Unentschlossenheit gegeben hatte, gerieth durch dies Betragen seines Bruders in Furcht, zog sich zurück, schloß sich in den Pallast ein, und ließ den Muley Uffine im vollen Besitze des sämmtlichen Geldes.

Sobald Muley Hasem seines Vaters Absterben erfuhr, machte er es sogleich dem Volke in Marokko bekannt, und stellte sich ihm als den unmittelbaren Thronerben vor. Einige wenige Bergbewohner riefen ihn auch bald nachher zum Kaiser aus; aber die vornehmsten Personen in der Stadt erklärten sich für Muley Jazid. Muley Hasem mußte also seine Forderungen aufgeben und sich in den Pallast seines verstorbenen Vaters zurückziehen.

Muley Uffine ergriff die erste Gelegenheit, Marokko zu verlassen, und begab sich zu Muley Abdrahaman, der sich unter den Arabern im südlichsten Theile von Sus aufhielt. Seine Bewegungsgründe zu diesem Schritte werden verschieden angegeben. Einige sagen, er habe ihn aus Furcht vor der Rache des neuen Kaisers gethan, und zwar wegen des an Muley Hasem begangenen Raubes; andere sagen, deshalb, weil er einmal eins von Muley Jazid's Kindern ermordet hatte.

Muley Abdrahaman hatte bei Lebzeiten seines Vaters durch Industrie und Aufmerksamkeit auf Handelssachen eine sehr beträchtliche Summe Geldes gesammelt, und stand einmal bei ihm in großen Gnaden. Der Alte, von dessen übermäßiger Geldgierde ich schon geredet habe, ward indeß bald eifersüchtig auf seines Sohnes Reichthum, und folglich auch begierig, ihn zu besitzen. Um dies ohne Gegenwehr ins Werk zu richten, verbarg er seine Absichten so sehr, daß er den Prinzen zum Gouverneur von Salee ernannte, welches ein sehr einträglicher Posten ist. Dieser Ernennung zufolge, packte Muley Abdrahaman alle sein Geld und seine Sachen von Werth auf Maulesel, nahm auf das zärtlichste von seinem Vater Abschied, und trat die Reise an. Er war indeß nicht weit in Frieden fortgegangen, als der Kaiser ihm ein großes Detaschement Soldaten nachschickte, welches Befehl hatte, ihm alles was er besäße, wegzunehmen; und dies befolgten sie so treulich, daß sie ihm weiter nichts ließen, als eine alte rostige Pistole. Der Prinz ward natürlicher Weise durch eine so unwürdige Behandlung aufgebracht, und that das [un]bedachtsame aber feierliche Gelübde, seines Vaters Angesicht nie wieder zu sehen. Dann begab er sich sogleich in die Gebirge von Sus, wo er seitdem immer geblieben ist.

Der Kaiser suchte ihn zu überreden, daß er wieder an den Hof zurückkehren möchte, bot ihm große Geschenke an Gelde an, und machte ihm die glänzendsten Versprechungen; der Prinz antwortete ihm aber immer: er könne sein Verlangen nicht erfüllen, da er überzeugt sey, daß man sich auf sein Wort nicht verlassen dürfe. Nun schloß der alte Kaiser ihn mit in den Fluch ein, den er über Muley Jazid aussprach.

Sobald man des Kaisers Tod in Sus erfuhr, boten sogleich vierzig tausend Araber dem Muley Abdrahaman freiwillig ihre Dienste an, wenn er sich dem Muley Jazid widersetzen und selbst den Thron besteigen wollte. Man erwartete nun allgemein, daß er einen Versuch hierzu machen würde, da der neue Kaiser bei seinem Aufenthalte in Fes von ihm folgenden Brief erhielt, den ich als eine Probe Maurischer Schreibart und Höflichkeit einrücken will:

„Ich habe gehört, daß mein Vater todt ist, und Du Dei„ne Kapelle verlassen hast, und Dich Kaiser nennst. Kriech „in Dein Loch, du Ratze, oder stelle Dich mir in Marokko! „Da will ich Dir zeigen, daß Fes kein Ort für einen Kai„ser ist."

Obgleich dieser Prinz der einzige war, der dem Muley Jazid ernstlichen Widerstand thun konnte, so hat er doch nachher diesen Vorsatz aufgegeben, und einen unterwürfigen Glückwünschungsbrief an den neuen Kaiser geschrieben, worin er ihm seine Dienste anbot. So kam Muley Jazid mitten unter vielen Schwierigkeiten, und bei so vielen Mitbewerbern, welche alle gleiches Recht zur Krone zu haben glaubten, auf den Thron, ohne einen Tropfen Blut zu vergießen, und beinahe eben so friedlich wie in dem besteingerichteten Staate von Europa.

Sieht man auf die Regierungswechsel zurück, welche dieses Kaiserthum vorher erfahren hat, so wird man, glaube ich, kaum ein Beispiel finden, wo es mit so vielem Erfolg und Glück abgegangen wäre, wie in diesem Falle. Die einzigen Unruhen, die nach des vorigen Kaisers Tode entstanden, waren einige räuberische Einfälle in die südlichen Provinzen von Seiten der Araber, die unter dem Vorwande, den Muley Hasem zu unterstützen, Marokko plünderten, und die Christen und Juden zwangen, sich in das Kastell zu flüchten. Mogadore ward durch seine guten Festungswerke und die große Anstrengung des Gouverneurs und der Einwohner gerettet. In der Gegend dieser Städte, selbst bis nach Salee hin, war indeß alles so in Verwirrung, daß man daselbst eine geraume Zeit unmöglich reisen konnte.

Die Stadt Dar Beyda, worin eine Garnison von etwa hundert und funfzig Negern liegt, welche sich bei einigen Gelegenheiten das Mißfallen der umher wohnenden Araber zugezogen hatten, erfuhr beinahe dasselbe Schicksal, wie Marokko. Sobald nehmlich des Kaisers Tod daselbst bekannt gemacht war, kauften die Araber alles Pulver und Blei in der Stadt auf, ehe die Einwohner ihre Absicht merkten. Kugeln, deren man sonst acht bis neun für einen Blankil bekam, bezahlten die Araber itzt das Stück mit zwei Blankiln. So entblößten sie die Stadt zuletzt gänzlich von aller ihrer kleinen Ammunition; und als sie dies gethan hatten, versammelten sie sich in großer Menge, mit Musketen bewaffnet, nahe bei der Stadt.

durch Marokko.

Der Gouverneur ward über die Erscheinung einer so beträchtlichen Schaar von Arabern unruhig, ging mit funfzig Mann hinaus, und fragte sie: in welcher Absicht sie sich auf eine so aufrührerische Art versammelt hätten? Sie antworteten: die Bewohner des platten Landes wären eben so gut Unterthanen des Kaisers, wie die Städter; es müßten also nothwendig Abgesandte von beiden Partheien in der Stadt zusammenkommen, um zu bestimmen, welche Person tauglich sey, zum Oberherrn erwählt zu werden.

Der Gouverneur antwortete hierauf: er habe ganz und gar nichts dagegen, daß einige der Vornehmsten von ihnen zu dem angeführten Zweck in die Stadt kämen; er sehe aber gar keinen Grund, weshalb bei einer solchen Gelegenheit eine so große Menge zusammen träte und sich auf eine feindlichen Art vor einer Stadt des Kaiserthums zeigte. Die Araber würdigten diese Bemerkung keiner Antwort, sondern verlangten durchaus, in die Stadt eingelassen zu werden; dies ward ihnen aber standhaft verweigert. Nach einigem Kapituliren versprachen sie endlich, aus einander zu gehen, wenn der Gouverneur ihnen zwei tausend Thaler gäbe. Dies schlug er ihnen ab, und erklärte zugleich: mit einer solchen Forderung behandelten sie die Einwohner der Stadt gleich Juden, und sie sollten aus einander gehen, oder die Folgen davon auf sich nehmen. Eine Antwort von dieser Art müßte die Araber, anstatt sie zu beruhigen, vielmehr wüthend machen; sie fingen schon an, die Hütten in Brand zu stecken, und rückten zugleich weiter gegen die Stadt vor.

Jetzt wuchs ihre Macht beinahe jeden Augenblick durch eine Menge Leute, die von den Gebirgen herunter kamen. Der Gouverneur fürchtete unmittelbare Gefahr für die Stadt, und schickte daher heimlich einen Boten dahin, um die Einwohner warnen zu lassen, daß sie gegen die Araber auf ihrer Hut seyn möchten, und zugleich ihnen zu sagen, daß er keine Gelegenheit hätte sich zurückzuziehen.

Lemprier's Reise. S

Die Bestürzung des Volkes läßt sich, da die Stadt vorher von Feuersteinen, Pulver und Kugeln gänzlich entblößt worden war, unmöglich beschreiben. Um ihre Noth noch zu vergrößern, hatte unglücklicher Weise gerade den Tag vorher ein Sturm einige mit Munition beladene kleine Fahrzeuge aus der Bay herausgetrieben, und die Stadt schien also nun ganz hülflos zu seyn. Die Spanische Faktorei zu Dar Beyda, welche beträchtliches Eigenthum in dem Orte hatte, rieth indeß den Einwohnern, sogleich die Thore zu verschließen, und einen alten Zwölfpfünder ohne Lavette, das einzige grobe Geschütz in der Stadt, auf den Mauern gegen den Feind aufzupflanzen. Zugleich bot sie auch jedem, der den Wall mit vertheidigen wollte, drei Thaler an. Man pflanzte nun zwar die Kanone auf der Mauer auf; allein es fehlte an einem sehr wesentlichen Artikel, nehmlich an Pulver. Einiges befand sich noch in dem Magazine; aber der Gouverneur war außerhalb der Stadt, und hatte den Schlüssel in seiner Verwahrung. Die Spanier riethen den Einwohnern indeß auf alle Weise, in einem so dringenden Nothfalle die Thür des Magazins aufzubrechen. Dies thaten sie denn auch sogleich, und feuerten ihr Stück bloß mit Pulver geladen auf die Araber ab.

Die Araber hatten geglaubt, es gebe weder eine Kanone, noch Pulver in der Stadt; daher setzte sie ein so unerwarteter Angriff eine Zeit lang in die äußerste Bestürzung, und sie fingen an, sich zu zerstreuen. Als sie aber fanden, daß niemand verwundet war, versammelten sie sich bald wieder mit dem festen Vorsatze, die Stadt anzugreifen. Nun riethen die Spanier den Einwohnern, die Kanone mit einer Kugel, die sie zufälliger Weise fanden, zu laden und damit gerade unter die Feinde zu schießen. Dies hatte den glücklichsten Erfolg; die Araber zerstreueten sich sogleich, und ließen dem Gouverneur Zeit, sich mit seinen Truppen wieder in die Stadt zu werfen. Zuletzt, da sie merkten, daß sie mit einem regelmäßigen Angriffe nichts ausrichten könnten, machten sie einen Versuch, den Ort mit List einzunehmen. In dieser Absicht theilten sie sich in zwei Partheien, von denen die eine sich an der rechten, die andere aber an der linken Seite der Stadt postirte. Die Parthei auf der rechten schickte Deputirte an den Gouverneur, und ließ ihm sagen: sie wären Freunde, und bäten, man möchte sie in die Stadt einlassen, damit sie ihr helfen könnten, jene Feinde auf der linken Seite, von denen sie sich getrennt hätten, zu besiegen. Dies Gesuch ward indeß von Seiten des Gouverneurs rund abgeschlagen, und er deutete ihnen zugleich an: sie sollten sich von der Stadt entfernt halten, oder der Folgen gewärtig seyn. Nun vereinigten sich die beiden Partheien wieder, und suchten die Stadt von der Wasserseite zu überfallen.

Um diese Zeit kamen die Fahrzeuge zurück, die der Sturm den Tag vorher aus der Bay getrieben hatte, und man nahm von ihnen Pulver, Kugeln und einige kleine Kanonen. Als nun die Araber in der Nacht den letzten Angriff wagten, gerieth die Stadt in Unruhe, feuerte auf sie, und zwang sie zum Rückzuge. Am folgenden Tage wurden die Kanonen auf verschiedenen Theilen der Stadtmauer aufgepflanzt, und dies that die erwünschte Wirkung; denn da die Araber keine Wahrscheinlichkeit zu einem glücklichen Erfolge vor sich sahen, so zerstreueten sie sich gänzlich, und jeder begab sich wieder nach seiner Heimath. Eine Zeitlang nach diesem Vorfalle durfte keiner von ihnen in die Stadt kommen, ohne seine Muskete und seinen Säbel außerhalb des Thores zu lassen.

Die Spanische Faktorei unterstützte während dieser kleinen Belagerung die Weiber des vorigen Kaisers, die sich zufällig gerade in der Stadt befanden, mit Geld und andern Bedürfnissen, und versah auch die Einwohner mit Korn von ihren eigenen Böden. Der neue Kaiser war mit dem Betragen der Spanier so zufrieden, daß er ihnen ein Danksagungsschreiben schickte, theils weil sie die Stadt so eifrig vertheidigt, theils weil sie den Weibern seines verstorbenen Vaters Unterstützung gegeben hatten. Doch bei der Danksagung ließ er es nicht bewenden; er befahl auch, daß man ihnen alle ihre Kosten wieder erstatten sollte, und gab ihnen überdies zwei Löwen zum Geschenk.

Dies waren die Hauptunruhen, die der Tod des vorigen Kaisers verursachte. Die Begierde zu plündern verringerte sich bei den Arabern nach und nach, und jetzt ist das Land völlig in Ruhe und Frieden.

In Tanger erfuhr man die Nachricht von des Kaisers Tode den 15ten April. Der Gouverneur begab sich sogleich in die große Moskee, that ein kurzes Gebet für den verstorbenen Kaiser, und rief Muley Jazid zu dessen Nachfolger aus. Nach dieser Ceremonie ward der öffentliche Ausrufer an einen hohen Ort gestellt, wo er Muley Jazid proklamirte, und in dessen Namen Jedem, der es wagte sich dem neuen Oberherrn zu widersetzen, die härteste Strafe drohete.

Als Muley Jazid sowohl in der Moskee als in der Stadt zum Kaiser ausgerufen war, verabredeten sämmtliche Konsuln, ihm in einem Briefe ihr Beileid wegen des Absterbens seines Vaters zu bezeugen, und ihm zu seiner Thronbesteigung Glück zu wünschen. — Ich sollte schon gesagt haben, daß die öffentliche Proklamation in der Moskee und auf den Straßen die einzige Ceremonie bei der Thronbesteigung eines neuen Kaisers ist.

Am folgenden Tage, welcher der Maurische Sabbath war, versammelten sich alle Vornehmen der Stadt in den Moskeen, beteten daselbst mit mehr Feierlichkeiten, als den Tag vorher, für die Seele des verstorbenen Kaisers und riefen den Muley Jazid zu seinem Nachfolger aus. An eben dem Tage bekamen alle Jüdinnen von dem Gouverneur Befehl, sich in das Kastell zu begeben, und den Tod des Kaisers zu beklagen; dies thaten sie denn auch mit autem Schreien und Jammern.

Am 17ten theilte der Bascha den Konsuln ein Schreiben mit, das er von Muley Jazid aus der Kapelle erhalten hatte und worin dieser ihm befahl, alle Konsuln mit ihren Geschenken unter einer Bedeckung von funfzehn Soldaten zu ihm zu führen. An demselben Tage wurden auf der Batterie ein und zwanzig Kanonen abgefeuert, weil Befehl angekommen war, alle Gefangenen loszulassen und zu begnadigen.

Sieben arme Scherifs, oder kleine Prinzen, brachten diesen Befehl, und zugleich den an die Konsuln, auf ihre Kosten sie von Kopf bis zu Fuß zu kleiden. Die Konsuln gaben dem zufolge einem jeden von ihnen Tuch zu einem Kaftan, zwei Britannias*) und zwanzig Thaler; und da sie hiermit noch nicht zufrieden waren, mußten sie ihnen auch noch Geld geben. Am folgenden Tage brachen die Konsuln mit dem Bascha auf, und mit ihnen zugleich die Vornehmsten in der Stadt, Mauren sowohl als Juden. Abends kam der Reis Musti Galli mit zwei andern Seeofficieren im Lager der Konsuln an, und brachte ihnen einen Brief von dem neuen Kaiser, worin er sie nach Tetuan zu sich einlud, und zugleich versprach, daß er die alten Friedens= und Handelstraktaten mit ihren Nationen erneuern wollte. Die Kapitaine erzählten übrigens, daß Muley Jazid die Kapelle verlassen und den Tag vorher seinen öffentlichen Einzug in Tetuan gehalten habe.

Am 19ten April Abends langten die Konsuln in Tetuan an. So wie sie in das Thor ritten, kam ihnen ein Bote entgegen, der ihnen berichtete, daß der Kaiser ihnen sogleich itzt, da sie noch zu Pferde wären, Audienz geben wollte. Sie schafften hierauf alle ihre Bagage fort, und stellten sich in Ordnung; als sie indeß eine kurze Zeit gewartet hatten, kam ein anderer Bote, um ihnen zu sagen, daß der Kaiser sie erst morgen zu sehen Willens wäre. Am folgenden Tage Mittags um zwölf Uhr, wurden sie nach dem Lager des Kaisers gerufen. Sie fanden

*) Eine Art von Sächsischer Leinwand.

ihn daselbst in sehr reicher Türkischer Kleidung auf einem Pferde, und dies mit Türkischem Sattelzeuge geschmückt.

Der Kaiser fragte jeden Konsul nach seinem Namen und Titel, und erklärte dann: mit England und Ragusa hätte er Frieden, aber mit allen andern Nationen Krieg; und die Konsuln derselben sollten sich in vier Monathen mit ihrem Vermögen aus seinem Reiche begeben, und ihm Alles, was seinen Unterthanen gehörte, zurück schicken. Am 22sten April hatten die Konsuln ihre zweite Audienz, wobei Jeder von ihnen sein besonderes Geschenk brachte.

Nun sagte der Kaiser, er wollte mit allen ihren Nationen auf demselben Fuße, wie vorher, in Frieden bleiben, und er verlangte bloß, daß die Spanier ihm binnen vier Monathen einen Ambassadeur schickten. Bei dieser Audienz versprach er ihnen auch Briefe an ihre Höfe, welche dieselben Gesinnungen enthalten sollten; und zugleich versicherte er, der Bascha von Tanger sollte sie in Ausdrücken ausfertigen, die ihnen gewiß angenehm seyn würden. Am folgenden Tage bekamen die Konsuln Befehl, nach Tanger zurückzukehren, um daselbst die ihnen von dem Kaiser versprochenen Papiere in Empfang zu nehmen.

Den 25sten eben des Monaths traf der Kaiser in Tanger ein, und am folgenden Tage machten ihm alle Konsuln ihre Aufwartung, um ihm zu seiner Ankunft Glück zu wünschen. Er blieb bis zum 29sten in Tanger, und gab unterdeß denen Konsuln, die es verlangten, Privataudienz. Jeden Tag hatte er vollauf mit den Leuten zu thun, die aus den entferntesten Provinzen herbei gekommen waren, ihm ihre Ehrfurcht zu bezeugen, und die man auf nicht weniger als zwanzig tausend schätzte. Der Bascha von Tanger, der den Auftrag hatte, den Konsuln die Briefe auszufertigen, die sie an ihre Höfe schikken sollten, betrug sich gegen sie auf die despotischste und insolenteste Art von der Welt. Von einigen forderte er nicht weniger, als zwei tausend, und von andern funfzehn hundert Thaler, für die Mühe, daß er sich bei dem neuen Oberherrn für sie verwendet; und zu gleicher Zeit weigerte er sich schlechterdings, die Briefe eher auszufertigen oder ihnen zu übergeben, als bis sie die geforderte Summe erlegt oder ihm zugesichert hätten.

Nachdem die Konsuln sich bemühet hatten, den Bascha auf die beste Art zufrieden zu stellen, bekamen sie die Briefe doch nicht eher, als den Tag nach des Kaisers Abreise von Tanger. Da wurden sie ihnen von dem Sekretair und einem andern Bedienten des Bascha's gebracht, und diese verlangten nicht bloß für sich ein Geschenk, sondern nöthigten die Konsuln auch, eine übermäßige Summe für das Siegel auf jedem Papiere zu bezahlen, weil der Bascha vorgab, er habe dem Siegelbewahrer so viel geben müssen.

Den zehnten Mai kam der Kaiser in Mequinez (Mekines) an, und reiste nach einem kurzen Aufenthalte von dort nach Fez (Fes), wo er das Ramadamfest feierte. Um diese Zeit verbreitete sich, da der Kaiser sich verschiedne Tage nicht öffentlich hatte sehen lassen, das falsche Gerücht, er sey von seinem Bruder Muley Hasem, der kurz vorher von Marokko zu Fez angekommen war, getödtet worden.

Die Hauptverrichtungen des Kaisers seit der Thronbesteigung sind die Verfolgung der Juden, besonders zu Tetuan, die Hinrichtung des Alkaiden Abbas, welcher der Negergeneral des vorigen Kaisers war, so wie des Effendi oder ersten Ministers, und die Anstalten zur Belagerung von Ceuta. Ich will das Gefühl des Lesers schonen, und daher keine genauere Beschreibung von den Grausamkeiten geben, welche die unglücklichen Juden bei dieser Verfolgung erfuhren. Gebildete und freie Nationen können sich nur einen unvollständigen Begriff von den Leidenschaften machen, welche die Brust despotischer Monarchen in einem ungebildeten Lande entflammen. Indeß müssen wir uns, wenn wir den Verfolgungsgeist verdammen, zur Entschuldigung der Unkultur des menschlichen Geschlechtes erinnern, daß ein ähnliches Trauerspiel mehr als einmal auch in unserem (jetzt) aufgeklärten Lands aufgeführt worden ist. Räumt man dies ein, und rechnet man noch hinzu, daß Muley Jazid von den Juden einige persönliche Beleidigungen erlitten, hatte: so wird man vielleicht geneigt seyn, diese Härte weniger einem grausamen und wilden Herzen zuzuschreiben, als den in einer solchen Lage natürlichen Vorurtheilen und Leidenschaften.

Während seiner widrigen Lage, als er in der Kapelle lebte, bat er die Juden in Teruan um die Gefälligkeit, ihm zur Bestreitung seiner täglichen Ausgaben einige Hundert Thaler zu leihen, die er ihnen dankbar wieder zu bezahlen versprach, wenn jemals ein Glückswechsel ihm Gelegenheit dazu gäbe.

Die Juden, welche allgemein stolz und übermüthig gegen diejenigen, die keine Macht über sie haben, und kriechend gegen ihre Obern sind, ließen es sich damals nicht träumen, daß Muley Jazid noch einmal ihr Oberherr werden würde, und schlugen ihm seine Bitte nicht nur auf eine sehr unhöfliche Art ab, sondern schrieben auch die ganze Sache dem Kaiser. Dieser war über seinen Sohn so aufgebracht, daß er jedweden Juden, der ihn nur im geringsten unterstützen würde, mit dem Tode bedrohete. Nun versprach Muley Jazid den Juden das, was er nachher nur zu schrecklich erfüllt hat.

Was den Alkaiden Abbas anbetrift, so hatte der Kaiser zwei Bewegungsgründe, ihn zu strafen. Erstlich war er der Befehlshaber eben der Armee, die zu seinem Verderben bestimmt war; und zweitens zog er sich nach des alten Kaisers Tode mit der ganzen Armee, anstatt sie dem Muley Jazid zu übergeben, nach Süden, und zwar, wie man glaubte, in der Absicht, den Muley Slemma zu unterstützen.

Der Kaiser würde indeß den Abbas, dieses Betragens ungeachtet, doch gewiß nicht zum Tode verdammt haben, wenn seine Negerarmee, die er jetzt nicht beleidigen durfte, es nicht besonders verlangt hätte. Abbas wußte recht wohl, wie sehr seine Truppen ihn haßten, und er versuchte es, auf einem sehr schnellen Pferde sich nach einer Kapelle zu flüchten; allein da sein Pferd stürzte, so ward er unglücklicher Weise ergriffen, und sogleich vor den Kaiser geführt, bei dem seine Soldaten ihn hart anklagten. Nachdem dieser die Beschuldigungen angehört hatte, erklärte er dem Verbrecher: er sollte noch jetzt Antheil an seiner königlichen Gnade haben, wenn er sich zwei Monathe in der Kapelle des Mulep Absulem einschlösse. In dieser Absicht reiste Abbas ab; aber die Soldaten ergriffen ihn wieder, und brachten ihn mit noch härteren Beschuldigungen zu dem Kaiser zurück. Da dieser sah, daß die Soldaten auf seinen Tod bestanden, so spaltete er ihm eigenhändig mit einem Streiche seines Säbels den Kopf, so daß er augenblicklich todt niederfiel.

Abbas war der beste Officier in des Kaisers Diensten. Er ließ nicht das mindeste Zeichen von Furchtsamkeit blicken, und erniedrigte sich auch nicht, um sein Leben zu bitten; im Gegentheil sah er dem Kaiser, als dieser sein Schwert aufhob, scharf und unerschrocken in die Augen, und starb mit der Ruhe eines Helden. Weil sein Körper von dem Kaiser nicht begnadiget wurde, so blieb er unbegraben auf dem Boden liegen, zum großen Ekel für jeden, der des Weges kam; denn der barbarischen Landessitte gemäß, darf niemand, der von dem Kaiser, oder auf seinen Befehl getödtet wird, begraben werden, wenn er nicht vorher förmliche Begnadigung von ihm bekommt.

Dem Effendi hatte Mulep Jazid schon lange vor seines Vaters Absterben den Tod gedrohet; denn Er war es vorzüglich, der dessen Haß und Vorurtheile gegen ihn rege machte. Auch gab es noch einen Grund mehr zu der Rache des Kaisers; der Effendi hatte nehmlich seinen Vater in Ansehung der Spanischen Kornausfuhr stark betrogen, und durch Bestechungen und Geschenke von den Spaniern viel Geld aufgehäuft.

So wie der Kaiser starb, flüchtete sich der Effendi in eine Kapelle; und wäre er klug gewesen, so hätte er sich nie wieder herausgewagt. Da aber Muley Jazid ihm bestimmt Begnadigung versprach, so ließ er sich verleiten, seine Freistätte zu verlassen. Eine Zeitlang verbarg der neue Kaiser seine Absicht, und wartete auf eine günstige Gelegenheit, ihn fest zu nehmen. Sobald er in Verhaft war, bot er dem Kaiser zweimal hundert tausend Thaler, wenn er ihm das Leben schenken wollte; dieser antwortete ihm aber: er brauche sein Geld nicht, und werde sich nicht so weit erniedrigen, sich von einem Verräther bestechen zu lassen. Hierauf gab er Befehl, ihm beide Hände abzuhauen, ließ ihn einige Tage in diesem Zustande leben, und befahl dann, ihn zu enthaupten. Eine Hand des Hingerichteten ward auf die Mauern von Fez gesteckt, die andre aber nach Tanger geschickt, und zwar mit dem Befehle, man sollte sie an die Thür des Spanischen Konsuls nageln, um dieser Nation zu zeigen, wie der Kaiser alle ihre Freunde zu behandeln gedächte.

Gegen die Engländer hat der Kaiser wirklich immer besondere Vorliebe vor allen übrigen Europäischen Nationen, gegen die Spanier aber bei vielen andern Gelegenheiten eingewurzelten Haß bewiesen. Sobald er nur den Thron bestieg, bezeugte er schon sein Mißfallen an den Maßregeln der Spanier unter seines Vaters Regierung, und drohete, sich sehr bald an diesem Volke zu rächen. Die Spanier haben mehr Ursache, als irgend eine andre Nation, die Fortdauer des Friedens mit dem Kaiser zu wünschen, da ihre Häfen so nahe an den seinigen liegen, und da sie aus seinem Lande so große Unterstützung bekommen. Sie bemüheten sich daher auch, den drohenden Sturm abzuwenden, und machten dem Kaiser, so wie seinen Ministern, sehr große und häufige Geschenke an Geld und Sachen von Werth. Aber, dieser Plan, der unter der vorigen Regierung so glücklich gelungen war, bewirkte itzt nicht das mindeste. Muley Jazid hatte von seiner Jugend an das Geld gar nicht geschätzt und in seiner Verachtung des Reichthums in der That die Gränzen der Klugheit überschritten, auch schon sehr früh eine sehr starke Vorliebe für die Engländer gefaßt. Aber ungeachtet aller dieser Umstände, hofften die Spanier doch noch immer auf einen guten Ausgang ihrer Unterhandlungen, bis sie den Tod des Effendi, ihres großen Freundes und Patrons, und den Schimpf erfuhren, den man ihrem Hofe dadurch zugefügt, daß man die Hand desselben an die Thür des Konsuls genagelt hatte. Eine solche Beleidigung war hinlänglich, sie zu überführen, daß Krieg unvermeidlich wäre; sie hielten es aber für sehr rathsam, ehe sie Feindseligkeiten anfingen, erst ihren Konsul und ihre Mönche aus dem Lande zu entfernen, und schickten zu diesem Ende eine Fregatte nach Tanger. Als sie daselbst ankam, berichteten die Spanier dem Gouverneur: sie hätten ein sehr kostbares Geschenk für den Kaiser am Bord, und wünschten, daß er ihnen gehörige Leute schicken möchte, die es in Empfang nähmen. Der Konsul und die Mönche ergriffen diese Gelegenheit, an Bord zu kommen. So wie dann die Mauren mit dem Geschenke abgefertigt waren, ging die Fregatte unter Segel, und eroberte am folgenden Tage bei Larache vor den Augen des Kaisers, der gerade auf seiner Terrasse spazierte, zwei Maurische Galeeren. Das kostbare Geschenk, das sie mitgebracht hatte, waren — sehr große Ballen von Lumpen.

Diese wiederholten Beleidigungen konnten den Kaiser natürlicher Weise nicht besänftigen, und er machte sogleich Anstalten, Ceuta anzugreifen, das er jetzt sehr hart belagert. Allein dieser Ort ist sowohl durch Natur, als durch Kunst, sehr fest, und daher wird es den Mauren beinahe unmöglich seyn, ohne Beistand einer Seemacht etwas auszurichten.

Muley Jazid ist ungefähr vierzig Jahre alt, sein Wuchs schlank, majestätisch und sein Gesicht voll Leben, schön und ausdrucksvoll. Er trägt gewöhnlich reiche Türkische Kleidung, und sein Hof, so wie sein Gefolge, macht in Ansehung des Glanzes und der Pracht einen starken Kontrast mit der plumpen Simplicität seines Vorgängers. Er hat völlig das Wesen eines Mannes von guter Erziehung, und seine Unterhaltung ist immer sehr zweckmäßig. Der Mensch zeigt sich, wenn er Macht in Händen hat, so ganz von dem verschieden, was er im Stande der Unterwürfigkeit war, daß es schwer ist, nach dem Betragen eines Mannes im Privatleben ein richtiges Urtheil über seinen Charakter als Monarch zu fällen. Daher müssen wir unser Urtheil über den jetzigen Kaiser von Marokko noch zurückhalten, bis vollkommne Zuversicht in die Dauer seiner Würde jene Fesseln entfernt hat, welche die natürlichen Neigungen eines Menschen eine Weile in Zwang erhalten. Er hat immer sehr viel Edelmuth bewiesen, und seine Fähigkeiten sind nie bezweifelt worden; beides zusammen vereinigt, läßt alles Gute von ihm erwarten, und wird gewiß dazu dienen, jene eingewurzelten Gewohnheiten, welche eine fehlerhafte Erziehung und die Gebräuche eines wilden Volkes selbst dem besten Charakter eindrücken können, zu mindern und zu verbessern.

Seiner Mutter beweist Muley Jazid die äußerste Achtung und Ehrfurcht, und seines Vaters Weiber sind von ihm sehr reichlich versorgt worden. Er hat auch seinen Brüdern ihre Widersetzlichkeit vergeben, und den meisten von ihnen seine Gunst und sein Zutrauen wieder geschenkt. Man kann daher mit Grunde hoffen, daß sie sich werden bewegen lassen, ihrem Ehrgeize Gränzen zu setzen und ihren selbstsüchtigen, unrechtmäßigen Leidenschaften nicht das Blut unschuldiger, hintergangener Menschen aufzuopfern. Bürgerliche Unruhen führen stets Elend mit sich. Es muß etwas Großes und für das allgemeine Wohl wahrhaft

Wichtiges seyn, was überhaupt zu einem bürgerlichen Kriege berechtigen kann; aber wenn der Streit bloß einen Wechsel der Herren betrift, so kann die Menschlichkeit nicht umhin, eine Thräne über die Thorheit und das Elend des Menschengeschlechtes zu weinen.

Quidquid delirant reges, plectuntur Achivi.

Da mir während dieser kurzen Reise nichts von Wichtigkeit begegnete, so habe ich den Leser mit einer Erzählung von meinen persönlichen Vorfällen nicht beläſtigen wollen. Ich schiffte mich nach einer Abwesenheit von vierzehn Tagen in Tetuan ein, und kam im Monat Junius 1790 wieder nach Gibraltar.

Ende.

www.ingramcontent.com/pod-product-compliance
Lightning Source LLC
Chambersburg PA
CBHW032107230426
43672CB00009B/1656